现代经济学研究丛书

现代经济学研究丛书
编委会

主　任
徐长生（华中科技大学经济学院教授）
副主任
唐齐鸣（华中科技大学经济学院教授）
王少平（华中科技大学经济学院教授）

委　员（按姓氏笔画排序）

石寿永（加拿大多伦多大学经济系教授）
艾春荣（美国佛罗里达大学经济系教授）
田国强（美国得克萨斯农工大学经济系教授）
孙焱林（华中科技大学经济学院教授）
李昭华（华中科技大学经济学院教授）
宋　敏（香港大学经济金融学院教授）
张卫东（华中科技大学经济学院教授）
杨继生（华中科技大学经济学院教授）
钟春平（华中科技大学经济学院教授）
黄晓东（美国范德比尔特大学经济系教授）
韩民春（华中科技大学经济学院教授）
简志宏（华中科技大学经济学院教授）
谭国富（美国南加州大学经济系教授）

现代经济学研究丛书

2017年度教育部人文社会科学研究规划基金项目"反腐败、隐形交易成本与市场化程度：基于准自然实验的实证研究"（项目批准号：17YJA790105）成果

反腐新政、隐形交易成本与市场化程度研究

左月华 ◎ 著

NEW ANTI-CORRUPTION POLICIES, THE HIDDEN TRANSACTION COSTS AND THE EXTENT OF MARKETIZATION IN CHINA

华中科技大学出版社
http://www.hustp.com
中国·武汉

作者简介
About the Author

左月华 女，华中科技大学经济学博士，现任华中科技大学经济学院金融系副系主任，副教授。曾任美国天普大学（Temple University）Fox 商学院客座教授。主要研究领域为公司金融、金融科技、资本市场与公司治理。2019 年设计编写的《科大讯飞：代理成本与 R&D 投资效率》在"第五届全国金融专业学位教学案例大赛"中获优秀奖，教授的课程"财务管理"被评为湖北省省级一流课程。现主持国家社会科学基金项目和教育部人文课题两项，参与国家自然科学基金项目和国家社会科学基金重大课题多项。在《金融学季刊》《财经论丛》《国际贸易问题》等国内外权威期刊发表学术论文 20 余篇。独立编著教材《公司金融分析》。

内容提要

本书从制度分析层面研究中国市场中过高的隐形交易成本存在的原因、改进的机理和效果,即反腐新政在强化干部监管、提倡厉行节约、规范公务接待、公开招投标等方面进行制度改进与创新而获得的反腐制度红利。本书首先系统梳理了我国的反腐制度变迁,其次针对"八项规定""六项禁令""禁会令"等主要反腐新政对零售业、消费品制造业和旅游业产生的影响进行深入分析,旨在用实证检验、案例分析和行业研究等多维度、多方法清晰地从不同角度研究反腐新政对减低社会隐形交易成本的作用和机理。最后,通过公司治理、内部投资和资本市场反应全面验证了反腐新政对降低社会隐形交易成本的综合效果和对市场秩序的影响。本书不仅是关注社会交易成本问题的经济学者的相关学术参考文献,也是政府管理部门实施精准反腐,有针对性地制定反腐政策,降低反腐成本的决策参考资料。本书研究内容之间既有严密的逻辑联系,研究主题之间又是独立成章,方便读者根据自己的需要进行阅读。

总序 一

华中科技大学出版社与经济学院酝酿已久,拟出版一套现代经济学研究学术著作,现在终于正式启动了。华中科技大学经济学院在张培刚、林少宫等老一辈经济学家的带领下,自改革开放以来一直坚持国际化的办学方向,以西方经济学和数量经济学两个学科点为基本,积极跟踪现代经济学基础理论和方法的前沿进展,并贯穿在教学和科研的全过程之中,在经济学研究和人才培养上取得了丰硕的成果。华中科技大学出版社的领导和编辑同志们希望利用我校经济学科在国内外的影响,以我校经济学院的教师和博士生为基本作者队伍,同时积极联络国内外的同行加入,比较集中地出版一批现代经济学的研究专著,这对于促进我校经济学科的学术研究、提升学术水平,并加强与国内外同行的学术交流合作,将是一个有力的推动。所以,非常感谢华中科技大学出版社的领导和编辑同志们!

希望这套现代经济学研究学术专著的出版,能够在微观经济学、宏观经济学、国际经济学、计量经济学、金融学、政治经济学、制度经济学等现代经济学的主要领域,在基础理论和方法、前沿进展和对现实重大问题的应用研究方面,推出一批学术精品,为繁荣我国经济学的学术研究做出一点贡献。

反腐新政、隐形交易成本与市场化程度研究

华中科技大学经济学院学术委员会将本着"质量第一、对外开放、不拘一格"的原则来推荐和评审进入该丛书的作品,经济学院将给予必要的出版资助,欢迎校内外的同行们积极投稿加盟!

华中科技大学经济学院院长、教授、博士生导师

徐长生

2020年8月于武昌喻家山

前言

近年来,中国经济增速逐步放缓并进入"新常态",结构调整阵痛显现,经济下行压力较大,基于人口红利、资源红利、固定资产投资的发展方式逐渐暴露出诸多弊端。与此同时,我国以制度改进、创新驱动发展战略为引领,充分激发创新创业活力,新动能成长速度和支撑作用超出预期。据有关机构测算,新动能对经济增长的贡献已超过30%,对城镇新增就业的贡献超过70%。一些东部省份已经走出结构调整阵痛期,新动能正日渐成为经济发展的第一引擎。① 不少学者意识到,源于制度改进与创新的"制度红利"对经济发展产生了重要影响。

中共十八大以来,以习近平同志为核心的党中央就从严治党采取了一系列举措。随着以"八项规定"为起点的全方位官员行为监管制度和投资规范等保障市场公平竞争制度陆续出台,针对以固定资产投资为直接驱动要素,政府和国有企业为主导的投资推动的经济增长模式,将权力寻租与官员腐败等问题造成的市场隐形交易成本②居高不下的问题,在制度上试图降低长期以来被学者们聚焦诟病的、中国市场中过高的隐形交易成本(Cai et al.,2011)。这些制度在强化干部监管、提倡厉行节约、规范公务接待、公开招投标等方面有着明确严格的规定,直指办事送礼、挥霍浪费和贪污腐败等不良社会风气。同时,这些制度不断地在执行方面进行改进,如"六项禁令"、中央巡视组和景区开会禁令等。源于制度改进与创新的"间接制度红利"——如提高企业绩效、科技创新投入等作用机制(钟覃琳等,2016;王茂斌等,2016),增加企业生产投资和研发创新(冯宗宪等,2011;党力等,2015),增加县域收入水平(Wu et al.,2011),增加正式经济规模(Friedman et al.,2000),增加股东价值(王茂斌等,2016),提高公司估值(Lin et al.,2016),降低职务过度消费(Ke et al.,2016)和提升不同规模的公司会计质量(Hope,2017)等,已得到社会各界的普遍认同,但是"直接制度红利"——社会隐形交易成本降低。因为其行为分散,方式复杂多样,同时办事送礼、挥霍浪费和贪污腐败这些行为不具备合法性和道德正确性,十分隐秘,难以收集和计量相

---

① 温源. 如何看待当前宏观经济形势[N]. 光明日报,2018-02-13(10).
② 本课题所研究的隐形交易成本主要指为维持与政府官员良好关系,获得更多便利,个人和企业所额外付出的,难以甄别的关系成本。

反腐新政、隐形交易成本与市场化程度研究

关数据,导致缺乏相关经济学实证的研究。由此,本书在教育部人文社会科学研究规划基金项目"反腐败、隐形交易成本与市场化程度:基于准自然实验的实证研究"(项目批准号:17YJA790105)的资助下,填补了对这方面研究的空白,即用实证检验、案例分析和行业研究等多维度、多方法验证以"八项规定"为起点的反腐制度改进对降低社会隐形交易成本的效果。

从2012年12月起,这些制度已经运行了七年以上,制度改进的效果,尤其是持续性效果是大家一直关注的问题。以"八项规定"为起点的制度改进显著地改善了社会风气,规范市场秩序的作用得到了研究者们的一致认可(Wu et al., 2011;Lan et al., 2013;Fisman and Wang, 2014;Fang, 2014;Qian and Wen, 2015;党力,2015;王茂斌等,2016;钟覃琳等,2016;Shu et al., 2017;Hope, 2017)。总的来说,"八项规定""六项禁令"的强力实施,是一个极好的研究时点,可以有效地分析和分离一项新的制度产生的作用和影响。但是由于腐败程度难以衡量,数据收集不易,现有研究方法多集中于以反腐新政实施为一个准自然实验冲击,利用地区差异和政策实施的时间差异分组进行了企业层面的即期反应分析,如采用倍差法(DID)研究反腐的实际作用效果,而没有研究其持续性作用、宏观经济因素影响和对制度改进的作用。事实上,以"八项规定"为起点的监管新政是政府管理制度上的创新,是动态持续进行的,对制度改进肯定会有影响。如果能对它的中、长期效果进行研究,将是对制度改进和政策实施效果实证研究的有力补充。因此本课题采用多种方法,如动态面板GMM估计,通过差分来控制未观察到的个体效应,同时还使用滞后的被解释变量检验反腐新政的持续有效性,控制宏观变量的DID方法,以及固定效应模型来系统研究以"八项规定"为起点的制度改进对降低整个市场的隐形交易成本的持续效果和作用机制是否显著。

首先,在第一章归纳梳理有关腐败的研究文献,分析了腐败的由来、分类和总的影响。根据本书的研究主题,对于腐败对公司治理的影响,从对公司价值影响的两面性和对公司运营影响的两个路径进行梳理,并把主流研究中测度腐败的方法予以对比介绍。最后结合我国反腐败的历程,让有关反腐败的研究层次分明、脉络清晰地呈现。

其次,我们在第二章、第三章和第四章研究了反腐新政对零售业、消费品制造业和旅游业产生的影响,从不同角度研究反腐新政对减低隐形交易成本的作用和机理。反腐败降低了社会隐形交易成本,也就是降低了企业的寻租费用和社会个体的送礼费用。我们用零售业的购物卡销售变动、高档白酒的毛利率变动实证了反腐新政切实降低了腐败消费,从而降低了社会的隐形交易成本。同时我们通过对高档白酒消费和黄酒、红酒等居民用酒消费,以及文化娱乐业的对比,得出了反腐新政不影响居民生活消费的结论。对于久禁不止的公款旅游、会

议消费,对比景区开会禁令的颁布前后的变化,得出该禁令对旅游市场的影响总体不大,只是在消费结构上发生一定变化。总之,研究结论符合我们提出的研究预期:因为制度改进的有效性形成了"直接制度红利"——市场的非正常隐形交易成本显著降低。我们的研究发现:中共十八大之后,随着反腐新政的实施,零售业购物卡销售与腐败脱钩、高档白酒的消费与固定资产投资脱钩、旅游业的发展与公务会议脱钩。与此同时,零售业快速发展、中低档酒购销两旺和全国旅游业全面蓬勃发展,市场形成了以居民消费为主体、关注创新投入、风清气正的市场发展环境。

市场化是指我国从计划经济向市场经济过渡的体制改革,一系列经济、社会、法律乃至政治体制的变革(樊纲等,2003)。新兴市场尤其需要建立有效的市场秩序,以降低企业交易成本、培育市场竞争、加强科研投入(Coase,1998,2002;孙早等,2014),使得市场化得以正向加强。有文献在理论上证明:在企业可供支配的资源一定的情况下,如果反腐新政降低了企业的寻租费用,会间接促进企业在创新研发和市场竞争方面的投入(党力等,2015;徐细雄等,2016)。同时社会隐形交易成本的下降,也使得企业和社会个体在市场活跃度上升(赵建群,2011)。因此我们在第五章进一步实证检验在反腐新政下,企业的研发创新和市场投入的内部变动情况。反腐新政是否使得相关行业加强了研发投入,降低了过度营销?同时,我们在第六章采用案例分析,验证地方国企和央企在反腐新政作用下,其营销管理费用名目下的招待费用是否确实下降,业绩中是否存在"水分"。通过实证和案例分析,实实在在地证明了:反腐新政的实施确实使得企业增加研发投入和降低了关系交易成本,营商环境变好。

最后,本书研究了资本市场的反应,也就是对于反腐败在公司治理中的影响所做出的反应。企业研发投入的增加是樊纲等(2011)学者们衡量市场化水平指数的重要指标之一。在反腐败行动的冲击下,企业寻求政治关联的成本大大提高,是否会倒逼企业加大创新研发投入?另外,在理论上,反腐败行动对腐败行为的打击还会改善企业信息不对称问题,降低股价崩盘风险,资本市场会相比于企业寻求不确定性强的政治关联,会更为欢迎企业的创新投入。那么实际情况是否如此,资本市场投资者用脚投票,是否真的欢迎这种改变?在第七章,着重研究反腐败冲击下的股价崩盘风险的相应变化,企业创新是否可以作为反腐败与股价崩盘风险影响机制的中介变量?研究结果表明,在中国政府的反腐败政策之下,企业从寻求政治关联转向寻求研发创新,进而有效地降低股价崩盘风险,净化营商环境,获得了资本市场的积极反应。

当前关于反腐败的研究大多为宏观层面考察反腐败和经济增长的关系,仅有的微观层面实证研究集中在反腐败与企业绩效、科技创新投入等直接作用机制上(钟覃琳等,2016;王茂斌等,2016),至今仍缺乏反腐对隐形交易成本的实证研究,至于渠道作用的关系研究更为缺乏。因此,本课题借助十八大掀起的一系列反腐新政作为外生冲击,通过观测企业这个最重要的市场主体,在公司治理、内部投资、费用管理等方面,考察反腐作用时间点前后的变化趋势。本课题在控制相关因素后,使用倍差法识别出企业的腐败水平和社会送礼、过度营销以及创新投入的程度变化,确认反腐对降低隐形交易成本的成效显著。然后,用不同行业验证反腐的微观经济效果,再从企业内部资源分配、费用管理和信息不对称角度检验反腐对于正向提升市场化的效果。最后,我们验证本研究的核心问题:反腐显著降低了市场的隐形交易成本,也改善了企业的经营管理。本项目将丰富反腐新政在微观层面的相关研究,为"反腐败促进经济持续健康增长"提供理论依据和实际验证。对于总结中国反腐经验、下一步实施精准反腐,有针对性地制定反腐政策,全面改善营商环境,提升企业市场化水平和竞争力将有很好的参考作用。

作　者

2021 年 9 月于武昌喻家山

目录

第一章 总论 … 1
- 第一节 腐败概述 … 2
- 第二节 企业治理与腐败的关系研究 … 8
- 第三节 腐败的衡量与反腐败研究方法 … 16
- 第四节 我国反腐败历程与特点 … 23

第二章 反腐败与隐形交易成本 … 35
- 第一节 隐形交易成本与腐败消费 … 36
- 第二节 隐形交易成本与固定资产投资 … 43
- 第三节 隐形交易成本的度量与影响路径研究设计 … 45
- 第四节 反腐新政对消费的影响，基于GMM的实证 … 53
- 第五节 结论 … 59

第三章 反腐新政与消费的关系研究 … 61
- 第一节 反腐新政对我国消费产业的影响 … 61
- 第二节 反腐新政对消费影响的实证研究 … 66
- 第三节 反腐新政对消费结构的优化 … 72

第四章 反腐败对消费类企业内部投资机制的影响研究 … 81
- 第一节 反腐新政、企业研发投入与营销投入 … 83
- 第二节 反腐新政对企业内部投资机制的影响实证设计 … 88
- 第三节 反腐新政对企业内部投资的影响机制实证结果 … 95
- 第四节 拓展性分析与政策建议 … 102

第五章 107	**反腐新政对旅游业的影响** …… 107
	第一节　景区开会禁令的由来 …… 107
	第二节　禁会景区对旅游业的直接影响数据和分析 …… 109
	第三节　景区开会禁令的间接影响分析 …… 116

第六章 123	**反腐败与企业的费用归类调整** …… 123
	第一节　费用归类操纵的理论分析 …… 124
	第二节　国企费用归类问题研究思路 …… 126
	第三节　费用归类操纵的手段与路径剖析 …… 139
	第四节　地方国企与央企费用归类操纵对比 …… 145

第七章 161	**中央巡视组、企业创新与资本市场的反应** …… 161
	第一节　企业创新、政治风险与信息不对称 …… 162
	第二节　研究设计 …… 170
	第三节　实证结果分析 …… 174
	第四节　研究结论与建议 …… 187

参考文献 …… 191

后记 …… 209

第一章

总　论

　　腐败是一个古老而又亟待解决的社会问题。亨廷顿(2008)认为腐败是指国家官员为了谋取个人私利而违反公认准则的行为,是缺乏有效政治制度的表现。北美独立战争前后,美国人认为英国的政治制度是腐败的。因此,那时所讲的腐败在很大程度上是"制度腐败"(institutional corruption),而不仅指官员个人的腐败行为。制度腐败是由社会结构、制度体制本身缺陷而造成的腐败现象。虽然在具体表现上,制度腐败和个人腐败都涉及官员的腐败行为,如收取贿赂、贪污腐化等,但制度腐败强调腐败的根源在于国家政治制度的落后。这种观点并未流行开来,随着社会的发展,在之后学者的研究中,主流思想是将腐败看作个人行为。

　　在腐败的研究历程中,可以看出腐败问题有较强的政治性,学者更倾向于将腐败与政治行为、政治集团等意识形态层面联系在一起。对于腐败机理的探讨也都从政治思想的层面出发,而忽略了其与经济、社会发展的内在联系及相互作用,尤其是腐败引起的非市场交易成本,由于其隐秘性而难以计量,导致在其作用领域往往出现市场失灵现象。

　　中国特色的反腐倡廉道路是一条与中国国情相适应的反腐败之路。十八大以来实施的反腐新政,其主要任务是全面推进惩治和预防腐败体系建设,构建更系统、更完备和更科学的中国特色腐败治理制度体系,注重加强法制和制度建设,积极构筑反腐倡廉的系统工程,实现有效的腐败治理,即在遏制腐败的表现形式、降低交易成本方面和改变腐败交易的影响路径方面予以重点关注。鉴于反腐倡廉成为国家治理层面的重要内容,如何正确认识腐败行为以及如何评价反腐败政策效果成为相关问题研究的基础。但事实上,该方面的研究成果仍然没有形成统一的认知。本章将对已有的研究进行梳理与回顾。

第一节 腐败概述

一、腐败的定义 ▶▶▶

早期的研究将腐败归结为道德问题,认为其发生具有偶发性。其产生原因被看作是邪恶和不诚实的人获得权力和信任,因此相对应的解决方式是进行劝告。但是越来越频发的腐败现象让人们开始思考腐败到底是个人的偶发行为,还是社会的普遍行为。此外,这种基于道德层面的定义没有明确且公认的衡量标准,不便于进行深入的研究。

由此产生了另一种观点——"修正主义"(revisionism)。支持这一观点的学者认为腐败是对社会法律、规范的偏离。它根据不同规范来定义腐败,通过引用社会风俗和经济政治制度的缺陷来解释腐败的存在,并列举了腐败可能发生的条件。尽管修正主义者的观点更为明确且具体,但他们仍然从个人角度思考腐败行为,而没有认识到系统性腐败的存在。

具体来讲,西方学者对于腐败的定义有多种。如 Nathaniel Leffd(1989)认为腐败是超出法律之外的体制,在这种情况下个人或集团能影响政府官僚的行动。Huntington(2008)指出腐败的基本形式是政治权利与财富的交换。早期的理论研究成果可以分为三种。一是基于公共利益;二是基于公共责任;三是基于经济学界定。

1. 公共利益

Friedrich 认为腐败是一种行为模式,通过花费公共开支损害公共利益得到个人收益,它偏离了道德规范。引发腐败行为的原因主要是金钱上的回报、晋升以及企业订单的获得。这一定义认为腐败不仅发生在拥有权力的政府官员手中,还发生在任何通过花费公众利益取得自身收益的行为中。此外,Friedrich 分别从行贿人以及受贿人的角度分析了腐败产生的原因。行贿人可能认为制度规定是错误的,或者对于他是不利的,因此需要采取"跨越"制度的行为来达到自身的利益诉求。受贿人则是出于欲望、贪婪以及过度的野心的驱使。这一观点是被修正主义者抵制的,修正主义者认为这种定义最大的缺陷在于其范围的不准确性,首先"公共利益"的内涵无法确定,没有一个明确的定义。其次这种定义预先判断了腐败的结果,存在一定的逻辑问题,即认为腐败是对公共利益的损害,这一论断过于绝对。

2. 公共责任

这一观点认为腐败是为了私人的利益而产生了偏离公共角色规定责任的行为。其中以 David H. Bayley 和 Joseph Nye 的研究最为全面,Nye 的观点被之后的学者广泛使用。Nye 认为腐败行为是指由于私人、近亲家庭、私人团伙、金钱或身份利益等因素而背离了公共角色的正式职责的行为,或者违反了禁止某些类型的私人行使职权的规则。其主要表现为贿赂(利用奖赏来歪曲信任者的判断)、裙带关系(由于归属关系而非优点而给予赞助),以及挪用(非法挪用公共资源用于私人用途)。Bayley 同样认为腐败是包括裙带关系以及挪用公款的。他进一步扩大了定义,认为腐败包括不正当的使用以及自利的使用权力,而这些权力不仅包括公共部门的权力,还包括个人在公共生活中所拥有的特殊地位。对于产生腐败的诱因,他认为不局限于货币层面的收益,还包括其他形式的个人利益增加。此外,他还探讨了道德主义的缺点。他指出道德主义没有为腐败行为划分出明确的界线,因为道德标准在不同地域之间可能存在显著差距。例如,在非洲和印度,利用公职为亲属找工作并不是不道德的行为,在其传统观念中,这是一个忠实的家庭成员应尽的义务,而这一行为在西方社会是明显的腐败行为。因此,道德主义的标准很容易在研究中产生分歧,因为对于不同的研究来说,腐败的统计口径可能存在明显区别。

3. 经济学界定

经济学的界定往往由经济学家来界定,然后被运用到经济分析中。如"矫正涉及从强制性定价模式到自由市场模式的转变",其关键在于如果公共机构被认为不能满足社会的需要,腐败就提供了另一种社会分配的手段。Susan Ackerman 也认同这一观点,认为腐败是对稀缺资源的分配机制。这一假定认为在完全的竞争市场中,腐败是不会发生的。这一观点在后续的"排队模型"(Lui,1985)以及"拍卖模型"(Beck and Maher,1986)中以模型的形式重现。在排队模型中,不同的人因为不同的收入水平以及机会成本存在不同的时间价值偏好,这会影响他排队获得某种资源的效用水平。具有更高时间价值的人将会通过行贿的方式减少时间成本,进而提高效率。"拍卖模型"进一步指出,在达到均衡状态时,资源将会由最具有效率的竞拍方取得。而且,市场竞争与贿赂之间的区别在于前者是由资源的初始所有者得到了买方的出价,而后者是由官员得到。因此,贿赂在一定程度上起到了资源配置的作用。但也有学者对上述两个模型的假定条件和结论提出了质疑。首先,Bardhan 认为在信息不对称普遍存在的情况下,行贿者和受贿者在定价上很难达到均衡。Tanzi 还指出,在这种情况下,最终支付价款形成的"均衡"可能不是最有效率的。

此外,这一理论的缺陷还在于腐败的成因中有大量的非经济因素,如社会国家体制因素、个人因素等,仅将腐败纳入经济分析中显然是不合理的。Murphy(1997)指出,这种机制的存在会使得经济中有才能的个体从事寻租行为,而不是生产性活动,最终会导致人力资本的浪费。这对于经济是有害的,想要实现通过腐败来达到资源配置的作用较为困难。

近年来的研究中被普遍使用的观点是:腐败是为谋取私利而对公共职位的滥用。这一定义来自世界银行1997年的报告《帮助各国同腐败作斗争:世界银行的作用》,报告中对腐败做了上述的定义。这个报告被公认为全球反腐败行动的框架性文件。但这一观点仍存在缺点,在于没有明确的行为主体,因此任何人可能成为腐败行为主体。此外,国际透明组织对于腐败含义的解释是:公共部门的官员通过错误使用公众委托给他们的权力,使他们或其亲属不正当地富裕起来。这一观点就明确指出了腐败的行为主体是公共部门的官员。

国内早期的研究中,学者王沪宁(1989)认为腐败是"公共权力的非公共运用",即利用公共权力获得个人以及小集团的利益,并进一步指出了利益的范围:具体的金钱、住房、礼品等,以及抽象的机会、职位、权限等。于风政(2003)认为腐败行为是指国家机关与国有企业的公职人员与他人合谋,违反法律与社会公认的行为规范,滥用公共权力与公共资源,为私人和私人小圈子谋取私利或为某一单位、某一行业谋取特殊利益而损害公共利益及其他公民个人利益的行为。对于腐败的内涵,楚文凯(2006)认为腐败的概念包括四个因素,即行为主体、行为方式、行为目的以及行为的后果。因此,在定义腐败时要从上述四个方面进行。

聂辉华(2014)指出了中国在经济转型阶段的腐败三大特点:第一,中国的腐败问题来自经济转型过程中,快速的市场化与行政审批权力过于集中的发展矛盾,这与西方的个人官员腐败有显著区别;第二,中国的腐败与企业所有制联系紧密;第三,中国的腐败行为有一定的异质性,在中国传统文化与习俗的影响之下,在西方法律认为腐败的行为,在中国可能会被隐藏起来。胡鞍钢(2001)也认为中国在转型期间出现的腐败不仅是官员个体性的腐败,还有行业垄断导致的腐败。

二、腐败的由来 ▶▶▶

国外的研究中,最初认为腐败是由政治经济制度来决定的。如Acemoglu等(2001)发现在殖民地中,细致管理制度的设立取决于殖民者居住在此地,即出于殖民者自身利益的考量。在没有殖民者居住的地方,殖民者懒得建立详细的

第一章
总 论

管理制度，导致出现较为普遍的腐败。

后续发展中，持"道德主义"观点的学者认为腐败是由行为人自身道德水平低下所引发的不道德行为；持修正主义观点的学者普遍认为，腐败是非正式的制度，这一观点来自 James Scott 的《比较政治腐败》。他认为，同正式的政党宣言、一般立法与政策声明不同，腐败可以看作非正式的政治制度。不能仅仅将其作为一个偶然现象，而是要将其纳入正常分析的范围内，看作政治活动的一个方面来进行研究。但他也同样认为，在一些管制较多的国家中，存在更为严重的腐败行为。

同样作为修正主义学派的 Huntington 将腐败的原因归结为"现代化"的过程。他举例说明了这一观点，例如，19 世纪的美国比 18 世纪和 20 世纪的美国更加腐败，18 世纪的英国比 17 世纪和 19 世纪的英国更加腐败。因此，经济转型阶段会带来更多的腐败问题。由此引发了后续大量对于发展中国家腐败问题的研究。

在中国的政治学研究中，起初学者偏向于认为腐败现象的存在是因为放松了对领导干部自身的经常性的思想政治教育。这一观点从官员自身的道德角度出发，较接近西方持"道德主义"观点的看法。之后学者们开始从个人和社会相互作用的角度来解释腐败。首先，基于中国经济体制转型的背景下，学者们提出了经济体制从计划经济向市场经济转型的过渡期必然引发腐败的这一观点。这一期间，政治经济生活中存在较大的监管漏洞以及法律的缺陷，且存在更大的非公平可能性，因此腐败极易发生。何增科认为，在政治体制改革的阶段中出现了激励结构扭曲、机会结构失范以及约束机制软化的问题。在关于中国腐败问题的研究中还有较多关于国有企业腐败的研究，这是中国特有的经济体制所决定的。

过勇和胡鞍钢(2003)认为"政企不分"是中国经济转型中的最大问题，行政垄断是中国经济转型中最严重的腐败来源之一。国有企业的运行效率较低，且政府提供大量补贴以及税收优惠，政府与国有企业之间存在天然的紧密联系。由此引发了对公共资源（如税收、财政收入）的浪费。

此外，关于腐败的研究不局限于政治与经济层面，伦理学家更倾向于从恶人的享乐主义、道德败坏等层面来理解腐败的发生。他们认为在传统社会价值观受到理论上的批判与市场经济大潮的冲击，且与市场经济体制相适应的伦理体系尚未建立时，会出现价值失范、道德约束力差的局面，由此引致腐败的发生。

但综合来看，以上学者的观点都是基于中国经济体制改革的大背景下来论证的。可以认为，中国经济体制原来存在的公共层面监管缺位、私人层面道德滑坡是引发腐败的重要因素。

三、腐败的分类 ▶▶▶

在腐败分类方面,国外学者 Heidenheimer 从公众对于腐败的态度出发,提出了"大腐败""小腐败"的分类。"黑色"腐败是被舆论谴责,并且需要得到惩罚的行为,即为"大腐败",如官员参与毒品交易;而"白色"腐败是指受到的谴责不强烈,也不需要受到惩戒的行为,如官员为选民免除停车罚款。在这两者之间存在一定的灰色地带,公众无法对其进行明确的甄别。Lowi 同样认为腐败分为大腐败与小腐败,但不同的是,他认为大腐败是指宪法解体,或者迷失方向的腐败,而小腐败是反映个人道德水平的沦陷。

国际上对于腐败的类型划分各有不同,国内的腐败类型划分也众说纷纭。国内学者胡鞍钢结合我国国情将中国的腐败分为四种类型,即寻租类腐败、地下经济腐败、税收流失性腐败以及公共投资与公共支出性腐败。寻租类腐败是指为获取纯粹转移所花费的稀缺资源跟垄断、管制关税和其他相关制度实践带来的损失;地下经济腐败是指在政府未能及时涉及的领域,不向政府申报纳税,不计入国民生产总值的经济活动中产生的腐败行为,地下经济包括非法的地下经济活动、合法经济活动取得的非法收入的经营活动和未统计的地下经济;税收流失性腐败是指违反公平竞争的合法避税和征纳合谋;公共投资与公共支出性腐败主要涉及的是政府或者公共投资中的腐败,如政府采购合同、政府资助机构等带来的相关腐败损失,中国的重大腐败常为此类。此外,倪星从经济学角度,将腐败分为两大类,权力滥用和无为。权力滥用是指超越界限使用公共权力,例如贪污型、互惠型以及敲诈勒索型;无为是指没有履行自身的职权,例如渎职类腐败。从发生形式上来看,腐败又可分为交易型腐败以及非交易型腐败。交易型腐败是指通过寻租活动进行的腐败行为,又称为寻租型腐败;非交易型腐败是指运用权力间接换取私利,直接贪污,索贿受贿。吕瑞(2018)从参与腐败者人数多少将腐败划分为个体腐败和集体腐败。个体腐败是指拥有权力的个人为谋取私利的腐败行为;而集体腐败是指手握公权的权力人互相勾结达成同盟,共担风险共享利益,集体腐败又可以进一步划分,主要领导是否参与的主动型和自发型等。

近年来,腐败的概念逐渐泛化,不再专指政治层面的腐败。熊学文、胡雪华(2001)根据腐败行为主体的身份和职业性质分类为:政府官员公职人员的腐败,这类人员手握公职权力,对国家政策方针十分了解,各种利益主体中的行贿人都有可能通过各种形式向其行贿,由于这类腐败人员通常代表国家行使权力且具有一定的经济政策背景,往往腐败金额较大且难查处;还有社会中介组织及聘用人员的腐败和公司高管的腐败,以上三个主体有时会联系在一起,这类腐败往往牵涉众多,金额巨大。此外,还可以根据腐败产生的源头将其分为政策、行政、经济、权力、技术、商业、司法、学术、教育等方面的腐败。

总的来说,由于腐败往往存在于方方面面,所以国内学者针对腐败的划分也各持己见,采用何种腐败分类主要取决于研究的目标。

四、腐败的影响 ▶▶▶

在我国,大多数学者持有的看法是腐败给我国带来了低效率资源配置(钟岩、桂杰,2001)。首先是腐败造成社会福利的转移从而形成新的不公;其次是质劣型腐败中福利的增加是以质量下降并威胁到各种安全为代价的;再次是腐败将会造成扭曲的资源配置效率,使得价格信号失真;最后是腐败会带来社会成本的普遍上升,为了维持公平,政府将被动投入更多财力。但客观上腐败对企业的作用有两面性,在一定的制度和体制下,腐败可能会带来某些方面的促进作用,Leff(1964)最早提出在各类制度不甚完善的大背景下,腐败可能会带来更有效的配置,有助于提升企业价值,从而实现"能者居之"的效果,此外诸如排污许可证等人为设置的外部性市场,如果仅仅是政府发放许可,企业会通过各种寻租费用表现需求最终确定下隐性的价格,进一步接近福利最大化。

腐败中涉及最多的两个群体,一个是腐败官员,这并不是本书研究的重点;另一个是企业,我们主要关注的是行贿的企业。

从企业整体受到的影响来看,由于正规经济受到政府管制,一旦企业想要获得便利就会进行腐败活动,腐败行为可将正规经济转向非正规经济,从而导致腐败越多,非正规经济也越多(余长林,2019)。非正规经济具有隐蔽性且不受政府管制,一旦企业转向此类经济将会使得政府管制更加艰难,进一步地想要获得政府支持也不可能。此外,地区腐败还会对外商直接投资流入产生阻碍(李绍琳、林媛媛,2019),所在地区腐败越严重,外来跨国公司进入当地市场的成本越高,企业自留利润越少,并且腐败还会带来投资者的风险敞口增加,所以外国投资者将会因此而减少投资。腐败的作用不仅作用于外国资本,还涉及个体创业选择(刘嘉琦、李新春、胡明志,2019)。在前人的研究中,腐败对创业有正面的润滑剂效果,也有负面的扭曲政府投资、增加私人投资成本等后果。通过研究发现腐败和创业之间并非简单的线性关系,不过在当前国情下在腐败严重的地区,人们的创业热情被抑制。

从企业内部发展受到的影响来看,先从企业运营效率入手,它反映了企业微观经济活动质量。研究发现地方腐败破坏了市场交易机制,导致更高的企业交易成本和代理成本,进一步损害了企业的运营效率(谭瑾、徐细雄、徐光伟,2018)。腐败带来交易成本增加,会阻碍企业研发投资和其他生产性活动,还会带来政府方面环境的不确定性,而这两点是良性创新活动的必需因素。不过在实证研究中发现并非所有的腐败都会起到减少创新的作用。研究发现,市场排他型贿赂不利于企业创新,便利自利型贿赂反而促进创新(唐姣美、赵永亮、唐丹丹,2019)。对于大多数企业来说,上述腐败带来的问题具有普遍意义,对于一些较为特别的行业,腐败将会有更加显著的影响。如在房地产企业中,在房地产开发过程中存在着政府部门凭借土地审批权索贿,开发商为了项目早审批而行贿,政府人员低价买房形同受贿等腐败问题,这些都在一定程度上加大了开发成本,导致房价不断上升,损害了社会利益。

第二节 企业治理与腐败的关系研究

一、腐败对企业价值影响的两面性 ▶▶▶

"官商勾结"是自古以来对腐败行为的描述成语。企业作为市场经济中的中流砥柱,不将精力放置在自我创新和市场扩张,反而寻求政治关联的行为屡见不鲜。大量的研究都表明,企业存在主动寻求政治关联的行为。如 Agrawal 和 Knoeber(2001)关于美国的研究发现,20 世纪 90 年代美国由于法律制度改变导致电力零售业从公共管制走向竞争,与此同时,具有政治背景的外部董事在这些公用事业公司董事会中的数量也相应增加。可以认为,电力公司通过调整董事会组成,增加政治关联度来应对这一问题。他们还发现政治经验丰富的董事在向政府销售、出口和游说的公司中更为普遍。这种政治关联的影响是普遍的,存在实际效应的。Roberts(1990)和 Fisman(2001)都证实了在政治官员去世或者下台之后,与其有关联的公司、股价会明显受到影响,且政治关联和公司价值呈正相关。在关于马来西亚的研究中也得出了类似结论,Johnson 和 Mitton(2001)发现在亚洲经济危机开始时,与马来西亚总理马哈蒂尔有关联的公司股价出现大幅下降,但是当 1998 年末马来西亚政府实行资本管制政策后,这些公司的股价开始大涨。这都说明公司在政治联系方面的行为对公司有实质性影响。

企业为什么会倾向于行贿?大量研究表明企业之所以选择行贿,是因为当时政府存在一定的权力自主和寻租空间。赵军(2019)研究发现民营企业家是"利益输出型腐败犯罪"的主要群体,通过对2014—2018年间中国裁判文书网上的企业家犯罪案例进行统计,发现企业家贿赂犯罪的总频次为1765次,其中民营企业触犯1194次。之所以呈现这种结果是因为我国社会主义市场经济是由计划经济转型而来,国有企业作为确保公有制经济主体地位,实现经济领域国家意志的工具,在垄断行业准入、税收融资等方面有巨大的先天性结构性优势;而民营企业则在市场准入、资格认定、审批检验、土地流转等方面面临公权力过度干预或歧视性对待的窘境。为了弥补这种先天性的差距,通过行贿收买权力就成了相当部分企业的生存模式。在公权力介入较深的经济领域,如果公权力运行不透明、不公正,一些在市场中并无竞争优势的民营企业就会以行贿公权力的方式换取资源和利润。诸如上述市场准入、资格认定等繁文缛节的存在,促进了企业的腐败行为。刘锦和张三保(2019)同样发现政府对企业经营活动的行动许可促使了腐败的产生,政府职能角色错位,行政权力滥用,导致行政管制过度。其中的典型表现就是政府设置的许可种类繁多,流程冗长,随之而来的就是腐败。一方面,行政许可程序性的要求减缓了企业获取效益的进程,导致企业总是倾向于规避或者加速该流程,进而滋生腐败;另一方面则是行政许可的规则模糊,使得公职人员在审核企业材料或做出决定时具有较大的自主权,对于一些垄断行业,一旦获得政府许可就可以得到高额利润,所以企业总是想方设法向相关公职人员行贿。李厚建等(2018)对此进行了定量研究,发现繁文缛节会强化企业的腐败动机,增加企业的贿赂额度,即每增加一个单位标准差的繁文缛节,将会导致企业支付的贿赂额度比例增加0.03%。

在企业向政府行贿的行为机制中除了上述的制度因素,还有组织趋同的效果,即因为周围的企业进行了行贿,企业本身无论是强制性还是模仿性,都可能会同样选择行贿。姚晶晶等(2015)通过对129家民营企业的政治行为进行分析,发现当企业家意识到周围有其他企业家在向政府官员行贿时,自己也会受到影响增大政治行为的投入,并且如果企业家认为政府重要时,无论企业规模大小,都会跟随周围其他企业采取政治行为;当企业家认为政府不那么重要时,小规模企业会跟随采取政治行动,大规模企业则不会。

不过腐败对企业的总体增长其实存在两面性,部分研究发现腐败抑制了企业增长率,腐败会增加企业的运营成本,减少企业从产品质量升级中获得的潜在收益,从而抑制企业生产率增长。Beck等(2005)使用54个国家4000多家企业数据进行的实证研究表明,腐败会对企业的总体增长产生负面影响。Fisman等(2007)选取乌干达企业层面数据进行的实证研究显示,随着腐败程度的提高,企业的销售收入增长率将显著下降。而另一部分研究则发现腐败促进了企业的部分增长,赵颖(2015)利用世界银行 2012 年在中国调查了 2848 家企业获得的数据研究发现,腐败对企业销售额增速和利润均在一定程度上有正面影响,因为腐败官员能够为企业提供非竞争性的制度优势;徐雷等(2017)利用世界银行 2012 年对我国企业投资环境的调查数据进行实证研究,结果发现在全国层面寻租对企业增长的直接影响为负,但是能有助于企业扩大出口、增加雇工、更容易获取银行贷款和减免税费,促进企业的部分增长。

所以目前经济学界对腐败的作用主要有两种观点。

一是腐败是"润滑剂"理论。研究表明,公司寻求政治关联的原因在于政治关联会为企业带来更多的税收优惠、政府订单以及更放松的管制,由此产生了"润滑剂"理论。该理论是从经济学关于腐败的定义出发,认为在市场不完全的情况下,腐败能在一定程度上发挥资源配置的作用,进而提高企业的效率。其中代表为 Leff(1964),他认为贿赂虽然增加了企业的交易成本,但有助于企业规避官僚体制中的繁文缛节(red tape),在一定程度上提高了企业的效率。Acemoglu 和 Verdier(1998)也认为腐败使得政府官员在经济体中引入了有效率的制度安排,即贿赂提供了一种有偿服务的制度安排从而提高了企业效率。但这一观点存在显著缺陷,即假设了腐败是在市场不完全的情况下产生的,用于辅助完成资源配置的作用。Zulfiquer 等(2018)使用来自 81 个国家的 8232 家企业样本,调查了腐败对政府所有权对财务约束的影响。结果显示,腐败会使得政府所有权企业财务约束较少,因而企业绩效较好。针对中国的研究中同样显示在公平竞争机制缺失的转型经济中,腐败会发挥特殊的资源配置作用。黄玖立和李坤望(2013)使用世界银行中国企业问卷调查数据考察了腐败对企业产品销售行为的影响。研究证实,招待费的确被企业用作不正当竞争的手段:招待费支出越多,企业获得的政府订单和国有企业订单也越多,我们可以进一步认为企业行贿为企业带来了更多的订单和收入。此外,腐败的"润滑剂"效果还有可能来源于行贿可以在官员和企业之间建立某种联系,形成"关系资本"。关系资本可以帮助企业绕开法律和规章等获取资源,也可以借关系资本避税或者减少官员的掠夺,此时腐败也有"保护费"的作用。李捷瑜和黄宇丰(2010)运用欧洲复兴与开发银行(EBRD)在转型经济国家进行的 BEEPS 调查数据,研究发现转型经济中贿赂促进企业增长,主要路径就是帮助企业减小官员掠夺("保护费"功能)和帮助企业获得稀缺资源促进企业增长("润滑剂"功能),而非转型经济中贿赂对企业增长并没有促进作用。同样地,Cai 等(2011)认为企业的标准支出项目中的招待费 ETC 包括对政府官员的支出,里面同时包含了"保护费"和"润滑费",

用于与供应商和客户建立关系资本,以及管理过度的支出。研究发现,ETC 中的"润滑"和"保护"部分是对企业绩效有一定正向作用的,不过如果政府为了索贿恶意降低政府服务质量,那么这时的腐败将不利于企业绩效。

尽管上述研究证实了部分腐败行为会带来企业价值的提升,但事实上,腐败行为提高的只是个体企业的利益。在整体市场的效率方面,腐败行为不是"润滑剂",而是影响经济有效运行的"砂砾"。唐朱昌等(2014)对全国各省份的面板数据进行实证分析,结果显示腐败对市场化进程产生显著的抑制作用。在腐败的影响下政府官员按照"钱""权"原则分配资源,企业所考虑的就不再是提高效率和异质性来获取竞争优势,而是如何与腐败官员搭上关系,进一步地影响了资源的使用效率,最终降低了市场效率;而且腐败滞后期的系数绝对值比当期腐败系数的绝对值小 0.001,这意味着腐败对市场化的影响具有一定的持续性,在腐败行为不被打击的情况下,腐败对市场化影响的衰退速度较慢。此外,"润滑剂"理论认为企业支付一定的费用可以加速政府低效运行时的"繁文缛节",但 Blackburn 和 Sarmah(2006)以创业者在创业时所受到的各种制度规制定义为经济活动中的"繁文缛节",研究发现支付费用并没有达到相应的作用,反而扩大企业的经营风险。

二是更能让人接受的"沙子"论。这种观点认为腐败阻碍了市场资源的配置。关于产权制度的观点表明,腐败破坏了产权保护,而产权保护是经济长期增长的动力。腐败产生了干预市场的权力,导致市场配置无法达到其有效水平,从而阻碍经济的发展。Shleifer 和 Vishny(1993)在研究苏联的黑市问题时指出腐败发挥了类似于税收的作用,但其非法性使得它对经济的扭曲程度更严重。Beck 和 Michael 的研究发现美国颁布的用来惩罚美国公司及其雇员向外国政府官员行贿的"外国腐败行为法"(FCPA)对美国向非拉丁美洲国家的出口产生了负面影响,但对拉丁美洲那些容易受贿的国家没有影响。他们认为原因在于企业与政府官员达成的腐败合同是不可强制执行的非法合同,没有有效且强制的保证措施保证"合约"的实施。因此,贿赂达成的交易与实际的服务提供可能存在较大差距,使得公司贿赂的成本最终高于收益。Shleifer 和 Vishny(1993)也指出,政治关联对企业的积极作用只有在其支付的边际成本低于其边际收益时才会产生。

综上,我们总结前人的研究可以发现,当市场不完全时,腐败在经济中担任更多的是"润滑剂"角色:当资源配置不合理时或者法制不完善时,往往腐败会带来资源的重新配置以及繁文缛节的规避,这时企业尽管付出了行贿的成本,但是这时带来的收益往往是大于成本的,从而带来企业价值的上升;不过,随着市场和法制的完善,腐败的机会和动机有所减弱。李后建和刘培森(2018)研究发现随着法制质量的逐步改善,官员能够通过繁文缛节索贿的能力会逐渐下降,此外对于政府部门而言,政局不稳(例如官员更替、政治调动等带来的政策不确定性)会破坏企业原有的政治资本而强化腐败官员向企业收取贿赂的能力,这一研究结果也说明了市场不稳定时更容易产生官员通过繁文缛节收取贿赂的行为。而另一方面,当市场和法制足够完善和有效时,腐败就变成了经济发展中的"沙子",它破坏了现有法制市场下的有效资源配置,并且由于可能带来收益小于成本的结果,形成了低效的经济行为,造成社会福利的损失,严重阻碍了社会经济的正常发展。

在关于中国的研究中,普遍表明由于我国特殊的经济体制处于转折阶段,政府在配置资源方面担当重要角色,在腐败现象较为严重、企业获取政治关联成本较为低廉的时期,企业更偏好于与政府建立政治关联来获取资源和政府优惠(杜兴强等,2011;黄新建和冉娅萍,2012)。但是之后随着社会制度的完善,腐败的"沙子"作用凸显,聂辉华等(2014)研究中国制造业企业的微观数据发现腐败行为会使企业浪费资源陷入不正常的市场竞争从而效率低下;或者即使通过腐败获得了表面的便利,但实际上的作用并不显著。魏志华等(2015)以中国117家能源概念类上市公司数据为研究样本,研究发现企业的寻租行为有助于其获得更多的财政补贴,但通过腐败获得的这些补贴对于提高企业成长性却没有发挥显著的正向作用。

二、腐败对企业运营的影响 ▶▶▶

1. 腐败会加剧企业的代理问题

腐败对公司治理的影响则较为清晰,研究普遍认为腐败会进一步加剧公司的代理问题。La Porta 等(1997,1998)指出不论是经典的 MM 理论还是 Grossman、Hart 以及 Moore 的剩余控制权分析框架,其用于保护投资者的公司内部合约的达成与实现都有赖于法律体系的实行效力。不健全的法律体制会引发腐败,进而影响企业的内部治理效力。La Porta 等在之后的研究中发现高腐败地区的公司治理往往更差,需要其他方式来保护投资者权利。因为在高腐败地区,股权分散的公司会更难获得外部资金,它需要有家族的声誉作为支撑,因此会倾向更为集中的股权结构,这就会导致对小股东的"剥削",从而降低企业治理的效率。

Wu(2005)解释了其中的作用机制,认为公司代理人倾向隐藏任何他们认为对代理人反映不利的信息，不管是安全违规还是涉及贿赂行为。行贿是非法的，而且常常是保密的，这允许代理人与腐败分子勾结，欺骗企业所有者和公众。

2. 腐败对企业创新的影响

一般来说，知识决定了专利、成果的产生和创造结果，而市场则决定了创新成果能否投入生产创造利润。在市场经济发展完善的发达国家中，由于对官员监管严格，相关流程规定明确，企业是创新的绝对主体，它们根据市场选择决定创新、是否生产，最终带来有效的创新成果；而在发展中国家则有所不同，优质创新往往需要投入大量的资金，长时间的等待以及收益不定的高风险，大多数企业无法负担这样的投入，所以政府会普遍参与到企业创新项目中，一旦拥有权力的人介入其中，在监管不到位情况下，腐败是必然发生的。至于腐败如何影响企业创新能力，目前学界有两种主流看法。

首先是抑制论，抑制论学者认为由于科技创新存在很强的专业性，可能存在政府官员无法客观判断项目本身的可行性，而针对创新的各类繁杂的审批、许可和监管程序更是将许多优秀的创新企业拒之门外，更多的是其他企业将会纷纷寻求政治关系来争取到更多的资源和优惠待遇，这时企业将资金用于创新研发的成本大幅增加，而无政治关联的企业又会由于各种程序被排斥在关键资源之外，这极大地扭曲了资源配置，企业创新被抑制。涂远博等(2018)通过对中国2000—2014年间的省级面板数据研究发现，过度的无效率政府规制扭曲资源配置，使经济陷入"规制陷阱"，政府规模不断扩大，官员懒政不作为，经济效率低下，企业偏好通过贿赂获取市场特权，这抑制了创新投入，使得中国经济长期陷于低技术锁定的粗放式发展模式。

其次，与之相对的看法是促进论。促进论学者认为新产品上市本来就是越早进入市场越好，但在各类制度不甚完善的背景下，前文提到的政府设置了许多审批许可程序。"速办金(speed money)"假说认为，在面临过多的繁文缛节时，特定的企业会向腐败官员贿赂以降低时间成本，即贿赂会在某种程度上提高行贿者的收益。Bozeman(1993)发现政府机构存在过多税费和行政规制是无法避免的，所以贿赂在某种程度上是个体削减繁文缛节的一种被动行为，这时的官员腐败是"润滑剂"；此外，长期的政企关系还有助于降低产品创新中的一部分风险，所以，在政府监管制度薄弱的地区，官员腐败对企业创新有部分促进作用。

在陈俊和代明(2018)的研究中，同时检验了腐败对创新的两种理论，他们利用1998—2013年中国分省区面板数据进行实证分析，发现地方腐败对区域创新效率有双重作用，既会带来创新冗余，也会带来风险规避。这说明在实际数据中,两种效应均存在,重点在于哪一种效应占据主导地位。可以认为,"促进论"只是特定前提下的效应,随着社会制度的不断完善,腐败很难产生促进作用。

3. 腐败与企业投资

在理想的完美市场中,企业的投资主要取决于项目未来现金流、企业自身贴现率以及风险偏好等因素,基本原则就是净现值大于零的企业将会选择投资该项目。但是在实际市场中存在着信息不对称、政府管控等原因形成过度投资或者投资不足。由于我国目前的市场经济并不完善,政府在企业投资中的作用不容忽视,政府可以通过产业政策、区域政策、税收减免、融资支持等方式参与社会资源配置。何轩等(2016)研究认为地区腐败程度确实对企业家的活动配置状况产生影响,即地方官员拥有重新分配资源和量裁的权力,由此带来的是企业想要获得稀缺项目或者稀缺资源就不得不花费时间和金钱与地方官员打交道。

在企业行贿后,政府的参与会带来两个方面的效果。在正面效果中,腐败将成为企业的政治关系投资,不仅仅带来基础的税收优惠等政策,还可以为企业的投资带来政府的庇护,这样一来企业投资将会有所上升并且不论是对企业本身还是整体经济都有一定的促进作用;而在实际效果中,腐败的存在也会增加企业的投资成本,腐败官员为了获取更多的贿赂会设置更多的障碍以收取租金,尤其是当企业试图进入部分政府管制行业中,政府官员将会有更大的权力和更多的寻租空间;此外,腐败的存在还会扭曲市场经济的资源配置功能,谁行贿多将资源分配给谁显然是低效不科学的;腐败还将影响企业内部管控效率,部分决策者通过与政府行贿相联系,互相庇护,带来进一步的糟糕后果。

尽管理论上看来腐败对于企业投资有一定的促进作用,但是在针对我国的实证研究中,大多数结果都显示腐败不利于企业投资。万良勇等(2015)通过对2007—2011年非金融行业A股上市企业的相关数据的研究发现,地区腐败会降低企业的投资效率,一方面抑制了企业的有效投资,另一方面又加剧了企业的过度投资。申宇、赵静梅(2016)以2009—2012年A股上市公司为样本,研究企业吃喝费用对投融资效率的影响,结果发现在投资方面,上市公司的吃喝费用显著降低了企业的投资效率。对于投资不足的公司,吃喝费用每提高1%,投资不足程度增加5.89%~9.76%;对于过度投资的公司,吃喝费用每提高1%,投资效率降低12.29%~15.10%。

4. 企业腐败影响企业绩效的信号传递

信号传递理论主要关注的是如何减少双方之间存在的信息不对称问题,其可以用来解释双方(个人/企业间)交换不同信息的行为。其中企业为了吸引优秀的投资者，就需要通过各种方式向市场和投资者传递足够正面的信号，常见的手段有连续发放现金股利，定期发布经过审计的年报等。腐败对这些信号也有影响。

腐败的存在影响了企业公开报表的真实性。张玮倩和方军雄(2017)研究发现地区腐败会影响企业的盈余管理，因为腐败越高的地方企业管理道德观念淡漠更容易进行盈余管理，并且腐败越严重，企业的盈余管理水平越高，盈余管理的存在不利于向大众传递企业的真实情况；Jin 和 Myers(2006)同样认为对于位于腐败地区的公司，其管理人员经常参与贿赂以讨好这些官员来换取优惠待遇和更好的政治保护。管理人员也更有可能参与高风险项目，通过模糊财务信息以及降低报告透明度以掩盖其寻租活动(即与腐败官员勾结)。这导致管理者积累和扣留坏消息，这转化为更高的崩溃风险，对投资者的资金安全造成威胁；此外，腐败的存在还对企业增大了政治风险(Chen 等，2018)，而投资者并不能通过企业发布的信息发现企业的政治风险，带来信息不对称问题的加剧。

腐败的存在还可能使投资者低估企业。张玮倩和鄢建强(2017)通过搜集2003—2014 年我国各地区政府官员腐败数据发现，地方官员腐败抑制了所在地区的上市公司现金分红，腐败越严重，上市公司分红意愿越弱，分红比例也越低。同时，地方官员腐败制约了所在地区的上市公司连续分红，腐败越严重，上市公司连续分红的比例越低。这是因为，为了能够有足够的资金行贿，企业可能将本应分配的利润留下移作他用，导致企业现金分红减少；此外，如果管理层向地方政府人员行贿，则他可以在涉贿公职人员的掩盖之下，利用减少现金分红得到的资源进行违规操作以为自己牟利。本来企业的现金分红可以向投资者传递企业发展很好的信息，从而有机会获得更多资金，但是腐败减少了企业的现金分红，即企业传递的信号并不真实反映其经营状况，此时腐败的存在同样加剧了信息不对称问题。

此外，关于中国的研究还表明，由产权不清和政府寻租导致的企业家努力水平低下是乡镇企业经营困难的重要原因。杜兴强和杜颖洁(2010)研究发现，具有高度政治联系的样本企业中，交易状态的改善与盈余管理显著正相关，说明政治联系因素对盈余管理行为起到了促进的作用。杜兴强等(2009)在检验了政治联系潜在的内生性基础上，发现总体上民营上市公司具有的政治联系降低了公司财报的会计稳健性；进一步地区分政治联系的方式，发现这种关联主要来源于代表委员类的政治联系。此外，研究还表明中国企业行贿存在"传染性"，即当企业家意识到周围企业在向政府官员行贿时，自己也会受到影响，增加政治行为的投入。

第三节 腐败的衡量与反腐败研究方法

一、腐败的衡量 ▶▶▶

对于腐败的衡量,学界没有统一的标准。由于腐败活动的隐秘性,要对其进行准确的度量是十分困难的。在研究中,基本上经历了从主观测量到客观测量的过程。

主观测量是指通过问卷调查、采访等形式记录受访者对腐败的主观评价。如国际透明组织(Transparency International)公布的腐败感知指数(Corruption Perception Index)以及行贿感知指数(Bribery Perception Index)、世界银行(World Bank)的腐败控制指标、世界经济论坛(World Economic Forum)的贿赂与腐败指数等。该类指标的优点在于数据易于获取。其缺点在于其可行度在很大程度上受受访者对腐败的认知程度以及自身是否参与腐败行为的影响。如受访者信息较为闭塞,可能会对现实情况产生误判。如 Olken(2009)通过调查村民对公路项目中腐败可能性的评估,与独立工程师估计的道路实际建造费用进行比较,发现虽然村民们的看法确实反映了道路项目中的实际腐败,但程度相当弱:首先,公路工程支出缺失 10%,村民报告公路工程腐败的概率仅增加 0.8%;其次,如果受访者本身就参与过腐败行为,其评价的可信度就大打折扣了。但也存在一部分主观性的衡量指标,具有一定的可信度。如外国投资者会更愿意在腐败程度低的国家投资,因此,外国投资者的评价是有价值的。但该指标的适用性较低,只能适用于对国家整体腐败程度的测量。

因此,为回避普通居民在测评中的误差,学者提出了专家调查法,此为第一种方法。Banerjee 和 Pande(2009)提出在选举中进行跟踪报道的记者的感知可能是对腐败程度较为有效的衡量办法。研究中,他们把报告的结果(比如候选人是否面临刑事指控)与实际数据进行了对比,发现两者存在高度相关性。然而,这种调查方法的局限性是对"专家"选择上存在一定的主观性,且在某些情况下,"专家"的看法也可能有偏差。

第二种方法是客观测量法,是指通过统计分析各类与腐败行为产生直接联系的数据,通过剔除噪声,从而反映腐败行为的方法。如通常被使用的被曝光或被查处的腐败案件情况,以及对其标准化后的数据,即每万人中腐败的案件数量等(陈刚等,2008;万广华和吴一平,2012;党力等,2015)。

国外的研究中,Reinikka 和 Svensson 对乌干达政府教育公共投资效率水平进行长期跟踪评价,来判断该国政府的腐败程度。他们发现在1991—1995年,学校平均只收到13%的补助金,剩下的87%都被地方官员(政治家)扣押了。因此,他们对腐败程度的测量是使用差值来表示的。Olken(2007)同样使用差值的方法度量腐败程度。在研究印度尼西亚的一项中央政府资助的农村公路建设时,将独立估计的每条道路上投入物的价格、数量,与村庄官方支出的报告进行对比,发现其差距大概占总公路成本的24%。在我国,根据我国国情,也有研究采用"三公经费"的金额和比例、统计数据的虚报程度作为腐败的"替代变量"。该类指标的优点在于客观,受其他干扰因素影响小;缺点在于该指标只能反映现实中腐败情况的一部分,并不能反映全部。

另一种在国内普遍使用的客观评价指标是根据查处数量来反向推测实际腐败的数量,即腐败实际数量=腐败案件查处数量/案件查处率。但这又引出了另一个问题,即对于案件查处率的衡量。鉴于这一数据的获取难度较大,因此,从目前来看,学者对于该指标的认可度仍存在较大分歧。此外,更重要的一点是,案件数量很大程度上取决于国家层面的反腐力度,如果以案件数量作为腐败程度的衡量指标,很容易陷入悖论。如在中共十八大以来,我国的反腐力度较前期有显著提升,案件数量大幅增加,如果以案件数量作为衡量腐败程度的指标,则说明我国的腐败程度是在上升的,这显然与我们的认知不相符。因此有学者指出,应该将其作为"反腐力度"的衡量指标,而不是"腐败程度"的衡量指标。如杨其静和蔡正喆(2016)在研究中用万人信访举报数和举报查处率来反映各地的腐败程度以及反腐力度。

第三种方法是通过公司的股票表现来反映腐败程度。最早的是Fisman运用这种方法来评估与印尼总统Soeharto政治联系的价值。他从雅加达一家咨询公司得到了关于上市的公司与总统之间的关联关系评价,然后他估计了Soeharto生病时每家公司的价格变动幅度,用来估计股票市场中政治关联的变动程度。他发现,对于最具关联性的一部分公司来说,大约23%的变化与总统的政治联系有关。Fisman等(2012)在美国又重复了同样的做法,观察与美国前副总统Dick Cheney的关联价值。与之前的研究形成鲜明对比的是,他发现Dick Cheney心脏病发作对切尼相关股票的价值没有影响。对比两项研究可以看出,如果两国市场都是有效的,那么印尼的腐败程度可能远大于美国。但这种方法的有效性依赖于市场的有效性。如果市场存在大量的信息不对称,公众对于公司的政治关联情况没有充分的认识,那么股价变动就无法反映事实情况。

反腐新政、隐形交易成本与市场化程度研究

因此,目前看来这种方法在中国的可复制性较差。

除以上的三种方法之外,已有的研究还为腐败的衡量提供了新的出发点,如通过直接的测量方法。Olken 和 Barron 测量卡车司机在往返于印度尼西亚亚齐省的路线上向警察支付的贿赂。Sequeira 和 Djankov 将这种方法使用在对海关腐败程度的测量,通过对比两个港口随机抽样的货物的行贿程度来计算腐败程度。这种方法的优点在于真实、准确,但明显的缺点就是数据获取较难。此外,研究发现腐败与国家的贫富差距有显著相关关系。Gupta 等基于 1980—1997 年的跨国数据分析,发现腐败增大了贫富差距。国内的研究也有类似的结论,如陈刚和李树基于 2000—2007 年的研究表明,在中国,腐败是造成城镇居民收入差距的原因之一。周黎安和陶婧发现政府规模的扩大会导致腐败案件的增多。Cai 等(2011)研究发现招待费和差旅费支出帮助企业获得更好的企业服务,黄玖立和李坤望在该指标基础上通过控制正常关系资本假说的替代性解释后,发现招待费支出的确被企业用于不正当竞争。钟覃琳等同样使用招待费作为腐败的衡量标准,研究发现反腐败能提高企业绩效。并且,由于党的十八大召开后加大了反腐力度,因此不少研究使用虚拟变量的方法,将实施反腐新政作为外生变量,考察反腐败对经济的影响。这些都为腐败的衡量提供了新思路。

二、反腐败政策效果评估的研究方法 ▶▶▶

在对腐败问题的多年研究中,学者逐渐形成共识:既然腐败涉及面广,其中的经济关系、影响路径往往难以清晰地剥离。因此,利用反腐败政策执行产生的冲击,评估反腐败产生的净效应,较为容易清晰地展现政策效果的影响路径。研究反腐败政策效果成为新的研究趋势。在此研究中,双重差分法(Difference-in-Differences,DID)作为估计反腐败政策效应最为常用的工具方法,可以对政策效果实施前后的净差异与政策实施的因果关系进行识别。

1. DID 方法的来源与使用

DID 的产生来源于经济领域对因果效应和政策效果评估的关注。传统的估计方法具有较强的假定,而实际的经济变量很难满足其要求。最显著的违反假定的表现就是经济变量之间往往有较强的内生性,之间的关联使其内部的作用机制很难使用一般的方法得到准确的估计。为解决内生性问题,计量经济学研究中发展出了如工具变量法、断点回归法、双重差分法等新的估计方法。其中应用广泛的就是双重差分法。此外,一般的 OLS(最小二乘法)估计只是研究了相关关系,而没有讨论变量之间的因果关系。双重差分法的优点在于将制度变迁

和新政策视为一次外生于经济系统的"准自然实验",借助工具变量的研究手段来研究外生的政策冲击对经济的影响。

但同样,双重差分法的使用有两个假设前提:一是同质性假设,二是随机性假设。同质性假设表示,在除"实验冲击"(政策冲击)外,无关因素对个体影响是相同的,在统计意义上处理组和对照组样本是同方差的。同质性意味着,处理组和对照组样本在"实验"前具有相同的趋势(平行趋势)。

DID主要的研究思路是将全部的样本数据分为受到政策冲击的一组("处理组")以及没有受到政策影响的一组("对照组"),共两组,分别对时间以及分组差分。模型见式(1-1)。其中样本的分组虚拟变量为$d_i^j(j=0,j=1)$,d_i^1表示处理组,d_i^0表示对照组。d_t为时间虚拟变量,其中政策实施前为$d_t=0$,政策实施后为$d_t=1$。两者的乘积为双重差分的估计量d_u^j,表明政策实施对变量的影响是否显著。

$$y_{it}^j = \alpha_0 + \alpha_1 d_t + \alpha_2 d_i^j + \beta d_{it}^j + \alpha_3 x_{it}^j + \varepsilon_{it}^j \tag{1-1}$$

西方早在20世纪70年代末就将DID方法引入经济学研究领域中(Ashenfelter,1978)。通过没有参加过CETA培训的对照组数据和参加培训的实验组数据,来研究参与课程是否有用。首先通过对照组数据建立时间序列模型用于预测收入,其次为实验组建立完整的实际收入数据,两者的差值即为培训效果的自然估计值。但作者同样指出其研究的不足,即存在一定的主体选择性,因为参加课程与没有参加课程的分组并不是随机的。因此,回归结果可能并不稳健,因为收入水平的提高可能不是真的因为参加了培训,而是因为想要提高工资的人才会选择参加培训,工资的提高可能是他自身努力的结果。

Meyer(1995)借助1980—1982年美国工伤补助标准提升改革,研究州政府提高劳动者工伤补助对高收入与低收入人群的影响。这一政策的发生是一项"自然实验",因为高低收入的划分可以说是一种外生的、随机的抽取,该划分不能影响受伤工人领取补偿的意愿。因此,该实验是一项完全外生的分组实验。最终发现对高收入者来说,失业时间增加了;而对低收入者来说,福利最高额没有显著变化。

国内最早引入DID方法对公共政策进行评估的是周黎安和陈烨(2005),他们研究税费改革对农民收入增长的影响。该项研究能取得较为稳健的结果的原因在于税费改革存在试点阶段,因此形成了对照组与实验组的区别,在应用DID方法研究政策的实施效果有较强的说服力。齐良书和赵俊超(2012)通过来自中国发展基金会的CDRF实验项目及其数据支撑起整个自然实验,构造了一次针对贫困地区中小学寄宿生的营养干预实验,用来研究营养干预对人力资本的影响。为提高研究结果的普遍性,实验分别选择在南北方两个国家级贫困村进行,通过对比同一地区有无参与营养补助实验的青少年样本,发现营养补贴对青少年的智力与体力存在边际递减的积极作用。

邢春冰和李实(2011)以1999年的扩招政策作为一次准自然实验,利用双重差分模型研究扩招政策的有效性,结果发现扩招使大学毕业生的失业率提高9个百分点左右,他们认为可能的原因是毕业生能力的降低。范子英和李欣(2014)以2003年政府交替期间的部长更换作为一次准自然实验,利用双重差分法研究了地方官员晋升部级干部后,政治关联对其原来所在地区获得的转移支付产生的积极影响。发现新上任部长的政治关联效应会导致原地方政府获得额外的转移支付。

2. DID在反腐败研究中的应用

在反腐败的研究中,使用DID方法有一定指导性作用。首先在关于反腐败的研究中,腐败的代理经济变量一直存在争议。因为腐败自身的隐蔽性,对其准确的度量具有一定难度。之前学者的研究中普遍采用与腐败相关的案件数量为其代理变量,但这一变量衡量更多的是反腐败的力度而非经济活动中的腐败程度。党的十八大以来,中央出台了"八项规定",开始了对腐败的重拳出击。这为中国的反腐败研究提供了宝贵的机会,以反腐新政的实施作为一项"准自然实验",探究中国反腐败政策的实施情况。

王砾等(2017)将2013年的反腐败中央巡视这一外生事件作为"准自然实验",通过使用双重差分法和倾向得分匹配方法检验巡视工作的净效应。分组采用了始于2013年的数次不同省份的巡视活动,将企业自然分为受到巡视与没有受到巡视的两组进行比较,通过倾向得分匹配对分组进行调整,控制变量的一致性,最终发现从短期来看,中央巡视工作会促进中央国企业绩上升,但会阻碍非国有企业的业绩上升,并使用超额招待费这一变量对其结论进行了验证。

付朝干和李增福(2018)同样利用双重差分法将非政治关联民营企业作为处理组上市公司,国有企业作为对照组上市公司,探究腐败治理行为对民营企业避税行为的影响。结果发现腐败治理降低了非政治关联民营企业的避税程度。对此的解释是政治关联对企业发挥了类似于"好孩子"的机制,其面临税收审查的频率和力度有所降低,因此有可能实现更大程度的避税,而非关联的民营企业则没有这一机制。

池国华和朱俊卿(2020)以2009年《中央企业负责人经营业绩考核暂行办法》的发布为外生事件构建准自然实验,综合采用双重差分法与中介效应分析法,实证检验央企绩考核制度的变化对高管隐形腐败行为产生的影响。将企业分为归国务院国资委关系的企业和民营企业两组进行比较，结果表明该办法实施后，央企高管的隐形腐败显著减少，作用机制是通过提高薪酬契约的激励效率来实现的。

佟爱琴和马惠娴（2019）以我国融资融券的分布扩容为准自然实验，将公司依据是否列于融资融券标的股票名单中分为两组，考察卖空的事前威慑对高管隐形腐败的治理效应。研究结果表明，卖空的事前威慑能够有效抑制高管隐性腐败行为，显著降低在职消费水平，尤其是超额在职消费，并且卖空机制对高管隐性腐败的治理效应在国有企业中更为显著。

胡志颖和余丽（2019）利用双重差分法，以公司是否属于被审计央企集团下属的上市公司进行分组，研究国家审计行为及审计公告揭示力度对企业创新投入的促进作用。研究发现国家审计行为能够促进被审计央企的创新投入强度，同时国家审计公告揭示的违规问题越严重，对被审计央企创新投入程度的促进作用越强，且促进作用在高管隐性腐败程度高的公司中更为显著。

黄少卿、潘思怡和施浩（2018）利用2013年以来中国政府的强力反腐行动作为一个准自然实验，对政商关系转型如何影响企业绩效进行了经验分析。得出结论：上市公司维护旧政商关系的腐败性支出会降低业绩；反腐行动在打破旧政商关系、创造公平竞争环境上显现了成效，有政治关联和没有政治关联的两类公司的业绩差距在缩小，因为前一类公司出现了提高资源使用效率的"挖潜"现象，其中尤以民营控股上市公司为甚；反腐后某些地区上市公司的整体业绩出现了显著下滑，暗示着存在官员不作为现象，也说明依靠法治的新型政商关系的建立尚未完成。

曲红宝（2018）运用双重差分法分析中共十八大后反腐新政和政治联系对民营企业获取财政补贴以及财政补贴对企业绩效的影响。结果表明反腐新政纠正了财政补贴的国企偏向性，使高腐败地区民营企业获得更多财政补贴。在反腐新政前，建立政治联系使高腐败地区民营企业获得更多财政补贴，并且高管曾经在政府部门任职建立的政治联系的正向作用更加显著。在反腐新政后，没有政治联系或高管当期任职没有建立政治联系的企业，财政补贴与企业绩效正相关；高管任职曾经建立了政治联系的企业，财政补贴与企业绩效负相关，尽管统计上不显著。

官峰、王俊杰和章贵桥（2018）基于腐败官员落马这一准自然实验，利用双重差分模型研究政商关系的外生变化对分析师行为和企业信息环境的影响。研究发现腐败官员落马后，与之关联企业的分析师预测准确性提高，预测分歧度降低，分析师跟踪数量增加，企业股价同步性降低。

陈胜蓝和马慧(2018)利用双重差分法将企业分为有政治关联和无政治关联两组,考察中国反腐败如何影响审计定价。结果表明相比没有政治关联的公司,具有政治关联的公司在2012年之后支付的审计费用提高了38%。反腐败提高了与财务报告质量和经营不确定性相关的审计风险是其影响审计定价的重要渠道。

3. 反腐败研究的其他方法

虽然DID能够很好地评估政策效果实施前后的净差异,但在使用过程中需要进行分组处理,即将全部样本根据是否受到政策冲击分为两组,来获得反腐败政策产生的净效应。由于DID方法的局限性,其他学者在研究反腐败政策对全国范围内的普遍效果时会采用其他研究方法,如固定效应模型、Logit模型和联立方程模型等。

覃予和李宗彦(2020)基于高管落马这一准自然实验,利用双固定效应模型,以地方高管落马人数作为反腐败力度的替代变量来为实证分析提供更多的横截变异性。结果表明,与央企的双重激励对公司业绩始终无明显影响不同,位于高管落马人数越多地区的地方国企,其超额在职消费对业绩的激励效率越高,但高管货币薪酬的激励效率却越低,且该现象突出体现在党的十八大之后。

王岭等(2019)采用双向固定效应模型来探讨政治关联对企业技术创新的影响机制,这在一定程度上解决了因为遗漏变量所带来的内生性问题。研究发现政治关联对高新技术企业的技术创新具有显著的促进作用。对存在政治关联的企业而言,短期内反腐败将会抑制企业技术创新。

黄亮雄等(2019)利用省级面板数据,采用固定效应模型进行实证分析。表明反腐败能通过提高地方政府行政效率、市场化程度和市场信心三个方面显著促进地区创业活动,增加创业数量。

张任之(2019)以国有上市公司是否发生高管腐败作为被解释变量,采用Logit模型进行回归分析。结果表明,单纯的非国有股东持股比例增加并不能减少国有企业高管腐败,只有当非国有股东通过委派董事去积极参与国有企业的经营治理,才会对国有企业高管腐败产生显著治理效果。

梁城城和张淑娟(2020)为了控制变量之间的内生影响,构建联立方程模型并使用二阶段最小二乘法检验政府非税收入、官员腐败和财政透明度之间的关系。研究发现:三者之间存在显著的交互效应;非税收入规模扩张会显著促进官员腐败行为,而官员腐败行为会使官员倾向于降低财政透明度,进而导致非税收入规模进一步扩张。进一步,他们研究了不同类别非税收入与官员腐败、财政透明度的关系,发现行政性事业收费收入规模和专项收入规模存在上述类似的循环影响关系,而与罚没收入规模不构成完整的逻辑循环。

第四节 我国反腐败历程与特点

法家代表人物管子认为,"国有四维,即礼、义、廉、耻",并说"欲民之有廉,则小廉不可不修也。小廉不修于国,而求百姓之行大廉,不可得也"。在此,管子提出了"小廉"和"大廉"的辩证关系。"小廉"即指提高国家官吏的素养和名节意识,"大廉"则指百姓拥护国家的政治态度。只有国家官吏实行廉政,百姓才会去拥护国家,官清民自安。纵观古今,反腐败一向是政府工作的重点之一,在每个历史时期政府都会推出反腐败的新尝试和新活动。

"以铜为镜,可以正衣冠;以古为镜,可以知兴替;以人为镜,可以明得失。"无论是历经荣辱兴衰的新中国成立前,还是在摸索中前进的新中国成立后,我国都在不断地与腐败现象进行斗争,以史为鉴既可以清楚地认识到各种历史方法的优点弊端,又可以对未来的党政反腐带来指导。回顾历史从中总结经验教训,既对推进我国当前和未来相当长时期内的反腐败工作有重大意义,更是实现"干部清正、政府清廉、政治清明"的反腐败斗争"中国梦"的重要前提。

一、我国古代著名的反腐政策 ▶▶▶

在中国古代,针对官员的腐败问题,历朝都曾采取不少措施和手段,"老虎、苍蝇一起打",大贪小贪均不放过。在反腐败措施中各朝代做出了自己的尝试,从先秦时运用法治和监管以及对官吏的实绩考核到明清时期继续加强腐败检查和倡廉肃清的文化教育,这些经验或为思想,或为制度,或为实践,或为社会舆论与大众文化,共同奠定了中国历史上廉政与廉政文化建设的基本内容。篇幅有限,我们在此仅讨论较为成功且出名的历史反腐政策。

1. 汉武帝刘彻设立"反腐办",保障吏民越级上书

汉代的御史大夫被提升到与丞相同一行政级别。刘恒(汉文帝)当皇帝时,鉴于当时御史监察不力的情况,临时调派身边可信人员到下面核查,此行为称为"刺"。刘恒孙子刘彻(汉武帝)当皇帝后,觉得这做法好,于元封五年(公元前106年)正式设立"刺史",成为中国古代反贪史上一种新型的"反腐办"。刘彻在位时曾专门下诏,保障吏民的言论自由,即建立所谓"言事变"制度,鼓励基层官员、民间人士越级上书、诣阙言事。汉代司法制度中有直诉制度,即某些案情重大和有冤情者,允许超出一般诉讼管辖和诉讼程序范围,直接向上级,甚至向皇帝申诉。

2. 隋文帝"钓鱼"严惩贪腐

隋文帝不仅从官员的源头去治理腐败,而且对官员的日常管理也很有一套。他强化对官员的监督,根据《隋书》中的记载,杨坚让亲信"密查百官",发现贪腐行为便严惩不贷。曾一次罢免河北52州贪官污吏200人,而且还以"钓鱼"的手段进行铁面反腐。具体操作如下:他派人暗中向一些可疑的官员行贿,"私以贿之",这些人一旦受贿,即行处死。由此"晋州刺史、南阳郡公贾悉达,显州总管、抚宁郡公韩延等以贿伏诛"。受贿的风险如此之高,铤而走险者自然望而却步,谁不珍惜自己的脑袋呢?于是,隋初的贪腐之风也就此禁绝。

隋文帝拥有一个庞大的对付朝臣的特务机构,监管朝廷里的官员和地方的官员,一旦发现官员有过失,就加以重罪。隋文帝最大的一个发明,就是命令一些人,悄悄地把一些金银财宝和钱币,把一些丝绸和南方出产的缎子送给一些大臣和官员,以此衡量他们是不是贪贿。假若某个大臣接受了金银财宝和钱物,就以贪贿罪处理,在朝堂之上当着大臣的面砍下头颅,以儆效尤。隋文帝用这种惩处贿赂的办法,搞得满朝文武胆战心惊,如履薄冰。隋文帝时代,是中国各个朝代里,贪官最受惊的朝代。

3. 宋太祖——知州特设"通判"直接向皇帝报告

北宋开国皇帝赵匡胤(宋太祖)对贪赃枉法深恶痛绝,决心拨乱反正,惩治腐败。其主要目的是防微杜渐,防止地方官员欺上瞒下,所以在全国的所有知州特设"通判"这个官职。而"通判"有两个显著特点,首先必须是皇帝任命,凡事直接向皇帝报告,监督知州。其次知州发的所有政令,必须有通判签字,方可生效。赵匡胤于建隆三年(公元962年)下诏,官吏盗公物,据为己有的,与其他盗窃一样,"赃满五贯文者处死"。五贯钱什么概念?当时的县令月俸料钱在10至20贯(千钱),侵吞不到半月的工资就要处死,如此反腐令人生畏。

4. 清朝雍正采取罢官、索赔、抄家的惩处方式

雍正对贪腐分子严惩不贷,采取罢官、索赔、抄家的惩处方式。首先罢官,一个被罢免的官员无法再鱼肉百姓,雍正认为"朕岂有惜此一贪吏之理乎?"。其次索赔,无论涉及什么人,都绝不宽待。在追索亏空时,雍正的十二弟允祹退还不出钱,只能将家中器物当街变卖。就连死了的腐败分子也不放过,广东道员李滨、福建道员陶范,均因贪污受贿亏空案被参而畏罪自杀,想人死账烂。但雍正并未放过,而要其家人承担赔偿。最后抄家,官员亏空一经查出,一面严搜衙署,另一面行文原籍官员,将其家产查封,家人监控,追索已变卖的财物,杜绝其转移藏匿赃银的可能。罪名一经核实,就把家底抄个干净,连他们的亲戚、子弟的家也不放过。惩处第一年,被革职抄家的各级官吏就达数十人,其中有很多是三品以上大员。雍正直截了当地告诉文武百官:"朕平生最憎虚诈二字,最恶虚名。"他用创新的制度去根治腐败,社会风气改变了。反腐仅仅五年,国库储银就由康熙末年的八百万两增至五千万两。后人有"雍正一朝无官不清"的说法,这是对雍正治国反腐的历史评价。

二、中国共产党成立到新中国成立前的反腐活动 ▶▶▶

中国共产党是中国工人阶级的先锋队,代表了中国最广大工人阶级的利益,所以反对腐败,保持廉洁是中国共产党的主张和应尽职责。自1921年7月中国共产党在中国大地诞生后,就一直在实践中同各种腐败行为作斗争。为了加强监督保持革命队伍的纯洁性,中国共产党于1927年4—5月建立了最早的纪律检查机关——中央监察委员会。

1. 大革命时期的廉政反腐工作

这一时期的腐败主要存在于经济上的私吞揩油。1926年8月4日,中共中央发出了关于《坚决清洗贪污腐化分子》的通告,指出"在这革命潮流仍在高涨的时候,许多投机腐败的坏分子,均会跑到革命的队伍中来",提出"党内若是容留这些分子,必定会使党陷于腐化,不但不能执行革命的工作还会为群众所厌弃"。这则通告充分体现了在建党初期,中国共产党就已经深刻认识到贪腐对于整个社会和人民的危害,坚定了斗争的决心,为之后中国共产党开展的多次大大小小的反腐败活动奠定了基础。

2. 土地革命时期在苏区的廉政反腐工作

这一阶段无数的革命志士经受着血与火的考验,但是腐败行为还是屡禁不绝。在中共苏区仍然有少数苏维埃政府工作人员有贪污浪费行为。此时由于监管不到位,大多数贪腐都是官员利用权力侵吞公共财产。

据《红色中华》报道当时于都县军事部长刘士祥贪污公款200余元,瑞金县财政部会计科长唐仁达侵吞公款公债等折合大洋2000余元。在此阶段,中国共产党主要采取的反腐败策略是在毛泽东的号召下开展反对贪污浪费的斗争,对查处的贪腐人员严惩不贷。1932年7月中央政府执委会发布的14号训令规定:对苏维埃贪污腐化分子,各级政府一经查出,必须给予严厉的纪律上的制裁。当时闽西革命根据地的上杭县规定侵吞公款受贿有据者,撤职并剥夺其选举权和被选举权,若侵吞公款达300元以上者,判刑枪决。

刘士祥和唐仁达在公审后均被处决。通过这次反贪污,纯洁了革命队伍,教育了党员和干部,传承了红军和政权机关人员廉洁奉公、全心全意为人民服务的思想和作风,肃清了苏区风气。从这次反贪污的严厉处理也可以看出:在建党初期,大多数贪腐的出现原因是官员拥有直接处置的权力接触公共财产,在监管不到位的情况下就容易发生监守自盗的腐败。而前期反腐败效力大多依赖严惩贪腐的威慑力,随着历史阶段的前进情况发生变化,开始了制度反腐的尝试。

3. 抗日战争时期党在抗日根据地的廉政反腐工作

该时期国内政治经济情况有了新变化,国民党蒋介石的"溶共"策略中提供了高官厚禄等优厚条件旨在腐蚀共产党党员。所以这一阶段的贪腐是拥有公职权力使可腐败空间加大带来的。针对这一情况,党的政策不再仅仅集中于查处和严惩,还有针对性地进行了制度改革,以从根本上预防公职人员受到诱惑的可能性和可行性。为了在经济上堵塞漏洞,在各根据地开辟之初建立各级财政经济领导机关,后建立各种财经制度,严格划分收入、支出、保管和审核四大系统,并使其互相牵制,互相监督,收钱者不用钱,用钱者不收钱,不给贪污腐败者可乘之机。另外,对于揭发出来的贪污分子惩治也绝不心慈手软。

4. 解放战争时期党在解放区的廉政反腐工作

在解放战争即将取得全面胜利,中国共产党即将成为中国执政党的时候,党中央和毛泽东十分清楚,在执政后如何保证干部班子的廉政,如何使大家保持清醒的头脑防止腐化,将会是一个重要且持久存在的问题。1949年3月,毛泽东在党的七届二中全会上提出,全党要防止出现骄傲的情绪、以功臣自居的情绪、贪图享乐的情绪,防止发生贪污腐化的现象,要警惕资产阶级糖衣炮弹的袭击;为此,会上还规定了不给党的领导者祝寿,不送礼,少敬酒等。

从这一阶段的各类反腐败措施中,我们不难发现这一时期的反腐政策大多集中在前期的预防性思想教育,事后严惩,以及斗争式的自查,制度性的反腐措施较少是因为在社会动荡阶段,制度的作用并不鲜明。在中华人民共和国成立后,社会处于初级发展阶段,我们将会看到制度在反腐策略中的重要性。

三、新中国成立到改革开放前夕的反腐败历程 ▶▶▶

刚刚进入相对稳定的社会环境中,在从事和平建设的全新的历史条件下,中国共产党面临新的执政考验。绝大多数机关工作人员能够严守岗位兢兢业业,但是这一阶段仍然存在腐败现象,并且有蔓延之势。党中央高度重视反腐工作,逐步开展各项工作。

1. 成立专门的反腐败机构

在1949年中国共产党对新政权进行构建时,专门在党纪、政纪、法纪三个方面成立了惩治腐败的专门机构,即1949年10月成立的最高人民检察院、1949年11月成立的中共中央纪律检查委员会和1954年9月成立的中华人民共和国监察部。

2. 整风运动——整顿全党政治作风和思想

中华人民共和国成立之初,全党开展了整风运动。据统计,北京从1949年到1951年底,在市属机关和企事业内部,查处贪污分子650人,贪污总金额约15亿元。并且在这一时期高级别腐败的类型多样,既有滥用职权的非经济犯罪,也有贪污、贿赂等经济犯罪,许多腐败官员从事商业经营活动并从中牟取暴利。为了解决当时严峻的腐败局面,中共中央在1950年5月1日发布《关于在全党全军开展整风运动的指示》,决定在1950年夏秋冬三季,在全党范围内开展整风运动,重点是领导机关和干部的工作作风;在1951年2月,又决定自1951年下半年起用3年时间对党的基层组织进行整顿,旨在解决基层组织中思想不纯、作风不纯的问题。这次整风运动结合中华人民共和国成立后其他政策一起为克服财政困难做出了贡献,1950年第一、二季度的财政赤字占支出总数为43%和40%,而在随后的第三、四季度分别下降至9.8%和6.4%。

3. "三反""五反"和"新三反"——从政府官员和不法资本家抓腐败问题

国民党从大陆退败前夕,国家历经了严重的通货膨胀,进而引发了猖獗的投机活动,还有遗留的贪污、浪费、官僚主义等问题,都十分严重,这时的腐败已经威胁到了执政党的稳定性,所以国家提出了切实执行反腐决议。

中共中央根据毛泽东的建议,于1951年12月发布了《关于实行精兵简政、增产节约、反对贪污、反对浪费和反对官僚主义的决定》,简称"三反",这是一场规模巨大的反腐败斗争,是提倡良好社会风气和社会道德的社会改革运动,在新中国反腐倡廉史上具有重要地位。随后1952年1月发布了《关于在城市中限期展开大规模的坚决彻底的"五反"斗争的指示》,"五反"运动则是在全国执政条件下对私人资本主义的限制与反限制的斗争,打击了不法资本家行贿、偷税漏税、盗骗国家财产、偷工减料、盗窃国家经济情报等五项行为,在经济领域和政治社会领域都有重要的意义。

从历史结果可以看到,"三反"运动后全国共查处贪污分子120.3万人,贪污1000万元(第一套人民币,1万元折合为第二套人民币1元)以上的10.5万人,有效遏制了党内和国家机关的腐败现象,清除了一批腐败分子。此外,两次活动还推动了惩治腐败的法律完善,1952年3月11日中央节约检查委员会公布了《关于处理贪污浪费及克服官僚主义错误的若干规定》,4月21日中央人民政府公布了《中华人民共和国惩治贪污条例》。面对这类大型群众性政治活动,一方面我们看到了显著的成效;另一方面,这类狂风急雨般的大型活动一旦发动就很难受控,投身运动的群众一般不以人的意见为转移,很容易在激动中突破中央要求和法律规定,触及底线,进而伤害到无辜人员的权利。

反腐新政、隐形交易成本与市场化程度研究

在前期完成中华人民共和国成立之初的基本任务后,新中国开始向社会主义过渡,建立社会主义制度,在此过程中,党和政府继续深入推进反腐廉政建设。"三反"运动侧重于反贪反浪费,而官僚主义、命令主义这些贪腐的根源在部分地区没有得到有效控制,所以中共中央于1953年发动了以"反对官僚主义、反对命令主义、反对违法乱纪"为主要内容的"新三反"运动。

在前面提到的具有一定规模的反腐败运动之后,中国进入了"文化大革命"时期,我国各方面事业都遭到了阻滞,而且尽管当时人们投身各类运动,无暇再去进行金钱贪腐。但是腐败不仅仅是实体方面,它的实质是委托权力被用来牟取私利,在混乱时期手上有权的人失去了监管,就有更大的余地去使用权力为自己牟取利益。所以"文化大革命"期间的廉政建设不仅没有取得进展,还滋生了后期许多腐败现象。除此以外,"文化大革命"期间的廉政措施收效甚微,就连之前一些不够完善但是行之有效的措施和制度也受到了不同程度的破坏。在"文化大革命"结束后则又开始大力反腐,这段时间我国的反腐工作是在徘徊中前进的,主要进行的是恢复性的工作。

1949—1978年这段时期是我国反腐廉政建设取得很大成绩的一个阶段。中华人民共和国成立初期的反腐廉政政策为整个国家奠定了基础,带来了显著的成效和宝贵的经验教训。从历史上看,这一阶段的反腐绩效呈现先上升,后逐步下降,最后遭遇重大挫折和恢复的过程;反腐方式主要采取了运动反腐,通过开展群众运动,调动广大群众斗争的积极性以监督和防止腐败。从中我们认识到,反腐廉政一定要有正确的思想路线来引领,群众性的运动并非完美无缺,尽管打击贪腐分子的效果不错,但是随之而来的干部群众被错误整风也是不可忽视的问题。

四、改革开放后的反腐败 ▶▶▶

改革开放以来,党将工作重心开始转移到经济建设中,新形势下各种腐败现象再次显现,反腐败斗争刻不容缓,党内、政府和社会上的反腐廉政建设全面展开。这一时期的反腐经历了以下阶段。

1. 建立了较为健全的防腐败组织机构

中共十一届三中全会恢复中共中央纪律检查委员会,其基本任务就是维护党规国法,整顿党风,是中共中央专门领导反腐败的机构,随后地方各级党委也相继设立了纪律检查委员会(简称纪委)。并且为了保持纪委的独立性,1980年中央纪委建议将纪委领导方式由受同级党委领导更改为受同级党委和上级纪委双重领导,以同级党委领导为主。但下级纪委班子成员的任命,是需要上级纪委甚至是上级党委来决定的，这样一来可以对同级党委实行有效的监督。中央纪委和地方纪委在这一阶段的反腐工作中做出了巨大努力，从1978年中央纪委和各级纪委恢复到1981年底，全国纪检部门共检查处理违反党纪的案件35.8万件，给予党纪处分的党员29.5万多人，惩治了腐败现象和腐败分子，推动了党风的进一步好转。

此外，全国各级检察院恢复后，专门设立了反贪污贿赂局。自1986年12月全国人大常委会决定设立监察部起，我国县以上各级人民政府又相继恢复了行政监察机关。1993年初，中共中央决定让中央纪委、监察部合署办公，并把反腐败作为合署办公的第一项工作。合署办公是我国党政监督体制的一项重大改革，加强了党的纪律检查工作，强化了相关机构的职能。这样，我国就形成了纪检、监察和检察机关相互配合、相互支持的较为健全的检察体系。2005年以后设立了反渎职侵权局，对腐败分子立案侦查。

2."运动式"反腐阶段

"运动式"反腐主要是在改革开放初期，人们价值观念发生巨大变化，不少干部在经济利益驱使和资本主义腐朽思想侵蚀下忘记党的艰苦朴素作风，利己主义、享乐主义、拜金主义等腐败之风出现的情况下开展的。针对上述情况，陈云同志曾尖锐地指出："执政党的党风问题是有关党的生死存亡的问题。"这一时期党采取的反腐败斗争惩处方式以党纪、政纪处分为主，总体上呈现出"权力反腐"和"运动式"反腐的特点。

3. 主要实行权力反腐，并向制度反腐转变

权力反腐即依靠中央的决心、领导人的意志来反对腐败，但这样的反腐主观性较强，并且效果措施不稳定，所以我国在进行权力反腐的同时也在进行制度反腐的建设，即通过制定较为完善的制度来反对和防止腐败。20世纪80年代末，我国的腐败形式开始发生变化，呈现出由"权情交易"转向"权钱交易"、由"小贪小案"转向"大贪大案"的特点，更为严重的是，腐败开始出现向高级干部蔓延的趋势。邓小平提出克服特权等腐败现象，要解决思想问题，也要解决制度问题，制度问题更有根本性、全局性、稳定性和长期性。"两高一部"出台的《关于贪污、受贿、投机倒把等犯罪分子必须在限期内自首坦白的通告》和《关于有贪污贿赂行为的国家行政机关工作人员必须在限期内主动交代问题的通告》，便是制度反腐的有益尝试。

4. 惩防并举反腐阶段

中共十六大报告明确提出"反对和防止腐败"，将反腐败斗争由原来的检察惩治引向惩治和预防并重的新阶段。胡锦涛多次强调：教育、制度不完善，监督不得力，是腐败现象得以滋生蔓延的重要原因。2003年10月召开的中共十六届三中全会集这些年各地制度反腐之大成,明确提出了"建立健全与社会主义市场经济体制相适应的教育、制度、监督并重的惩治和预防腐败体系";2004年9月召开的中共十六届四中全会正式提出了"标本兼治、综合治理、惩防并举、注重预防";2005年1月,中共中央正式颁布实施《关于建立健全教育、制度、监督并重的惩治和预防腐败体系实施纲要》,提出了惩治和预防腐败体系建设的指导思想、基本原则、主要内容和工作目标。这一阶段中央领导集体力求通过制定科学、合理、严密的制度来从源头上预防和解决腐败问题。

21世纪以来,我国的反腐败取得了重要成果,制度反腐和惩防并行都能够在一定程度上遏制党政机关和干部队伍中的腐败现象蔓延的势头。但是正如胡锦涛同志提到的,"现在一些腐败现象仍然比较突出,导致腐败现象易发多发的土壤和条件还存在。反腐败斗争的形势仍然是严峻的,反腐败斗争的任务仍然是繁重的",这是因为在国家经济结构与社会状况发生巨变、经济高速发展阶段,往往是腐败的高发期,并且目前我国社会发展不均,制度不健全,这给一些思想不坚定的公职人员和想要凭借行贿获得利益的人以可乘之机,我国的反腐败工作任重而道远。

五、中共十八大以后的反腐败 ▶▶▶

中共十八大以来,我国的党风廉政建设和反腐败斗争进入了新的阶段,以习近平同志为核心的党中央在深刻总结和把握治理腐败的历史经验教训、执政党建设规律和反腐工作规律的基础上,提出了一系列新理念,以党要管党、全面从严治党为抓手,大力惩贪治腐,着力正风肃纪,全面强化监督,注重加强教育,不断健全制度,推动党风廉政建设和反腐败斗争取得举世瞩目的显著成效,赢得了党心民心,厚植了党的执政基础,凸显了我国反腐工作的新思路和新格局,也为国际上探索有效治理腐败提供了"中国方式"。

(一)树立反腐倡廉工作的新理念

1."零容忍"反腐,保持对政治腐败的高压态势

习近平总书记深刻指出,"反腐败高压态势必须继续保持,坚持以零容忍态度惩治腐败。对腐败分子,发现一个就要坚决查处一个。要抓早抓小,有病就马上治,发现问题就及时处理,不能养痈遗患。要让每一个干部牢记'手莫伸,伸手必被捉'的道理";"做到零容忍的态度不变、猛药去疴的决心不减、刮骨疗毒的勇气不泄、严厉惩处的尺度不松,发现一起查处一起,发现多少查处多少,不定指标、上不封顶,凡腐必反,除恶务尽"。"零容忍"展示了中国共产党人与腐败行为

水火不容的鲜明态度和政治立场,也表明了党中央对打赢反腐败这场输不起的战役的坚定信心。

2. 反腐败"常抓不懈"与"警钟长鸣"相结合

腐败现象由来已久,不可能毕其功于一役。习近平总书记指出,反腐倡廉必须常抓不懈,拒腐防变必须警钟长鸣,关键就在"常""长"二字,一个是要经常抓,另一个是要长期抓。党中央清醒认识到反腐败斗争的长期性、复杂性,不搞一蹴而就,而是把反腐倡廉纳入党和国家工作的整体布局之中,持之以恒推进到底。"长"说明了党中央坚持不懈的劲头和韧劲,有长期作战的毅力和恒心。"常"说明了提及的频次,时刻紧绷反腐这根弦,对发现的具体腐败问题线索及时核实处置,对人民群众反映的腐败问题及时了解处理,对苗头性、倾向性的问题及时查找解决,做到经常"照镜子""正衣冠""洗洗澡""治治病",防止小问题拖成大案件。

3. 依纪依法依规,把权力关进制度的笼子里

习近平总书记指出:"铲除不良作风和腐败现象滋生蔓延的土壤,根本上要靠法规制度。要加强反腐倡廉法规制度建设,把法规制度建设贯穿到反腐倡廉各个领域、落实到制约和监督权力各个方面,发挥法规制度的激励约束作用,推动形成不敢腐不能腐不想腐的有效机制。"党中央坚持依法依规治党,"破""立""废"并举,不断强化制度建设,建立了严密、完备、明晰的党内法规体系。同时,出台和修订了一批国家法律法规,用制度架起惩治腐败的"高压线",为营造风清气正的政治生态和社会环境提供制度保障。

4. 率先垂范,以"上行"带动"下效"

习近平总书记指出,"善禁者,先禁其身而后人",要求全党做到的,中央政治局首先做到,"上面没有先做到,要求下边就没有说服力和号召力"。中共十八大以来,党中央从自身做起,严格遵守中央八项规定,查处了一批高级领导干部腐败案件,破除了反腐工作"一阵风论""权力斗争工具论""影响社会经济发展论"等杂音,充分表明了反腐无禁区,用"顶层推动"与"全党行动"的政治示范理念全面推进反腐败,形成了良好的工作格局。

5. "德""法"相辅,注重强化教育

习近平总书记指出:"坚持从教育抓起,教育引导广大党员、干部坚定理想信念、坚守共产党人精神家园,不断夯实党员干部廉洁从政的思想道德基础,筑牢拒腐防变的思想道德防线。"党中央组织党的群众路线教育实践活动,"三严三实""两学一做""不忘初心、牢记使命"主题教育等一系列教育活动,开展典型案件的警示教育,就是从党员干部的思想上着手,坚定理想信念,树立正确的价值观,防微杜渐,应对利益诉求多元化和思潮观念多样性的冲击。

反腐新政、隐形交易成本与市场化程度研究

2014年,在党的十八届中央纪委第三次全体会议上,习近平总书记指出,我们要以猛药去疴、重典治乱的决心,以刮骨疗毒、壮士断腕的勇气来开展反腐败斗争,把党风廉政建设和反腐败斗争进行到底。党中央带头并持续推进实施"惩戒＋制度＋教育"的反腐理念,实现自上而下和自下而上的全党、全国的联动,不仅能削减腐败的存量,还能从技术操作层面控制和减小腐败行为发生的概率,更能从思想上引导人们抵制腐败欲望的滋生,最终实现反腐倡廉工作目标。

(二)系统开展反腐倡廉实践制度建设

制度以其根本性、全局性、长期性、稳定性,在反腐过程中发挥着举足轻重的作用,是反腐倡廉工作的重要保障,贯穿于反腐倡廉理论与实践的各个方面和环节。党中央用制度规范的思路推动反腐倡廉建设,体现了对共产党执政规律和腐败治理规律的深刻认识和把握。在我国惩治腐败的历史实践中,经历了从运动反腐、权力反腐到制度反腐。党的十八大以来,党中央强调将制度反腐作为新时期反腐倡廉的主线,以制度为核心构建反腐倡廉的系统工程。习近平总书记指出:"把权力关进制度的笼子里,首先要建好笼子。笼子太松了,或者笼子很好但门没关住,进出自由,那是起不了什么作用的。"加强反腐倡廉制度建设,是落实党中央全面从严治党战略部署的需要,也是实现国家治理体系和治理能力现代化、建设中国特色社会主义政治文明的客观要求。反腐倡廉制度体系包含两个方面的内容,一方面是党内惩治和预防腐败的体制机制和制度规定,另一方面是国家层面惩治和预防腐败的法律体系。党中央坚持依纪依规治党,"破""立""废"并举,建立了科学严密、完备明晰的党内法规体系,与此同时,不断推动强化国家法律制度建设,健全国家层面的反腐倡廉法规体系,并破除以往党纪与国法间的模糊界线,推动了整个制度体系的变迁。两套制度体系的制定和运行统筹兼顾,有效衔接,构成了反腐倡廉的制度整体。

一是以执行中央"八项规定"为切入点,引领制度体系的变迁。对于党员干部违反中央八项规定精神的行为,时间节点越往后,处罚越严厉,真正做到了铁规发力、禁令生威。以落实中央八项规定精神这个工作中的"牛鼻子",唤醒各级党员干部的党纪意识和规矩意识,带动了其他各项制度的严格执行,解决了一些多年想解决但没有解决的问题,刹住了以前认为不可能刹住的歪风。中央"八项规定"的出台和执行,就像核裂变一样触发更多反腐制度的变革,是构建反腐倡廉制度群的一个关键环节。

二是修改党章,同时以党章为依据,统筹开展党内反腐倡廉制度建设。修订了《中国共产党廉洁自律准则》《中国共产党问责条例》《中国共产党党内监督条例》《中国共产党巡视工作条例》《中国共产党纪律处分条例》等一系列法规文件,

整合完善现有的党内法规制度体系,突出政党特色、党纪特色,坚持纪严于法,形成了发现问题、纠正偏差、惩治腐败的有效机制,为管党治党提供根本的制度遵循。通过废、改、立,不断调整、融合、创新,形成了涵盖党员领导干部廉洁自律、廉政宣传教育、党内政治生活、党内监督、纪律处分和反腐倡廉工作机制等方面的制度规范,也为国家反腐倡廉制度体系的有效运行提供了有力保障。

　　三是坚持依法治国、依法反腐,核心是提高惩治腐败、加强廉政建设的法制化和规范化水平。一方面推进国家监察体制改革,颁布《中华人民共和国监察法》,加强对所有行使公权力的公职人员的监督;另一方面加强法律规范的修订,将经过实践检验的有效做法及时上升为国家法律规范,完善国家反腐倡廉制度体系建设。国家反腐倡廉制度体系主要包含针对公职人员的廉政教育制度、履职的薪酬待遇保障制度、权力运行的约束制度、个人事项报告制度和惩治腐败制度等多方面的内容。其中,针对现阶段腐败行为的特点,通过《中华人民共和国刑法修正案(九)》及相关司法解释等法律法规,修改贪污罪和受贿罪的定罪量刑标准,对行贿犯罪增加财产刑,严厉惩治行贿犯罪,强化刑罚约束,从国家法律的层面加大对贪污、受贿、贿赂犯罪的打击力度,依法从严惩治腐败。坚持依纪依规依法开展反腐倡廉工作,做到党内法规与国家法律的"纪法并重"并贯穿于工作始终,实现惩治和预防腐败"双轮驱动",是我国开展党风廉政建设和反腐败斗争的鲜明特色。

　　总的来看,党的十八大以来,在党中央的坚强领导下,我们党以反腐倡廉理论深化带动实践创新,全面从严治党取得了重大成果,党风廉政建设和反腐败斗争取得了压倒性胜利。实践证明,党中央关于反腐倡廉的思想指南和行动纲领,凝聚着中国经验,是对中国反腐倡廉实践过程、实践经验的理论诠释、提炼、升华和创新,既继承了以往的成果,又开创性地阐发了新思想、新观点,是优秀理论和科学实践的统一,具有强大的实践价值和指导意义,必将引领我国的反腐倡廉工作取得新的更大成效。

第二章

反腐败与隐形交易成本

党的十八大以来,以"八项规定""六项禁令"为代表的反腐新政(以下简称反腐新政),强化了政府官员和国企高管行为等制度规范,同时配套了长效的检查核准制度。这些制度直接规范了公务消费的内容和形式,遏制了各种形式的腐败消费,在制度上试图降低长期以来被学者们聚焦诟病的,中国市场因腐败而过高的隐形交易成本。隐形交易成本是指为维持与政府官员良好关系,获得更多便利,个人和企业所额外付出的、难以甄别的非市场交易成本。这类交易成本是经济转型过程中的必然产物,它的存在导致资源配置扭曲与浪费。

转型经济体因为缺乏完善的官员监管、公平竞争和产权保护制度,导致权力寻租与官员腐败问题严重,隐形交易成本高企的现象十分普遍。中国作为全球最大的转型经济体,其现阶段经济增长是以固定资产投资为直接驱动要素[1],而政府和国有企业则是这一投资推动型模式的主导。这种驱动模式如果缺乏有效监督,政府官员和国企管理层因其投资决策权力而存在巨大的腐败寻租空间,使得隐形交易成本高企。据"透明国际"(Transparency International)的行贿指数BPI(Bribe Payers Index)显示,2011年(反腐新政实施前)中国得分仅为6.5分,在28个全球最大的经济体中排名倒数第二。其中政府基建工程对应的"公共工程与建筑"得分最低(5.3分),属于最易产生腐败的行业。"公用事业"(6.1分)和"石油和天然气"(6.2分)等由中国国有企业主导的行业都是得分较低的行业。

隐形交易成本难以甄别的重要原因在于其隐秘性(Svensson,2005),贿赂政府官员和腐败送礼行为往往是以腐败消费的形式出现的,行贿者与受贿者互相

---

[1] 参见 https://www.nytimes.com/roomfordebate/2011/07/06/chinas-debt-monster/chinas-reliance-on-investment-driven-growth.

掩饰,以正常的人际往来消费、礼物交换消费为外衣,掩盖非法权钱交易(Graycar & Jancsics,2016)。这些腐败消费与正常的普通居民消费难以区别,却正是隐形交易成本的重要载体。由于腐败行为具有隐秘性,相关的直接计量研究十分缺乏,仅有 Cai 等(2011)根据世界银行对中国企业的调查,创新地提出了度量企业腐败交易成本的指标——企业招待费和差旅费(Entertainment and Travel Costs,ETC)。其研究发现,中国企业把贿赂政府官员、腐败送礼和管理层奢侈不当消费(后面统称为"腐败消费")都放入该名目的费用中,与正常的销售招待费和差旅费混在一起进行会计核算。此后,黄玖立等(2013)和钟覃琳等(2016)都用此指标对腐败消费及其对企业订单、经营效率和税负水平的影响做出研究。但是企业财务报表本身具有费用调节的功能(Stolowy et al.,2004)。有研究发现,为逃避监督,企业会把惹眼的 ETC 分散转入较为隐蔽和科目复杂的生产成本和销售费用(叶康涛,2016),费用类指标的甄别功能随着人为报表调节而变得不太显著。直接测度隐形交易成本数据的缺乏,测度指标的甄别功能模糊,使得反腐新政实施之后,大部分当前研究聚焦于反腐败与企业绩效、科技创新投入等中介作用机制和反腐败导致的经济后果,但是反腐新政与腐败所导致的隐形交易成本的根本作用机制如何?它的实施如果有效地降低腐败消费,是否对居民消费也有影响?反腐新政的制度改进的持续效果如何,是否全面降低了隐形交易成本?是否改变了其影响机制?这些政策实施效果评估的直接问题至今仍缺乏相关经济学的实证研究。

第一节 隐形交易成本与腐败消费

中国特色的反腐倡廉道路是一条与中国国情相适应的反腐败之路。党的十八大以前是"前半程",中国共产党和中国政府在汲取改革开放以来反腐倡廉经验和教训的基础上,初步形成了"惩治和预防腐败体系"的基本框架,确立了中国特色反腐倡廉的基本制度。党的十八大以后是"后半程",反腐新政的主要任务是全面推进惩治和预防腐败体系建设,构建更系统、更完备和更科学的中国特色腐败治理制度体系,注重加强法制和制度建设,积极构筑反腐倡廉的系统工程,实现有效的腐败治理,即遏制了腐败消费和降低了隐形交易成本,其具体表现在以下方面。

第二章

反腐败与隐形交易成本

一、反腐新政有效地遏制了腐败消费 ▶▶▶

党的十八大以来,反腐新政更为注重制度建设的科学性和可操作性,并强调腐败消费与居民普通消费的分离,以制度的约束力让人不愿腐败、不敢腐败和不能腐败。

党的十八大以来,相继出台"八项规定""六项禁令"、《党政机关厉行节约反对浪费条例》《中国共产党党校工作条例》《关于落实中央八项规定精神坚决刹住中秋国庆期间公款送礼等不正之风的通知》等制度。从经费管理、公务接待、会议活动、公务出差、临时出国、公务用车管理和办公用房等方面做了严格详细的规定,在公款高档消费、公款出国旅游、公车私用、公款送礼、公款大吃大喝、铺张浪费等与腐败相关的消费予以严格规范。此举对公务消费范围和形式做出了明确界定,将混杂于居民普通消费中,一直难以界定的腐败消费(如公款高档消费、公款出国旅游、公车私用、公款送礼、公款大吃大喝等)装进了制度的笼子。据新闻媒体报道,八项规定出台一年之后,因腐败消费、送礼而"虚火旺盛"的行业由于八项规定的实施而遭遇"寒流"。这些行业的代表商品有:购物卡、高档白酒、高档茶叶、高档餐饮和花卉。① 由于腐败始终在寻求不易甄别和隐秘的良好掩体,官员受贿选择的并不必然是支付最高贿款金额的寻租者,而往往是与受贿者关系更密切、更为信任的公司或个人,接受的是更为隐秘、安全、方便使用,最大程度等同货币的腐败中介商品。因此,反腐新政明确公务消费的范围和形式,就是为了直接遏制腐败消费,尤其是遏制打着"人情往来"的幌子,把奢侈浪费和送礼贿赂的腐败消费混入普通居民消费中的腐败中介商品的销售。反腐新政后,腐败消费难以与普通居民消费混淆,为其有效实施奠定了基础。

另外,反腐新政禁止的是腐败消费,对普通居民消费没有影响。居民消费与腐败消费本质上都是消费,只是在消费的品种和范围上有所不同。如果仅以消费市场的变化来衡量,两者是难以分清的。随着我国经济的迅速发展,消费市场发展空间巨大。调查研究显示,近十年中国社会消费品零售总额持续保持高增长,增长率始终在10%以上。2016年,我国包含饮料、日化品、食品在内的消费品零售额达3.2万亿元,较2015年同期增长5.1%。市场发展空间巨大,这在很大程度上得益于我国人均收入水平的平稳增长。据《中国统计年鉴》,我国城镇居民人均可支配收入由2005年的10493元持续增长至2015年的31195元,

---

① 参见人民网:http://www.people.com.cn/24hour/n/2013/1204/c25408-23735857.html.

年均复合增长率达 11.51%。

我国消费品按价格高低可分为奢侈品和日常用品。虽然其消费增长均依靠于经济增长,但其根本驱动力不同。高档消费品的主要驱动力在于社会固定资产投资增速(梁其翔,龙志和,2014)。而日常消费增长主要依靠于居民收入的增长。奢侈品种类丰富,比如高档手表、珠宝、手袋和高档白酒。而其中高档白酒的受众范围更广,社会接受层面更高,最具代表性。2012 年,白酒在中国的年销售额达 4466 亿元,而高档白酒的价格动辄超过 1000 元,著名的极品飞天茅台价格更是高达 100 万元,深受社会各阶层的欢迎。在中国独特的酒文化中,高档白酒不仅是商务宴请和招待宴会必备的诚意和档次的代言者(Gundlach 和 Paldama,2009),也是办事送礼的理想关系润滑剂,高档白酒因此成为赠送给官员和相关办事人员的主要礼物之一,被誉为"贿赂硬通货"(Shu,2017),是我国社交消费的代表性商品。高档白酒在招投标、项目确立、工程信贷方面发挥着润滑剂的作用,与社会固定资产投资保持正相关的关系。从图 2-1 中我们可以看到,2009 年以来,我国社会固定资产投资额一直保持增长态势,而高档白酒制造企业的毛利率也一直处于高位。

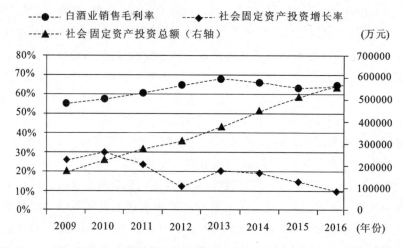

图 2-1　2009—2016 年我国高档白酒业销售毛利率与社会固定资产投资长期趋势

而作为生活必需的日常消费品,普通消费品生产企业的业绩与居民收入水平、消费习惯相关。随着社会发展,经济水平的日益提高,中国市场已完全消除了日用品和食物短缺的现象。居民消费结构亦发生很大变化。居民不再仅仅满足于基本温饱,而开始追求更时尚、更考究、更精致的日用消费以及花样繁多的休闲消费(黄卫挺,2013)。据西方发达国家经验,在人均 GDP 突破 5000 美元时,消费结构和消费模式都会向文化、娱乐、体育、健康等新兴消费领域转变。消费业企业将进入一个大发展、大繁荣的时代。2009—2016 年我国文化娱乐业营业收入与人均 GDP 长期趋势见图 2-2。

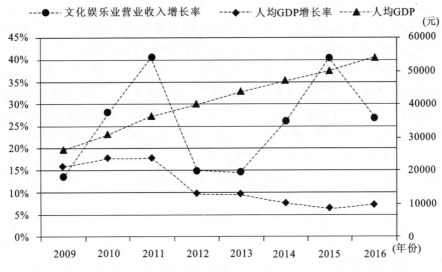

图 2-2　2009—2016 年我国文化娱乐业营业收入与人均 GDP 长期趋势

从图 2-2 中我们可以看到,2009 年以来,我国人均 GDP 持续保持增长趋势,而文化娱乐业企业的营业收入也经历了两次大发展。在 2011 年、2015 年我国人均 GDP 分别突破 5000 美元、8000 美元大关,人们生活水平步入一个崭新台阶,居民开始追求更多的物质消费以及更丰富的精神文化消费,中国的消费升级已经开始。共同消费爱好成了构建社会关系的另一重要渠道。然而,酒桌上的"称兄道弟"、节日里的"礼尚往来"在情感消费的外衣下滋生奢靡、浪费甚至腐败,导致畸形的消费需求(张伟,2013;陆文军等,2013)。

受 2012 年 12 月出台的反腐政策的影响,众多高档消费(高档白酒、奢侈品、高端餐饮)、高档娱乐行业(旅游业)都受到冲击。这种影响在 2013 年得到集中体现。从图 2-1 中我们可以看到,2012 年反腐政策的实施确实是一个转折点,高档酒毛利率开始下降,打破了高档白酒与社会固定资产投资额之间的正相关关系。《2013 中国高端消费品研究报告》显示对于整个消费品,特别是一些高端消费品行业而言,2013 年备受挫折。贝恩统计数据显示,中国奢侈品市场从 2012 年起,市场景气度就开始下滑,2012 年、2013 年销售额大幅下滑,增速分别仅为 7%、2%。而一直以来,中国都是奢侈品市场的生力军,年均增速超过 30%。从短期来看,社会消费似乎遭遇巨大挫折,社会经济发展受阻。然而从长远来看,反腐政策对受反腐政策冲击领域内的各行业的影响都将是正向的。随着公款吃喝、商务宴请的减少,餐桌浪费以及攀比的现象减少,更符合市场发展规律的个人消费逐渐成为市场消费主流(陆文军等,2013)。从图 2-2 中可以看到,2013 年开始,文化娱乐业又迎来一波发展浪潮。过去中国市场需求的快速发展,存在依靠公款拉动的畸形消费市场。

反腐政策的实施有利于公款消费导致的畸形消费泡沫减少,促进服务业依据市场正常需求转型发展,调节产品供给,有利于形成合理消费习惯,促进理性需求的回归,对市场有效运行有正向促进作用。有新闻报道,伴随公款吃喝、商务宴请送礼的减少,腐败消费下降,普通居民消费持续旺盛[①]。随着我国投资和出口对经济增长的动力逐渐减弱,近年来,消费已成为新的经济增长动能(刘长庚和张磊,2017)。Qian和Wen(2015)的研究也证实反腐新政对一些居民偏好强的奢侈性消费(高档红酒类、食品)的进口没有影响。我国居民不再满足于基本温饱,而开始追求更时尚考究的日用消费以及花样繁多的休闲消费(黄卫挺,2013)。

二、腐败消费与隐形交易成本 ▶▶▶

在转型经济体中,腐败一直是广受关注的问题(Rose-Ackerman,1999)。关于腐败问题相关研究必须解决两个基本前提:一是有效地甄别腐败所产生的交易成本;二是分析其作用机制和制度因素(Cai et al.,2011)。腐败交易的隐秘性和不确定性使企业和个人负担巨大的交易成本(Murphy,1993)。这种交易成本是非公开的和不易甄别的。

交易成本则是指在一定社会关系中,人们自愿交往、彼此合作达成交易所支付的成本,即人与人、企业或政府之间的关系成本(Coase,1937)。之所以会发生交易成本,主要是来自人为因素与环境因素相互影响下所产生的市场失灵现象(Williamson,1985)。Wallis和North(1986)将不能通过市场交易来衡量的交易成本称为非市场交易成本。非市场交易费用则属于不可观测的部分,是指那些在现实世界中无法通过市场交易来衡量的费用,如获取信息的费用、排队等候的时间、贿赂官员的支出以及由不完全监督和实施所导致的费用(Wallis & North,1986;Dagnino & Farina,1999;笪凤媛和张卫东,2010)。胡凯和周鹏(2013)认为,与市场交易成本相比,非市场交易成本的分布更广、更为隐蔽,并且更能体现国家之间的制度环境差异,因此其测算更具有挑战性且更有价值。由于办事送礼、挥霍浪费和贪污腐败而产生的非市场交易成本是学者们一直重点关注的问题,也是本次研究的重点,我们称之为隐形交易成本。

非市场交易成本扭曲了资源配置,阻碍企业增长,会促使官员为获得"灰色收入"而故意延缓行政程序(Myrdal,1968),腐败的隐秘性和不确定性使企业和

---

① 参见 http://opinion.southcn.com/o/2015-04/01/content_121246097.htm。

第二章
反腐败与隐形交易成本

个人负担巨大的交易成本(Murphy,1993)。并且,寻租成风会使得不参与寻租的企业和个人利益遭受侵蚀(姚晶晶等,2015)。对微观企业进行实证研究发现,寻租和腐败所导致的社会交易成本远远高于税收(Krueger,1974;聂辉华等,2015;颜恩点,2016),且不易察觉。它往往导致稀缺性的资源集中于非生产性领域,对研究与开发(R&D)等生产性活动产生挤出效应,并且企业、个人的寻租行为并不独立,而是相互依赖,具有一定的传染性(姚晶晶等,2015;Jing et al.,2017)。这类寻租行为极大地损害了社会整体福利(Murphy,1993)。新兴市场尤其需要建立有效的市场秩序降低企业交易成本,尤其是隐形交易成本[①],使市场这只看不见的手推动企业培育市场竞争和加强科研投入(Coase,1998,2002;孙早等,2014),市场化得以正向加强,即通过市场竞争对企业起到优胜劣汰的作用,社会资源达到最优配置。但腐败行为往往会扰乱市场竞争,引发高额隐形交易成本(Tanzi,1998)。如果腐败规模够大,则足以导致市场失灵(Clarke et al.,2003;Johnson et al.,1998)。因此,反腐败一直是世界各国政府关注的重要议题,也是学术讨论的热点。反腐败对于降低隐形交易成本,也就是降低企业的寻租费用和社会个体的送礼费用,理论上是有积极作用的。市场交易成本越低,市场竞争程度将越会加强(Pieroni et al.,2012)。

中国是一个典型的关系型社会。正如 Lien(1990)提出,相对于贿赂金额,关系可能是影响受贿者行为的更加重要的决定因素。也就是说,腐败市场上存在"差别待遇",博弈均衡并不必然是支付最高贿款金额的寻租者,而是与受贿者关系更密切的公司或个人。并且,寻租成风会使得不参与寻租的企业和个人利益遭受侵蚀(姚晶晶等,2015)。

近几年许多学者通过对隐形交易成本的作用渠道分析,认为企业寻租费用是计量隐形交易成本的重要微观渠道(Cai et al.,2011)。学者们广泛采用企业招待费和差旅费支出(Cai et al.,2011)、业务招待费(黄玖立等,2013)、应酬费(Zhu et al.,2014)、公关招待费(魏下海,2013)等作为衡量寻租费用的代理变量。但是也有研究发现,企业财务报表编制具有费用调节的功能,ETC 等与腐败密切相关的应酬招待费可以分散转入生产成本和销售费用(叶康涛等,2016)、广告费用(莫冬燕,2013)或者转入研发费用资本化(王亮亮,2016)。这一企业费用指标的甄别功能随着报表被人为调节而有可能不太显著。

另外,用消费终端的变化,也就是以腐败消费的变化刻画社会隐形交易成本的变化开始引起关注(左月华等,2015)。腐败是一种典型的信息不对称行为

---

① 隐形交易成本指能够对经济主体运行的总成本产生间接影响,不体现于市场交易之中,在财务审计监督之外的具有一定隐蔽性的将来成本和转移性成本。

反腐新政、隐形交易成本与市场化程度研究

(Treisman,2000)，腐败行为在交易过程中难以发现和甄别，从披露的腐败案件和文献研究来看，隐形交易成本可以归为两类。一类是直接贿赂交易行为，收取货币类物品。中国法律明文禁止收受现金、美元和黄金等货币类物品。由于此类腐败行为具有明显的非法性，往往直接通过现金交易，因此在暴露之前，人们难以知道究竟有多少腐败行为存在，更难以识别、测度其行为导致的隐形交易成本(Mitchell,2006)。另一类是间接贿赂行为，即腐败消费，以收取腐败中介物品为消费特征。在这个过程中，行贿者与受贿者互相掩盖，以正常的人际往来消费、礼物交换消费为外衣，掩盖非法权钱交易(Graycar & Jancsics,2016)。这些隐形交易成本虽然因为腐败贿赂行为隐秘而难以衡量(Reinikka et al.,2006)，但是其行为是借助社会消费品完成的，往往会在社会消费终端留下印记。已有文献开始利用腐败交易中介物品的消费数据进行腐败行为变化方面的分析，它们主要为：高档手表(Lan et al.,2013)、高档白酒(Shu et al.,2017)、奢侈品和珠宝(Qian & Wen,2015)等。这些研究受行业所限，往往集中分析某一种腐败中介物品的影响，难以反映其总的变化。而且对企业而言，腐败行为首先是具有多样性，其次是兼有"保护费"和"润滑剂"两种交易作用(Leff,1964;Huntington,1968;Beck & Maher,1986)，最后是具有强烈的货币倾向性，有对寻租定价和计量方面的需要，因此寻找具有货币性质的腐败中介物品对于测度因腐败而产生的隐形交易成本会更为准确。

三、购物卡能够有效甄别腐败隐形交易成本 ▶▶▶

零售百货业的购物卡因为其类货币性质而成为广泛使用的腐败中介物品[①]。作为社会普通消费的主要终端之一，零售百货业（各种大型购物商场）除了为社会提供各种日常消费商品，还能提供符合送礼需要的各种腐败中介商品，甚至餐饮和娱乐。也就是说，零售百货业的销售既包含日常的普通居民消费，也包含奢侈不当、送礼贿赂的腐败消费。相关的研究文献和新闻报道显示，由于零售百货业的"购物卡"便于携带，类似于现金或现金等价物更利于实现效用最大化，个人（上下级）之间的腐败行为更多地通过"购物卡"，而不是具体的"礼物"进行(赵雯娜,2009;郭和文,2009)。据北京石景山区检察院的报告显示，以零售百货业购物卡贿赂的案件，2009年占到了受贿案件总数的83.3%[②]。据媒体统计报道，行贿受贿对购物卡"情有独钟"。2006年，国家药监局医疗器械司原司长

[①] 项仙君．购物卡：禁令下的"商业宠儿"？[N]．南方日报,2011-04-27(A06).
[②] 张铁．购物卡考验反腐调适能力[N]．人民日报,2011-04-07(009).

郝和平受贿案件中,各类代金卡价值总额高达50余万元;2008年,山东省发改委能源交通处原副处长陈学伟收受的50余万元贿赂中,有价值22万元的购物卡;2009年审结的浙江省嵊州市政协原副主席杜洪苗案件中,在其收受的十几次贿赂中,除一块手表外,90%以上的其余受贿均为购物卡,总计18万余元;2010年底,在江苏省财政厅原副厅长张美芳案件中,仅一个节日其收取的各类购物卡价值便高达10余万元;山东省临沭县人民检察院共立查受贿案件13件13人,其中,最多收卡45张,累计总金额11万余元,最少收卡13张,共计4万余元。①

相较于其他腐败中介物品,零售百货业购物卡更能体现企业的寻租消费的多样性(蒋洪,2012)和受贿官员看重的安全性(Li,2011)。Lien(1990)研究证明官员受贿选择的并不必然是支付最高贿款金额的寻租者,而往往是与受贿者关系更密切、更为信任的公司或个人,接受更为隐秘、安全、方便使用,最大程度等同货币的腐败中介物品(Gransow,2007)。打着"人情往来"的幌子,因为其无任何身份证明、便于携带、面值灵活、不记名和购买范围广泛的类货币特点,零售百货业的购物卡成为官员更愿意收受的腐败中介物品(何锦强和王众,2010;崔华超,2011;Helion & Gilovich,2014;左月华等,2015)。因此,"六项禁令"第3条明确规定严禁公务员违反规定收送购物卡,第4条强调政府机关和国有企业不得以节日慰问的名义购买和使用各种购物券(卡)。

第二节 隐形交易成本与固定资产投资

腐败问题研究的另一个前提是分析其作用机制和制度因素(Cai et al.,2011)。固定资产投资与腐败消费同向增长的作用机制发生的背景在于:由于市场经济体制不完善,政府的行政干预扩大了寻租空间。企业能获取的投资机会与政治因素密切相关(Pan & Tian,2017)。尤其是在转型经济体中,因固定资产投资数额巨大,企业有强烈动机进行寻租贿赂,获得宝贵的项目和产品订单,促进自身的增长(黄玖立和李坤望,2013)。

在市场经济体制不完善的情况下,政府的行政干预扩大了寻租空间。企业能获取的投资机会与政治因素密切相关(Schumpeter,1939;North,1981)。在

---

① 夏齐林. 黄牛日赚数万元 反腐仍需强化购物卡监管[N]. 证券日报,2013-02-02(A03).

反腐新政、隐形交易成本与市场化程度研究

转型经济体中,因固定资产投资数额巨大,企业有强烈动机进行寻租贿赂,获得宝贵的项目和产品订单,促进自身的增长(Asiedu & Freeman,2009)。Olken(2006)将工程师估算工程造价和印度尼西亚政府公布的公路工程造价进行对比,发现公路工程造价比实际成本高得多,且参与的企业获取了更高的利润。Lambert-Mogiliansky 和 Sonin(2006)研究了在固定资产投资类的工程建设中,官员接受贿赂的比例大幅增加。

中国各级政府作为管理和审批固定资产投资项目的主体,长期以来控制着各类固定资产投资项目的管理或审批,并且官员也期望借助有利的投资项目提高属地的经济增长以增加政绩,实现职业晋升以及经济利益的获取。因此,在市场转型与经济高速增长同时出现的期间,各地大量的固定资产投资使得官员权力过大,难免出现在政府内部监察力度不够、公共监督不足的情况下,固定资产投资尤其是政府管制较强领域的固定资产投资在很大程度上会成为政府官员腐败的载体(Tanzi et al.,1997)。另外,我国除了政府投资是固定资产投资的重要组成部分,国有控股企业也有大量的固定资产招投标项目,官员和国企领导权利空间越大,寻租空间则越大(Faccio,2010),就会导致行贿受贿增多,造成社会隐形交易成本有所增加。《人民论坛》杂志的调查结果显示,44%的受调查者认同"做官是一种高风险职业",并认为官场十大高风险岗位分别为国土局局长、交通厅厅长、县委书记、公安局局长、组织部部长、建委主任、安监局局长、市委书记、国企老总、房管局局长[①]。近 20 年来,全国被查处的、曾担任地方交通厅厅长(正职)的官员达 16 名,如果算上副厅长,则超过了 30 名。其中,河南省更是先后有曾锦城、张昆桐、石发亮、董永安四任厅长相继落马,山西省也先后有王晓林、段建国两任厅长落马,交通厅官的腐败可谓"前赴后继"。这些容易发生腐败风险的岗位与固定资产投资的管理和审批都有着直接或者间接的联系,来自审计部门的数据说明,腐败使得固定资产投资造价上浮 15%以上[②],这个上浮正是社会为之付出的隐形交易成本。

反腐新政的制定和执行作为国家的一种治理机制,在很大程度上影响了国企高管所处的政治环境。在反腐的大环境下,国家对贪腐的惩罚力度增加。高级管理人员规避政治风险的动机增加,收受贿赂减少。政府官员、企业管理层在公司投资项目的选取上开始发生转变(金宇超等,2016)。项目投标过程透明度增加。项目的评选更多的是依靠企业自身的实力。相应地,原有腐败影响路径

---

① 参见 http://m.haiwainet.cn/middle/3541003/2015/0331/content_28585156_1.html。
② 宋蕾."腐败款"或致固定资产投资被高估 15%[N].第一财经日报,2006-08-25(A03)。

也发生改变,即固定资产投资与腐败消费不再出现同向增长,甚至出现反向增长。

Gundlach 和 Paldam(2008)认为在转型经济体中,腐败行为和经济增长之间是一种相互促进的社会动态作用机制。这种机制中导致腐败的基础条件如果不改变,如权力寻租和监管不力,这个作用机制就难以被打破,改变的只是腐败的表现形式,而且作用机制依然存在,使反腐败陷于泥沼。即在以往寻租收益的刺激下,如果反腐新政实施不力,企业甚至可能会选择使用其他高档商品作为替代性腐败中介商品来继续其腐败行贿行为,腐败的作用路径依然存在。已有研究证明腐败中介商品具有多样性(Lan et al., 2013;Qian & Wen, 2015;Shu & Cai, 2017),且反腐新政对某些典型腐败中介商品进行了严格限定。因此可能出现"由于反腐新政的明确禁止,某种典型腐败中介商品收受行为减少,但其他腐败中介商品消费上升"的替代效应。

党的十八大以来,国内一些地方探索将工程招投标、医疗器械药品集中采购、政府采购、土地矿产资源招拍挂等容易发生腐败,固定资产投资总额较大的部门进行集中管理,放入公共资源交易中心"四合一"平台,实行统一平台操作、统一监督管理,公开招标,杜绝政府采购中不透明的环节。另外,2015 年 3 月 1 日国务院正式颁布实行《中华人民共和国政府采购法实施条例》,将政府采购放在政府职能转变的大背景下,此条例的实施无疑将促进我国政府采购的管理更加规范,加快实现国家治理能力和治理体系现代化。

基于以上分析,由于反腐新政规范了公务消费行为,将腐败消费从居民普通消费中分离,因而其实施显著地降低了腐败消费所致的隐形交易成本,但没有影响普通居民消费。我们预期:类货币腐败中介商品,在反腐新政实施后,会显著下降,而普通居民消费将不受反腐新政实施的影响;同时,反腐新政的实施,使得固定资产投资与隐形交易成本原有的正向增长路径被打破,两者将出现反向变动趋势;最后,反腐新政的实施效果是持续稳定和全面的,没有腐败替代效应出现。

第三节 隐形交易成本的度量与影响路径研究设计

本研究按照下列标准对在沪深两市上市的零售业和白酒业企业进行筛选:①剔除财务数据无法获取的公司;②剔除 ST*、ST 的公司。最后选取了符合条

反腐新政、隐形交易成本与市场化程度研究

件的49家零售百货业上市公司、80家其他零售业公司和13家生产高档白酒的企业作为初始研究样本,之后本研究的财务数据均来自上市公司的财务报表以及wind数据库。为保持2012年前后时间长度的对称性,选取的样本时间范围为2009—2015年。本研究的宏观变量——社会固定资产投资总额增长率、人均GDP增长率和网络零售增长率来自中国统计年鉴。

一、重要变量定义与数据描述 ▶▶▶

(一)核心变量:隐形交易成本、居民个人消费、白酒产品销售结构

本研究以零售百货企业的预收账款占营业收入比重的变化来衡量隐形交易成本的趋势变化。中央纪委披露,违规收送礼品礼金一直是全国违反八项规定问题中的典型问题[①]。零售百货业作为社会个人和组织的综合消费终端,与腐败消费有着天然密切的联系。其发行的购物卡则是集合了礼品和礼金的双重特点,其销售变化趋势有显著的代表性。由于零售百货业的"购物卡"便于携带,类似于现金或现金等价物,个人(上下级)之间的腐败行为更多通过"购物卡",而不是具体的"礼物"进行(赵雯娜,2009;郭和文,2009)。据北京石景山区检察院报告显示,以零售百货业购物卡贿赂的案件,2009年占到了受贿案件总数的83.3%[②]。因此,本研究选用零售百货业购物卡销售作为腐败消费的代表中介商品。

在我国,零售百货业购物卡销售会计处理是不计入销售收入,而计入当年资产负债表的预收账款科目。据我国新闻媒体披露,零售百货业上市公司预收账款科目的主要构成就是购物卡的销售。而真正对于客户的预收账款实际上不到其总量的1%[③]。购物卡的主要消费目的,除了用于腐败送礼,还用于普通消费者正常的人情往来。考虑到普通消费者的人情往来消费主要受文化和行为习惯的影响,这些都是长期影响因素,在短期内不会发生重大变化,保持相对稳定。那么在控制了零售百货业的营业收入增长,随着反腐新政这一外生冲击,自动阻断了腐败机制中的关键参与者——受贿者,企业腐败活动将受到遏制,腐败消费也就随之下降。如图2-3所示,2013年之前,零售百货业的预收账款呈增长趋

---

① 参见http://www.ccdi.gov.cn/special/bxgdbbwzn/topnews_bxgdwzn/201712/t20171205_113150.html。

② 张铁.购物卡考验反腐调适能力[N].人民日报,2011-04-07(009).

③ 参见http://finance.sina.com.cn/roll/20091219/02207126309.shtml。

势。但反腐新政实施后,从 2013 年起,零售百货业的预收账款与销售收入之比显著下降。我们因此推测零售百货业预收账款的剧变是因腐败消费中介商品——购物卡消费显著减少所致。

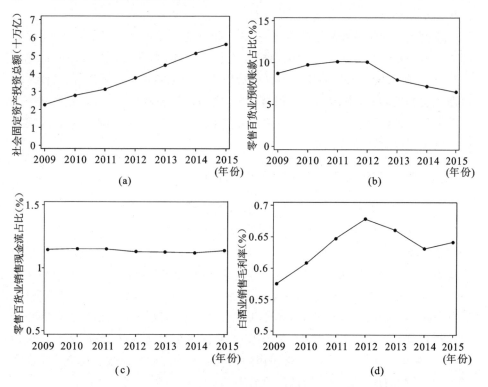

图 2-3　2009—2015 年我国社会固定资产投资、零售百货业预收账款、销售现金、白酒业毛利率的变化趋势

我们以零售企业的销售商品与劳务的现金流增长率来衡量居民个人消费的变化趋势。我国零售百货业以信用抵押支付为特征的消费金融发展缓慢(王江等,2010),零售百货业面对居民消费几乎没有信用赊销,始终为现金支付。据中国统计年鉴,我国居民消费现金支出占比均在 80% 以上,而 2016 年占比达 82.67%。事实上,居民日常个人消费这几乎能通过零售百货公司实现全覆盖,而且代表居民个人消费情况的销售现金流量销售占比,并没有受反腐政策的显著影响出现大幅下降,而是持续保持平稳,与销售收入增长同步。

我们以白酒企业的销售毛利率变化来衡量其产品销售结构的变化。由于上市酒业公司只披露其销售收入,不披露销售产品的数量和种类信息,导致无法获取白酒销售结构变化的直接数据。但是中国所有的白酒业公司都生产从低档到高档的全系列白酒,而同一公司出品的白酒产品的毛利率差别极大。以贵州茅台集团(股票代码:600519)为例,据其2016年报披露,高档白酒飞天茅台系列毛利率为93.5%,茅台集团其他中低档系列酒的毛利率为53.55%。于是本文使用销售毛利率的变化来代理其产品销售结构的变化,在控制销售收入的前提下,毛利率变化可以代表白酒的销售结构变化。

在销售收入保持增长的背景下,如果白酒业毛利率升高或者不变,说明其高档酒的销售量增长或不变。如果白酒业毛利率下降,则说明高档白酒的销售量下降,销售收入的增长主要来自居民普通消费的中低档白酒。如图2-3所示,反腐新政实施前,白酒业的毛利率保持增长,实施反腐新政后,白酒业的毛利率则显著下降。结合反腐前后,零售百货业购物卡销售占比下降的趋势,可以预期高档白酒销售没有产生替代效应。

(二)时间变量:反腐政策制定和实施时间点

本研究为反腐新政实施提供了两种度量方法。第一种是间接度量方法,即确定时间变量。以"八项规定"为代表的反腐新政清晰明确,针对性强,并有强大的配套检查制度与安排。因此,学者们普遍认为"八项规定""六项禁令"的强力实施,是一个极好的研究时点,可以有效地分析和分离反腐新政产生的作用和影响(Lan et al.,2013;Fang,2014;Qian & Wen,2015;王茂斌等,2016;钟覃琳等,2016;Shu et al.,2017)。图2-3显示了"八项规定"的颁布出台后零售业购物卡和高档白酒销售出现明显转折,即2013年看作一个时间节点,之前为0,之后为1。第二种是直接度量方法,直接采用中纪委公布的违纪案件数衡量监管制度实施的力度,我们把它运用到稳健性检验中①。

(三)其他变量

我们以当年社会固定资产投资总额的增长率作为代理变量测度了新增的项目投资增长力度,使用人均GDP增长率衡量居民购买力的提升。影响人们当期消费最主要的因素是收入,但同时消费也受国家政策等因素的影响,收入水平和增长速度直接影响消费需求的增长,GDP增长与居民最终消费存在长期均衡的协整关系,即国内生产总值与消费总额存在着动态均衡机制(李宝仁,2007)。

本研究将如下因素作为控制变量:企业销售费用增长率($Scost_{it}$)、公司规模($Scale_{it}$)、社会网络零售增长率(Net_t)。表2-1给出了总的变量说明。

---

① 据中央纪委网站的数据显示,自"八项规定"颁布起,截至2017年10月31日,全国已累计查处违反"八项规定"193168起,处理262594人,而2005年共立案涉嫌贪污贿赂、渎职侵权犯罪的国家工作人员41447人。

第二章
反腐败与隐形交易成本

表 2-1　变量说明表

变量类型	变量符号	变量定义	计算方法
被解释变量	$Advan_{it}$	隐形交易成本	零售百货企业预收账款/主营业务收入
	$Advan'_{it}$	其他零售业的预收账款	其他零售企业预收账款/主营业务收入
	$Consump_{it}$	居民个人消费	销售商品、劳务现金流量/主营业务收入
	$Alcohol_{it}$	白酒产品销售结构	白酒企业的销售毛利率
解释变量	$FixInvest_t$	社会固定资产投资	社会固定投资总额增长率
	GDP_t	居民生活水平的改善	人均GDP增长率
时间变量	D_t	是否受反腐政策影响	"八项规定"实施前，$D_t=0$，否则$D_t=1$
控制变量	$Scost_{it}$	企业市场营销投入	企业销售费用增长率
	$Scale_{it}$	企业规模	企业总资产的对数值
	Net_t	网络消费的替代性	社会网络零售增长率

变量的描述性统计结果如表2-2所示。我们可以看到综合消费终端——零售百货企业预收账款占营业收入 $Advan_{it}$ 的均值为11.55%，其他零售业主要为医药、服装和休闲食品企业的单一消费终端，其预收账款往往为定金和预收货款，预收账款销售占比均值仅为5.85%，而美国零售百货业代表企业沃尔玛的预收账款仅占其销售收入的1%[1]，这说明我国零售百货企业的购物卡销售量确实异常高。媒体对此也多有报道，指出"八项规定"实施之前，我国某些零售百货企业购物卡销售甚至占销售收入的20%[2]以上。另外，宏观经济的增长背景在反腐前后并没有发生大的变化，我国社会固定资产投资总额保持高增长，其增长率均值为15.37%，标准差为0.0545。

---

[1] 参见 http://stock.walmart.com/investors/financial-information/annual-reports-and-proxies/default.aspx。

[2] 赵向阳. 7部委整饬购物卡类金融模式大考[N]. 中国经营报，2011-06-13(C02).

反腐新政、隐形交易成本与市场化程度研究

表 2-2　关键消费类上市公司数据描述性统计

变量符号	均值	中位数	最大值	最小值	标准差
$Advan_{it}$	0.1155	0.0724	0.9271	0.0006	0.1434
$Advan'_{it}$	0.0585	0.0245	1.3871	0.0000	0.1312
$Consump_{it}$	1.2595	1.1442	9.5349	0.0000	0.9646
$Alcohol_{it}$	0.6146	0.6114	0.9290	0.1420	0.1616
$FixedInvest_t$	0.1537	0.1473	0.2376	0.0791	0.0545
D_t	0.4286	0.0000	1.0000	0.0000	0.4956
D_t^*	0.0463	0.0000	0.1473	0.0000	0.0568
GDP_t	0.1215	0.0990	0.1790	0.0646	0.0451

高档白酒企业的销售毛利率 $Alcohol_{it}$ 的均值为 61.46%，最大值为 92.9%，最小值为 14.2%。这说明白酒企业的毛利率相差巨大。2011年（反腐新政前），有媒体指出大部分白酒企业因为被高档酒高毛利率驱使[①]，为提高高档酒销售收入占比，甚至部分企业放弃低端酒市场。

二、腐败消费的隐形交易成本识别与模型

因为腐败程度难以衡量，所以数据收集不易。现有研究方法多集中于以反腐新政实施为一个准自然实验冲击，利用地区差异和政策实施的时间差异分组进行了即期反应分析，如采用倍差法（DID）研究反腐的实际作用效果。DID方法是从微观角度判断政策的效果以及因果关系，将宏观影响因素放入残差扰动项中。这个方法的应用前提是在短期内，除待研究的政策外，其他宏观影响因素不会发生大的变化，对微观变量在事件冲击前后影响不大。

反腐新政已经实施了五年多，对于政策评估而言，政策在长期执行过程中肯定会受到宏观因素如居民购买力、固定资产投资增长等的影响。政策效果评估方法如果不包含宏观变量，可能会使结论出现偏误。考虑到 DID 在识别因果关系方面的明显优点：控制时间效应和个体效应，使得被解释变量与解释变量的因果关系十分明确，评估政策冲击的短期效果准确有效。为此，我们突破以往研究反腐新政仅评估即期实施效果和宏微观层面分开实证的局限，运用包含宏观变量的 DID 方法，即控制住被解释变量消费特点的个体特征后，用虚拟变量控制反腐新政的实施时间效应，采用 GMM 估计和相同模型，在综合考虑宏观因素人

---

① 参见 http://www.caijing.com.cn/2011-09-02/110839340.html。

均 GDP 增长、固定资产投资增长和网络消费增长的影响基础上,通过差分来有效控制未观察到的时间和个体效应,并使用滞后一期的解释变量为工具变量以克服内生性问题。最后,对比不同组实施反腐新政的持续性效果,甄别出反腐新政确实降低的是以购物卡为代表的隐形交易成本。相对于普通 DID 方法的应用,仅控制时间效应和个体效应的微观层面的研究有着明显的拓展。

如图 2-4 所示,不发行购物卡的其他零售业,预收账款销售占比低,且反腐前后变化很小;发行购物卡的零售百货业则表现出反腐前后的显著差异和较高的占比。

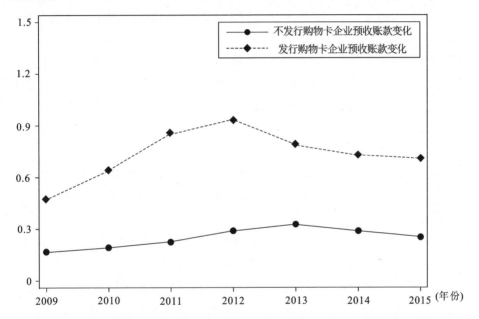

图 2-4　不发行购物卡其他零售企业与发行购物卡零售百货企业预收账款变化趋势

为此,我们从预收账款销售占比维度差异出发构造对照组和实验组,即以综合消费为主的购物卡零售百货组为实验组,以单项消费为主的其他零售组为对照组。根据媒体披露,购物卡发行主要集中在可以综合消费的零售百货业。服装、医药等其他单一消费零售企业基本没有发行购物卡,其预收账款主要是来自正常的商业往来,如货款预收、订单定金。这一分组方法的具体逻辑在于:反腐新政降低的是以腐败消费为代表的隐形交易成本,而购物卡又是腐败消费的代表商品。因此,从零售业不同消费维度来看,发行购物卡与否,将表现出反腐新政实施效果导致的系统差异。本研究模型中,i 表示企业,j 表示省份,t 表示时间。具体模型如下:

$$\text{Advan}_{it} = \alpha_0 + \alpha_1 \text{Advan}_{it-1} + \alpha_2 D_t + \alpha_3 \text{FixInvest}_t \\ + \alpha_4 \text{Scale}_{it} + \alpha_5 \text{Scost}_{it} + \alpha_6 \text{Net}_t + \mu_i + \varepsilon_{it} \tag{2-1}$$

反腐新政、隐形交易成本与市场化程度研究

$$Advan'_{it} = \alpha_0 + \alpha_1 Advan'_{it-1} + \alpha_2 D_t + \alpha_3 FixInvest_t \\ + \alpha_4 Scale_{it} + \alpha_5 Scost_{it} + \alpha_6 Net_t + \mu_i + \varepsilon_{it} \tag{2-2}$$

其中,$Advan_{it}$ 表示 t 年发行购物卡的零售百货 i 企业预收账款的销售占比。$Advan'_{it}$ 表示 t 年不发行购物卡的其他零售 i 企业预收账款的销售占比。如果零售百货业的购物卡销售是准确地反映了腐败隐形交易成本,那么反腐新政的实施应该只对其产生显著负面影响,但是对于服装、医药等其他零售业不会产生显著负面影响,否则反之。将模型(2-1)与模型(2-2)的回归结果对比研究。若模型(2-2)中 α_2 不显著,或显著程度不高,而模型(2-1)中 α_2 显著为负,则说明发行购物卡的零售百货企业预收账款变化确实能够反映腐败消费所致的隐形交易成本的变化。

为分析确定反腐新政对居民普通消费和腐败消费的不同影响,本研究采用同样的解释变量和控制变量对居民消费变量 $Consump_{it}$ 进行实证,建立模型(2-3)与模型(2-1)对比。同时考虑到居民消费特征,人均 GDP 综合反映居民收入和增长预期比固定资产投资与居民消费更为相关,将解释变量由社会固定资产投资增长率 $FixInvest_t$ 换为人均GDP_t,构建模型(2-4)。若模型(2-3)和(2-4)中 α_2 都不显著,说明反腐新政没有影响普通居民消费。与模型(2-1)中 α_2 显著为负对比,说明反腐新政作用非常精准,仅显著降低腐败消费,从而降低了隐形交易成本。

$$Consump_{it} = \alpha_0 + \alpha_1 Consump_{it-1} + \alpha_2 D_t + \alpha_3 FixInvest_t \\ + \alpha_4 Scale_{it} + \alpha_5 Scost_{it} + \alpha_6 Net_t + \mu_i + \varepsilon_{it} \tag{2-3}$$

$$Consump_{it} = \alpha_0 + \alpha_1 Consump_{it-1} + \alpha_2 D_t + \alpha_3 GDP_t \\ + \alpha_4 Scale_{it} + \alpha_5 Scost_{it} + \alpha_6 Net_t + \mu_i + \varepsilon_{it} \tag{2-4}$$

白酒消费可分为居民普通消费和公务消费。反腐新政实施的目的是抑制奢靡不当的公务消费,即腐败消费,不影响居民普通消费。在已经研究的腐败中介物品中,高档白酒不仅是商务宴请和招待宴会必备的诚意和档次的代言者,也是办事送礼理想的关系润滑剂,被称为"贿赂硬通货",它的腐败中介商品属性强于高档手表、奢侈品和珠宝(Shu et al.,2017),是我国腐败消费的另一代表性商品。在确认反腐新政能够减少零售百货业购物卡销售的同时,我们进一步研究腐败中介商品的另一代表——高档白酒的消费变化,确认腐败中介商品是否发生转移消费,产生替代效应。对此构建模型(2-5)检验反腐是否同时抑制高档白酒的消费。

$$Alcohol_{it} = \omega_0 + \omega_1 Alcohol_{it-1} + \omega_2 D_t^* + \omega_3 FixInvest_t \\ + \omega_4 Scale_{it} + \omega_5 Scost_{it} + \omega_6 Net_t + \mu_i + \varepsilon_{it} \tag{2-5}$$

其中,被解释变量 $Alcohol_{it}$ 表示白酒行业企业的销售毛利率,指代白酒的销售结构。我们预期 ω_2 显著为负,那么可以得出实施反腐新政后,白酒业整体毛利率下降,高档白酒销售量减少,隐形交易成本的替代效应没有发生,隐形交易成本全面降低。

最后,我们将验证反腐新政是否改变了原来固定资产投资与隐形交易成本同向增长的路径。在前面实证腐败消费的模型(2-1)、(2-5)中,对比固定资产投资增长率 $FixInvest_t$ 的系数,如果都是显著为负,而在反映居民消费的模型(2-2)、(2-3)中,$FixInvest_t$ 的系数都不显著,则证明固定资产投资与腐败消费关系密切,我们前面推导的同向增长路径存在。为研究其是否被反腐政策改变,我们加入 $D_t \cdot FixInvest_t$ 交叉项,希望获取反腐新政实施前后的腐败消费机制的变化趋势。构造模型(2-6)如下:

$$Advan_{it} = \alpha_0 + \alpha_1 Advan_{it-1} + \alpha_2 D_t + \alpha_3 FixInvest_t + \alpha_4 D_t \cdot FixInvest_t \\ + \alpha_5 Scale_{it} + \alpha_6 Scost_{it} + \alpha_7 Net_t + \mu_i + \varepsilon_{it} \quad (2-6)$$

我们预期交互项后的系数 α_4 显著为负,说明在反腐政策出台后,随着社会固定投资增长率增加,零售百货业购物卡销售反而显著降低,隐形交易成本因而减少。由于受交互项的影响,α_2、α_3 的系数预期会发生变化,所包含的经济意义有所降低。

第四节 反腐新政对消费的影响,基于 GMM 的实证

以"八项规定"为代表的反腐新政是将"权力关进制度的笼子里"的监管制度改进,通过规范公务消费、司法监督、政务公开和财务审计,将腐败送礼和贪污贿赂的行为有力扼制,腐败消费因而大幅下降,那么居民的普通消费是否也被反腐新政的监管波及而同样下降呢?为了考察反腐新政对消费的影响,我们将按照如下顺序展开 GMM 实证检验。首先,检验反腐新政实施后,与对照组其他零售业相比,实验组零售百货业腐败消费的代表——购物卡销售是否因此显著下降?其次,分别对零售百货业的不同消费群体——腐败消费和普通居民消费直观地对比在反腐后的差异。最后,针对可能产生的替代效应,用另一腐败消费代表商品——高档白酒销售下降来验证隐形交易成本降低的一致性。

一、隐形交易成本的测度

为了明确反腐新政是否有效地降低隐形交易成本,我们使用模型(2-1)和模型(2-2)进行对比检验。实证结果如表 2-3 所示,在控制住被解释变量消费特点的个体特征后,用时间变量 D_t 控制反腐新政的实施时间效应,采用 GMM 估计和相同模型,在综合考虑宏观因素人均 GDP 增长、固定资产投资增长的影响基础上,实验组模型(2-1)的时间变量 D_t 在 1‰ 的水平下,显著为负。而对照组模型(2-2)的 D_t 完全不显著。实证结果显示,两组预收账款的滞后变量 $Advan_{it-1}$、$Advan'_{it-1}$ 系数都是在 1‰ 水平上显著为正,说明研究结果是持续稳定的。也就是说,反腐政策的实施并没有减少服装、医药等这类单一消费终端零售企业的预收账款,而只是对发行购物卡的零售百货企业的预收账款产生显著负面影响。这验证了我们的预期,零售百货企业发行的购物卡是腐败中介商品,反腐新政确实显著降低了腐败消费所导致的隐形交易成本。

表 2-3 隐形交易成本实证检验

应用模型	$Advan_{it}$ (2-1)	$Advan'_{it}$ (2-2)
$Advan_{it-1}$	0.1858*** (0.0000)	
$Advan'_{it-1}$		0.3169*** (0.0000)
D_t	−0.0395*** (0.0027)	−0.0517 (0.1114)
$FixInvest_t$	0.5682*** (0.0004)	−0.1406 (0.8032)
控制变量	控制	
Observations	343	560
S-squared	2.4055	4.0184
J-stat	11.8309	7.4553

注:括号中的数字表示 P 值;*、**、*** 分别代表参数估计值在 10‰、5‰、1‰ 的水平上显著,下同。

二、反腐新政与消费 ▶▶▶

我们使用动态面板 GMM 模型检验反腐新政是否以及如何影响消费,结果如表 2-4 所示。表 2-4 第 1 列是研究腐败消费影响的显示,反腐时间变量 D_t 的系数估计值在 1‰ 的显著性水平上为负;第(3)~(4)列研究居民消费影响的结果表明,D_t 的系数估计值则不显著。模型(2-1)、模型(2-3)和模型(2-4)的被解释变量的滞后项系数估计值分别都在 1‰ 的显著性水平上为正,这意味着研究结果的持续稳健性。而时间变量的系数为正,不显著则表明,反腐新政对于普通居民消费没有影响,只是显著降低了腐败消费,在类货币腐败中介商品——购物卡销售方面得到了验证,而且这个影响是具有持续性的。

表 2-4 反腐败新政对消费的影响效应

应用模型	$Advan_{it}(1)$	$Consump_{it}(3)$	$Consump_{it}(4)$	$Alcohol_{it}(5)$
$Advan_{it-1}$	0.1858*** (0.0000)			
$Consump_{it-1}$		0.2451*** (0.0000)	0.2517*** (0.0000)	
$Alcohol_{it-1}$				0.1724* (0.0978)
D_t	−0.0395*** (0.0027)	0.0089 (0.8418)	0.0079 (0.8239)	−0.0909** (0.0110)
$FixInvest_t$	0.5682*** (0.0004)	0.5225 (0.5840)		0.1608* (0.0792)
GDP_t			0.9706*** (0.0040)	
控制变量	控制			
Observations	343	343	343	91
S-squared	2.4055	14.1808	15.1337	0.5729
J-stat	11.8309	11.9455	13.3688	7.6988

为进一步探究其作用机理,我们分别考察了固定资产投资和人均 GDP 增长,不同的宏观因素在反腐新政实施后对普通居民消费的影响。表 2-4 第(3)和(4)列结果显示,被解释变量的滞后项系数估计值都在 1% 的显著性水平上为正,而固定资产投资 $FixInvest_t$ 这个宏观变量的系数估计值完全不显著。由于固定资产投资存在影响腐败消费的路径,如果代表居民消费的 $Consump_{it}$ 与 $FixInvest_t$ 显著相关,则说明预收账款并不能完全反映隐形交易成本的变化,社会固定资产投资所导致的隐形交易成本有一部分可能潜藏在居民消费中。完全不显著则表明固定资产投资与居民消费无关,也印证了零售百货业的预收账款变化确实准确地反映了腐败消费。而人均 GDP 增长的变量系数在 1% 的显著性水平上为正,则表明我们的模型呈现出典型的居民消费特征。居民消费 $Consump_{it}$ 与固定资产投资增长率 $FixInvest_t$ 不显著相关,而呈现与人均 GDP_t 显著相关的居民消费特征,则可以用其结果来衡量反腐新政对居民消费的影响,即反腐新政没有影响普通居民消费。

在此基础上,我们引入另一典型腐败中介商品——高档白酒销售量来验证反腐新政降低零售百货业的腐败消费的同时,是否产生替代效应。表 2-4 第(5)列结果表明反腐时间变量 D_t 的回归系数 ω_2 为 -0.0909,在 5% 水平上显著,与白酒业的毛利率 $Alcohol_{it}$ 显著负相关。相比于模型(2-1),时间变量 D_t 的系数在 1% 水平上显著。这说明反腐新政的实施,对于综合消费终端零售百货业购物卡的影响比单一消费终端的高档白酒更为显著。反腐新政实施后,因腐败而产生的隐形交易成本全面显著下降,腐败中介商品没有产生替代效应是很好的佐证。

三、反腐新政对隐形交易成本的影响路径 GMM 实证 ▶▶▶

一直以来,学者们普遍认为公共权力领域和政治审批领域是腐败的高发区(Tanzi et al.,1997;金玉国,2012)。2010 年以前我国的实证研究证实了腐败随固定资产投资增加而提高(李国璋等,2010)。如表 2-5 所示,零售百货业模型(2-1)中社会固定资产投资总额增长率 $FixInvest_t$ 的回归系数为 0.5682,在 1% 的水平上通过了显著性检验。这一结果证明了社会固定资产投资增长会刺激腐败消费的路径显著存在。购物卡作为腐败消费的主要手段之一,其销售与全社会固定资产投资增长显著正相关正好验证了这一结论。另一腐败消费中介商品——高档白酒毛利率 $Alcohol_{it}$ 与社会固定资产投资增长率 $FixInvest_t$ 在 10% 的水平上也显著相关,回归系数 ω_3 为 0.1608,这也再次验证了固定资产投资增长与腐败消费的影响路径的存在。

鉴于反腐时间变量 D_t 与主要解释变量 FixInvest$_t$ 社会固定资产投资增长率对腐败消费的代理变量的作用都非常显著，我们进一步研究反腐新政的作用机制是否在降低隐形交易成本的同时，改变了原有的作用路径。于是模型(2-6)加入了 $D_t^* \cdot$ FixInvest$_t$ 交叉项，获取反腐新政实施前后社会固定资产投资增长与腐败消费之间的路径变化趋势。实证结果在表 2-5 第(6)列，$D_t^* \cdot$ FixInvest$_t$ 的系数为 -1.8349，在 5% 的水平上通过了显著性检验。这一结果表明，反腐新政实施之前，购物卡的销售与社会固定资产投资总额的增长率显著正相关，而反腐新政实施后，购物卡的销售与社会投资增长率的关系转变为显著负相关。其被解释变量的滞后项 Advan$_{it-1}$ 参数估计值为 0.1887，在 1% 水平上显著验证了这个路径转换的稳定性。通过这种变化，我们可以看到反腐新政的实施显著地降低了社会在购物卡方面的消费，腐败送礼的作用机制发生反向变化，长期以来固定资产投资领域高腐败的现象得到遏制。

表 2-5 固定资产投资对隐形交易成本的路径影响

应用模型	Advan$_{it}$ (1)	Alcohol$_{it}$ (5)	Advan$_{it}$ (6)
Advan$_{it-1}$	0.1858*** (0.0000)		0.1887*** (0.0006)
Alcohol$_{it}$		0.1724* (0.0978)	
D_t^*	-0.0395*** (0.0027)	-0.0909** (0.0110)	0.3022** (0.0250)
FixInvest$_t$	0.5682*** (0.0004)	0.1608* (0.0792)	1.7663*** (0.0004)
$D_t^* \cdot$ FixInvest$_t$			-1.8349** (0.0104)
控制变量	控制		
Observations	343	91	343
S-squared	2.4055	0.5729	4.0142
J-stat	11.8309	7.6988	9.9831

四、稳健性检验 ▶▶▶

(一)反腐败对隐形交易成本影响的稳健性检验

参考已有文献(聂辉华等,2014),构建另一个衡量反腐力度的指标N_t以替代反腐时间虚拟变量D_t,即反腐立案数来重新衡量分析反腐败对隐形交易成本的影响。反腐立案数越多,说明反腐力度越强。表 2-6 是对基本回归结果的稳健性检验,列(1)~列(3)以反腐立案数分别对模型(2-1)、(2-4)重新进行回归分析。我们发现,回归结果与前文一致,且被解释变量的滞后项系数估计值都是在 1% 水平上显著为正,也证明了研究结论的稳健。

表 2-6 反腐败对零售百货业销售的影响稳健性检验

应用模型	$Advan_{it}$(1)	$Advan'_{it}$(2)	$Consump_{it}$(3)	$Consump_{it}$(4)
$Advan_{it}$	0.2470*** (0.0000)			
$Advan'_{it-1}$		0.671*** (0.000)		
$Consump_{it-1}$			1.056*** (0.000)	0.3811*** (0.0000)
N_t	−0.3876*** (0.0000)	−0.0427 (0.686)	−0.0681 (0.628)	0.2399 (0.2515)
$FixInvest_t$	0.6761*** (0.0001)	−0.0980 (0.358)	0.177 (0.213)	
GDP_t				2.2547*** (0.0002)
控制变量	控制			
Observations	343	560	343	343
S-squared	3.1372	3.2954	17.0848	17.8540
J-stat	14.3203	6.1076	4.9675	12.5779

第二章
反腐败与隐形交易成本

(二)反腐败对隐形交易成本影响的省级异质性检验

采用省级固定资产投资和省级零售百货业数据,验证反腐新政对固定资产投资与腐败消费影响路径的作用。具体回归结果见表2-7,列(1)和列(2)采用省级固定资产投资增长率,发现与国家级固定资产投资增长率的影响路径是一样的。反腐后,省级固定资产投资增长与隐形交易成本呈显著负相关关系。这说明反腐败不仅在国家层面降低了隐形交易成本,净化了市场环境,在省级层面,也有显著效果。

表2-7 反腐败对固定资产投资与腐败消费影响路径的进一步检验

应用模型	$Advan_{i,j,t}(1)$	$Advan_{i,j,t}(2)$
$Advan_{i,j,t-1}$	0.1464***	0.1735*
	(0.0002)	(0.0759)
D_t	−0.0771**	0.0425
	(0.0114)	(0.4139)
$FixInvest_{j,t}$	0.1261***	0.0860
	(0.0070)	(0.6024)
$D_t \cdot FixInvest_{j,t}$		−0.5171**
		(0.0332)
控制变量	控制	
Observations	266	266
S-squared	2.4872	2.3614
J-stat	12.4431	5.4021

第五节 结 论

反腐新政实施以来,社会风气显著改善,建立健康的政治生态的成果得到研究者们一致认可,因此研究官员监管制度改进产生的直接制度红利效果显得十分迫切。在此背景下,本章着重从消费终端检验了"反腐新政、消费与社会隐形交易成本"之间的逻辑机理。结果发现,购物卡被企业用作人情往来、送礼贿赂的腐败消费代表中介物品,其销售变化确实能够反映社会隐形交易成本的变动:反腐新政实施前,零售百货业的购物卡销售随着社会固定资产投资增长率的增长而显著增长;反腐新政实施后,零售百货业的购物卡销售大幅下降,且其销量随着社会固定资产投资增长率的上升而下降。这一结论对不同的反腐力度衡量指标是稳健的。进一步研究发现,反腐新政赢得了市场的积极反应:能够显著持续地降低隐形交易成本,扭转了固定资产投资增长与隐形交易成本增加这一作用趋势。本章的实证结果为研究反腐新政带来的制度改进红利提供了直接证据,从本章的研究结论可以得到以下三点启示。

第一,反腐新政不只是一项完善官员行为规范和监管制度,也是一项与规范市场秩序、保证公平交易有关的制度。反腐新政起到了降低社会交易成本的作用,扭转了其导致市场失灵和资源配置扭曲的信号作用。使得经济增长的动力之一——固定资产投资增长与腐败划清界限,提升反腐新政对经济增长的促进作用。因此,反腐新政不光是一项提升官员廉洁度影响力的行政制度改进,同时也是一个提升市场秩序的管理制度改进,更是产生了降低交易成本的制度改进红利。

第二,降低由腐败导致的隐形交易成本不仅有利于建立健康的政治生态,也有利于净化市场环境和促进市场竞争建立规范的市场秩序,成为供给侧改革的"加速器"。供给侧结构性改革,就是从提高供给质量出发,矫正要素配置扭曲,扩大有效供给,提高供给结构对需求变化的适应性和灵活性。提高全要素生产率,更好满足广大人民群众的需要,促进经济社会持续健康发展。反腐新政规范官员行为与加强官员监管,降低隐形交易成本,不仅为实体经济带来了市场环境的改善,而且在某种程度上推动了企业应对需求变化的适应性和灵活性。市场营销费用的增长以及在以购物卡销售为代表的不正当公务消费大幅下降的同时,零售百货业通过调整运营商业体的体量、增设便利店和加大促销的投入,较好地满足了广大消费者的消费需求,保持了居民消费增长与 GDP 增长同步,将经济增长的回报落实到普通居民福利上。

第三,反腐新政从区分腐败消费和居民消费入手,有效地遏制了长期以来禁而不绝的"礼尚往来"。此举不仅可以为同样是关系社会,也有浓厚送礼文化的东亚地区的反腐败提供有参考意义的借鉴,也为世界转型经济体普遍出现的腐败问题提供了新的思路和举措。

本研究为反腐新政实施的作用机制提供了宏观和微观的经验证据,拓展了政策实施这只"看得见的手"与市场领域的研究视角,验证了党中央的反腐新政取得的显著成效,说明反腐新政确实抓住了中国腐败问题的要害特征和重要方面,能够有效遏制腐败。

第三章

反腐新政与消费的关系研究

随着我国经济的迅速发展,消费品市场空间巨大。调查研究显示,近十年中国社会消费品零售总额持续保持高增长,增速始终在10%以上。2016年,我国包含饮料、日化品、食品在内的社会消费品零售总额达33.2万亿元,同比增长10.4%,市场发展空间巨大。这在很大程度上得益于我国人均收入水平的平稳增长。据《中国统计年鉴2016》,我国城镇居民人均可支配收入由2005年的10493元持续增长至2015年的31195元,年均复合增长率达11.51%。

我国消费品按价格高低可分为高档消费品和日常消费品。虽然其消费增长均依靠经济增长,但其根本驱动力不同。高档消费品的主要驱动力在于社会固定资产投资增速(梁其翔,龙志和,2014),而日常消费品的消费增长主要依靠居民收入的增长。高档消费品种类丰富,比如高档手表、珠宝和高档白酒。已有研究腐败的文献关注高档消费品销售变化背后的机理,如高档手表(Lan et al.,2013)、奢侈品和珠宝(Qian 和 Wen,2015)等。Fang(2014)研究了用住房销售折扣当作腐败中介物品的效用;Lan 等(2013)分析了中国政府官员换届对高档手表海关申报数的影响;Qian 和 Wen(2015)则对比了反腐新政前后珠宝和奢侈品进口量的差异。至于高档白酒,其受众范围更广,社会接受层面更高,最具代表性(Shu 和 Yang,2017)。那么,反腐新政在操作层面是否足够精准,是否仅仅抑制了腐败消费,而没有影响居民消费呢? 上一章分析了反腐新政对于零售业消费的影响,但是对于消费行业的影响如何,将在本章予以阐述。

第一节 反腐新政对我国消费产业的影响

虽然腐败行为在交易过程中难以被发现和甄别,但是它的发生往往伴随客观存在的消费行为。消费行为不论如何隐秘,都会在社会消费终端留下记录。在反腐新政实施的同时,我国的经济一直保持增长。2009 年以来,我国人均 GDP 呈持续增长趋势,2011 年、2015 年我国人均 GDP 分别突破 5000 美元、8000 美元大关,人们生活水平步入一个崭新台阶,居民开始追求更多的物质消费以及更丰富的精神文化消费,中国的消费升级已经开始。共同消费爱好成了构建社会关系的另一重要渠道。然而,酒桌上的"称兄道弟"、节日里的"礼尚往来"在情感消费的外衣下滋生奢靡、浪费甚至腐败,导致畸形的消费需求(张伟,2013;陆文军等,2013)。这会带来短期内的市场需求繁荣和市场供给增加。但是这并不能表现出真实的、实际存在的需求关系,反而会给市场释放错误信号,导致部分产品价格过高。这不仅会影响消费者福利,而且会对相关产业的企业发展产生不利影响,从而影响经济水平的提高,长期如此将无法维持真正的市场平衡。

一、反腐新政对酒类消费的影响 ▶▶▶

中国酒文化盛行。2018 年,白酒在中国的年销售额达 230 亿美元,高档白酒价格动辄超过 1000 元/瓶,著名的极品飞天茅台价格更是高达 100 万元/瓶。在中国独特的酒文化中,高档白酒不仅是商务宴请和招待宴会必备的诚意和档次的代言者(Gundlach 和 Paldama,2009),也是办事送礼的理想关系润滑剂。高档白酒因此成为赠送给官员和相关办事员的主要礼物之一,被称为"贿赂硬通货"(Shu,2017),是我国社交消费的代表性商品。高档白酒在招投标、项目确立、工程信贷方面发挥着润滑剂的作用,与社会固定资产投资保持正相关的关系。从图 3-1 中我们可以看到,2009 年以来,我国社会固定资产投资总额一直保持增长态势,而高档白酒制造企业的毛利率也一直处于高位。

白酒方面,行业利润快速下滑,高端白酒品牌销量集体遇冷。根据 wind 数据库显示,2012—2013 年,我国的白酒产量增速下降,产销率下降(见图 3-2)。随着中央至地方各级政府的限酒令、限制"三公消费"、反对"四风"、"六项禁令"等反腐新政出台,常年价格居高不下的国内高端白酒(如茅台、五粮液、水井坊等)首次出现降价,如飞天茅台由 2500 元/瓶直降至 1500 元/瓶,降幅达 35% 左右。据年报显示,包括贵州茅台、五粮液、顺鑫农业等在内的 16 家上市白酒公司中,仅有 4 家白酒公司 2013 年上半年的营业收入同比增速超过 10%,其余 12 家的营收增速均为个位数。从净利润上看,同比下降的达 8 家。其中,2013 年上半年,白酒行业"龙头老大"茅台集团实现营收 141.28 亿元,同比增长 6.51%;实现归属于上市公司股东的净利润 72.48 亿元,同比增长 3.61%。其中,净利润增速为贵州茅台 2001 年上市以来的最低,营收增速则是上市以来第二低,仅高于受非典影响的 2003 年上半年。其在中报中表示,业绩下滑的主要原因是高端白酒市场遇冷。随着高端白酒的集体遇冷,整个白酒行业的发展也受到较为明显的冲击,具体表现为:白酒产量增速趋缓,白酒的产销率从 2012 年末的 98.1% 下降至 2013 年末的 95.6%,且白酒的库存量呈现直线上升趋势。

图 3-1 2009—2016 年我国高档白酒业销售毛利率与社会固定资产投资长期趋势图
(数据来源:wind 数据库、国家统计局官网。)

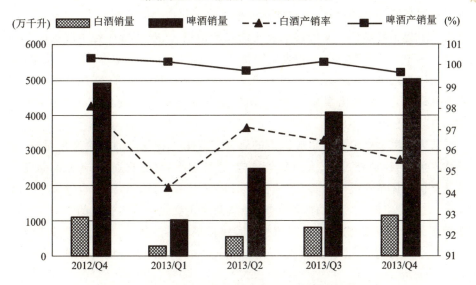

图 3-2 2012 年末至 2013 年白酒、啤酒销量季度数据
(数据来源:wind 数据库。)

中低档酒与高档白酒不同,作为老百姓的日常自我消费产品(闵师等,

2012),其与居民收入水平、消费习惯相关。如作为居民消费的典型代表之一,啤酒方面,行业利润同比增长,啤酒公司发展分化,呈现出随着社会发展、消费升级而变化的趋势。2012年底至2013年,啤酒产量保持增长趋势,这一趋势与白酒产量下降的趋势完全不同。中国酒业协会啤酒分会发布的2013年中国啤酒行业运营报告显示,2013年我国啤酒产量完成5061.5万千升,同比增长4.6%;从销售收入看,2013年啤酒行业实现销售收入1814.1亿元,同比增长9.3%,高于啤酒产量的增幅。收入快于产量的增长,这一趋势说明高档啤酒的增速快于普通啤酒的增速。随着经济水平的日益提高,中国市场已完全消除了日用品和食物短缺的现象。居民消费结构亦发生很大变化。居民不再仅仅满足基本温饱,而开始追求更时尚、更考究、更精致的日用消费以及花样繁多的休闲消费(黄卫挺,2013)。Qian和Wen(2015)的研究也证实反腐新政对一些居民偏好强的奢侈性消费品(如高档红酒类、食品类等)的进口没有影响。

二、反腐新政对文化娱乐业消费的影响 ▶▶▶

文化娱乐产业在社会的发展中一直占据重要地位,伴随着经济的发展、居民生活水平的提高,大众需要文化娱乐产业来满足自身日益增长的精神需求,而文化娱乐产业的不断发展也能在一定程度上推动我国主流意识形态的形成和发展。在我国经济不断增长、文化体制改革持续深化推进的宏观背景下,我国文娱消费总量也不断增长。文化娱乐业不断发展前进,文娱消费在各年龄层人群的消费结构中占比不断提升。根据国家统计局披露的相关数据,如图3-3所示,在我国居民人均可支配收入与人均消费支出持续增长的情况下,文娱消费占比保持上升趋势,人均文化娱乐消费支出占人均可支配收入的比重由2013年的10.57%升至2019年的11.66%①。

前人有关文娱消费的影响因素的研究主要集中在我国的历史文化习惯、城镇化水平、居民消费习惯、人口年龄结构、教育水平、政府投资、收入分配制度以及社会保障体系建设等方面(王宋涛,2014;赵卫军等,2018;朱清贞等,2019;曹佳斌、王珺,2019),而腐败作为一种政治现象对于文化娱乐消费业的影响并不存在直接关系。一方面,政府反腐败整顿直接作用于政治体系,而文娱消费主要是居民的个人行为,并不存在直接的影响路径;另一方面,通过反腐败可以优化政

---

① 从2013年起,国家统计局开展了城乡一体化住户收支与生活状况调查,2013年及以后数据来源于此项调查。与2013年前的分城镇和农村住户调查的调查范围、调查方法、指标口径有所不同。

府治理结构、提高行政效率,可能在一定程度上影响收入分配制度改进、社会保障体系完善等政治途径,从长期来看,这能够间接地对文娱消费起到一定程度的积极作用。事实上,随着我国人均GDP的不断增长,文化娱乐业的营业收入也在不断增长,如图3-4所示。

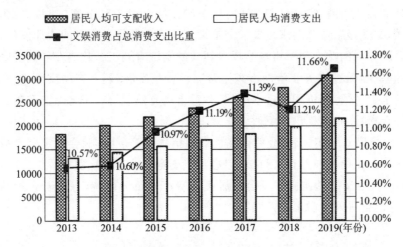

图3-3 2013—2019年我国居民文娱消费占比、人均收入与人均支出情况
(数据来源:国家统计局。)

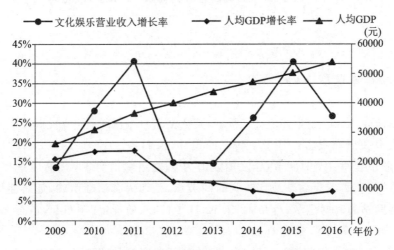

图3-4 2009—2016年我国文化娱乐业营业收入与人均GDP情况

《2013中国高端消费品研究报告》显示对于整个消费品市场,特别是一些高端消费品行业而言,2013年备受挫折。贝恩统计数据显示,中国奢侈品市场从2012年开始,市场景气度就开始下滑,2012年、2013年销售额大幅下滑,增速分别仅为7%、2%。而一直以来,中国都是奢侈品市场的生力军,年均增速均超30%。从短期来看,社会消费似乎遭遇巨大挫折,社会经济发展受阻。从图3-1

我们可以看到,2012年反腐新政的实施确实是一个转折点,高档白酒毛利率开始下降,打破了高档白酒与社会固定资产投资额之间的正相关关系。然而从长远来看,反腐新政对受其冲击领域内的各行业的影响都将是正向的。随着公款吃喝、商务宴请、餐桌浪费及攀比之风现象减少,更符合市场发展规律的个人消费逐渐成为市场消费主流(陆文军等,2013)。结合图3-3、图3-4可以看到,2013年开始,文化娱乐业又迎来一波发展浪潮。过去中国市场需求的快速发展,存在依靠公款拉动的畸形消费市场。反腐新政的实施有利于公款消费导致的畸形消费泡沫减少,促进服务业依据市场正常需求转型发展,调节产品供给,有利于形成合理消费习惯,促进理性需求的回归,对市场有效运行有正向促进作用。

综上所述,我们提出如下假设。

H1:反腐新政实施后,会使得高档白酒销售显著下降,社会固定资产投资与高档白酒的正向增长路径被打破,促进了市场竞争的正向化发展。

H2:反腐新政的实施并不会对居民消费产生负面影响,有利于合理消费习惯的形成,促进理性需求的回归。

第二节 反腐新政对消费影响的实证研究

一、样本选取 ▶▶▶

本研究选取的变量如表3-1所示,其数据来自中国统计年鉴、相关企业财务报表及有关研究报告。基于本研究的设计,我们将2012年12月4日"八项规定"的颁布看作一个时间节点,之前赋值为0,之后赋值为1。之所以选择以"八项规定"为代表的反腐新政实施为时间节点,是因为其清晰明确,针对性强。中央纪委网站的数据显示,自2012年12月4日"八项规定"颁布起,截至2015年10月31日,全国已累计查处违反"八项规定"的案件104934起,处理人数138867人,较10年前增长近3倍。在控制其他变量的情况下,对比反腐新政出台前后高档白酒业以及居民日常消费品制造企业的业绩变化,能够清楚测度反腐新政的实施效果。因此本研究选取了在沪深两市进行交易的A股上市公司为初始样本,之后按照下列标准对样本进行筛选:①剔除财务数据无法获取的公司;②剔除ST*、ST的公司。本研究的财务数据均来自上市公司的财务报表以及wind数据库。为保持2012年前后时间长度的对称性,本研究选取的样本时间范围为 2009—2015 年。

表 3-1　变量的定义

变量	符号	变量定义	计算方法
被解释变量	U_{it}	高档白酒的销售量变化	高档白酒企业的销售毛利率
	Y_{it}	高档白酒企业业绩变化	高档白酒企业的销售收入增长率
	Y'_{it}	中低档酒企业业绩变化	中低档酒企业的销售收入增长率
	R_{it}	文化娱乐业企业业绩变化	文化娱乐业企业的销售收入增长率
解释变量	I_t	社会投资额的增加	社会固定资产投资总额增长率
	GDP_t	居民生活水平的改善	人均 GDP 增长率
调节变量	D_t	是否受反腐新政影响	"八项规定"实施前，$D_t=0$，否则 $D_t=1$
控制变量	S_{it}	企业市场营销的投入情况	企业销售费用增长率
	Z_{it}	企业规模	企业的总资产的对数值
	X_t	网络消费的替代性	网络零售销售增长率

二、研究模型 ▶▶▶

首先，本研究检验反腐新政的实施是否对高档白酒的销售生产造成负面冲击。高档白酒是商务宴请、办事送礼的首选。本研究以白酒企业的销售毛利率变化来衡量其产品销售结构的变化。由于上市酒业公司不披露其销售产品的数量、种类信息，我们无法获取白酒销售结构变化的直接数据。但中国所有的酒业公司都生产从低档到高档的全系列白酒产品，而白酒业的毛利率高，生产成本所占比例不高，中低档酒与高档酒的成本总量差异不大，同企业的高低档产品之间价格差别却非常大。以贵州茅台集团（股票代码：600519）为例，据其 2016 年年报披露，高档白酒飞天茅台系列毛利率为 93.5%，销售收入 367.14 亿元，成本总量仅为 23.86 亿元；茅台集团其他中低档系列酒的毛利率为 53.55%，销售收入 21.27 亿元，成本总量为 9.88 亿元。于是我们使用销售毛利率的变化来代替其产品销售结构的变化，以期分析其是否受到反腐新政的负面冲击。白酒消费可以分为居民普通消费和公务消费。反腐新政实施的目的是抑制奢靡的公务消费，不影响居民普通消费。在销售收入保持增长的背景下，如果白酒业毛利率升高或者不变，说明其高档白酒的销售量增长或不变。如果白酒业毛利率下降，则说明高档白酒的销售量下降，销售收入的增长主要来自居民普通消费的中低档白酒，反腐新政的实施产生负面效应。对此，本研究构建如下模型：

$$U_{it}=\omega_1 U_{it-1}+\omega_2 D_t+\omega_3 I_t+\omega_4 S_{it}+\omega_5 Z_{it}+\omega_6 X_t+\lambda_i+\varepsilon_{it} \tag{3-1}$$

其中，被解释变量U_{it}表示白酒行业企业的销售毛利率，指代白酒的销售结构（高档白酒毛利高，低档白酒毛利低，因此高档白酒销售占比下降，对应着整体毛利下降）。我们预期ω_2显著为负，说明实施反腐新政以后，白酒业整体毛利下降，高档白酒销售减少。

反腐新政对高档白酒销售产生负面影响后，为进一步确认反腐新政是否会影响普通消费品制造企业的业绩，我们以中低档酒类为对照组，构建控制宏观变量的 DID 模型进行研究。

$$Y_{it} = \beta_1 Y_{it-1} + \beta_2 D_t + \beta_3 I_t + \beta_4 GDP_t + \beta_5 S_{it} + \beta_6 Z_{it} + \lambda_i + \varepsilon_{it} \quad (3-2)$$

$$Y'_{it} = \beta'_1 Y'_{it-1} + \beta'_2 D_t + \beta'_3 I_t + \beta'_4 GDP_t + \beta'_5 S_{it} + \beta'_6 Z_{it} + \lambda_i + \varepsilon_{it} \quad (3-3)$$

其中，被解释变量Y_{it}表示高档白酒的销售收入增长率；Y'_{it}表示中低档酒类的销售收入增长率，指代社会对中低档酒类的消费增长。我们预期β'_2不会显著为负，即反腐新政的制定和实施不会对中低档酒类企业的业绩产生显著的负面影响。

为进一步确认实证结果的可靠性，我们将文娱业包括在内，构建如下模型：

$$R_{it} = \alpha_1 R_{it-1} + \alpha_2 D_t + \alpha_3 I_t + \alpha_4 GDP_t + \alpha_5 S_{it} + \alpha_6 Z_{it} + \lambda_i + \varepsilon_{it} \quad (3-4)$$

其中，被解释变量R_{it}表示文化、体育、娱乐业的销售收入增长率，指代社会对文娱业的消费增长。我们预期α_2不会显著为负，即反腐新政的制定和实施，不会对社会文化娱乐业的业绩产生显著的负面影响。

三、高档白酒企业的变量的描述性统计 ▶▶▶

本研究选取了 13 家生产高档白酒的企业作为研究样本，变量的描述性统计结果如表 3-2 所示。我们可以看到高档白酒企业的销售毛利率U_{it}的均值为 61.46%，最大值为 92.9%，最小值为 14.2%。这说明白酒企业的毛利率相差巨大。媒体对此也多有报道，指出大部分白酒企业高档酒营业收入占比提升，部分企业呈现放弃低端酒市场态势，主要原因是被高档酒高毛利率吸引[①]。如洋河股份中高档酒毛利率 63.47%，普通酒毛利率 6.57%；古井贡酒高档酒毛利率 80.60%，中档酒毛利率 69.79%，低档酒毛利率 47.19%；泸州老窖高档酒毛利率 83.12%，中低档酒毛利率 33.96%。

---

① 参见 http://www.caijing.com.cn/2011-09-02/110839340.html。

表 3-2　白酒企业的描述性统计

数量	N	Mean	P50	Max	Min	Std.
U_{it}	91	0.6146	0.6114	0.9290	0.1420	0.1616
I_t	91	0.1734	0.1911	0.2995	0.0509	0.0713
D_t	91	0.4396	0.0000	1.0000	0.0000	0.4991
Z_{it}	91	9.6823	9.5024	11.0528	8.5938	0.6454
X_t	91	4.9576	4.0415	10.6978	1.0520	3.1707
S_{it}	91	0.5117	0.3978	1.6521	0.0581	0.3701

四、反腐新政对高档白酒生产企业的影响研究 ▶▶▶

对式(3-1)进行回归分析,得到反腐新政对高档白酒企业的影响结果,如表3-3所示。

表 3-3　反腐败对白酒消费的影响

变量	系数	标准差	T 值	P 值
U_{it-1}	0.1724	0.1117	1.5438	0.1278
D_t	−0.0909**	0.0347	−2.6215	0.0110
Z_{it}	0.2258	0.1716	1.3155	0.1933
S_{it}	0.2844***	0.0515	5.5243	0.0000
X_t	−0.0007	0.0027	−0.2678	0.7898
I_t	0.1608*	0.0901	1.7851	0.0792
Observations	91			
R-squared	0.5729			
J-stat	7.6988			

表 3-3 结果表明反腐虚拟变量 D_t 的回归系数 ω_2 为 −0.0909,P 值为 0.0110,与白酒业的毛利率 U_{it} 显著负相关。这说明,以"八项规定"为代表的反腐新政,直接减少酒桌谈情、饭桌合同的产生,降低了高档白酒的消费,从而减小白酒企业毛利率。白酒毛利率 U_{it} 与社会固定资产投资增长率 I_t 在 10% 的水平上显著相关,回归系数 ω_3 为 0.1608。这说明社会固定资产投资总额增长率的提高会刺激高档白酒的销售。这与我国有浓厚的酒文化传统相关,高档白酒不仅是公务消费和商务消费的宠儿,而且在居民的社交消费中非常受欢迎。Lokshin 和 Beegle(2006)、Heineck 和 Schwarze(2003)、尹志超和甘犁(2010)的研究均表

明商务群体的交际性消费可以维持或强化社交网络,可能带来收入的提高即收入效应,饮酒对收入增长具有显著的正向影响。而且在一定程度上,高档白酒的价格反而激发人们的攀比心理,刺激普通社交消费(杨继生、黎娇龙,2017)。"八项规定"直接限制了高档白酒的公务消费和大部分商务消费,导致其实施后,社会层面整体高档白酒消费的下降,而 ω_4 企业营销力度与白酒企业毛利率显著正相关,体现了实体消费商品的营销特点,即企业通过广告投放、拓展市场等手段能够有效提高企业知名度,树立品牌形象,促进高档酒的消费,从而增加企业毛利。另外,由于高档白酒的社交消费属于场景消费,强烈依赖于消费的场景,具有不可等待性。且消费者在此情景下,格外爱惜面子,对于价格反应迟钝,具有社交刚性,这些特点与网络销售的价格便宜和需要等待时间的特点相反,因此网络销售增长回归系数 ω_6、白酒企业规模 ω_5 的回归系数都不显著相关是符合我们的生活常识的。

五、普通消费品生产企业的描述性统计 ▶▶▶

本研究选取 20 家中低档酒类及 31 家文娱类企业作为研究对象,主要变量的描述性统计结果分别如表 3-4、表 3-5 所示。我们可以看到中低档酒类的销售收入增长率 Y'_{it} 均值为 17.31%,而文娱类企业的销售收入增长率 R_{it} 的平均值为 52.04%。这说明随着我国近几年经济发展,人均可支配收入增多,消费水平日益提高,居民消费结构升级,更注重精神文化层面的消费。

表 3-4　中低档酒类企业主要变量描述性统计

变量	N	Mean	P50	Max	Min	Std.
Y'_{it}	140	0.1731	0.0535	13.9583	−0.7969	1.2221
D_t	140	0.4286	0	1	0	0.4966
GDP_t	140	0.1215	0.0990	0.1790	0.0646	0.0452

表 3-5　文娱类企业主要变量企业描述性统计

变量	N	Mean	P50	Max	Min	Std.
R_{it}	217	0.5204	0.1404	29.3057	−0.9152	2.5865
D_t	217	0.4286	0	1	0	0.4966
GDP_t	217	0.1215	0.0990	0.1790	0.0646	0.0452

六、反腐新政对普通消费品制造企业业绩影响的实证结果 ▶▶▶

为了验证反腐新政的制定和实施对高档白酒、普通酒类、文娱类企业业绩的影响,我们对式(3-2)~式(3-4)分别进行回归分析,其检验结果如表 3-6 所示。

表 3-6　反腐新政对普通消费类企业的影响

变量	Y_{it}	Y'_{it}	R_{it}
	(3-2)	(3-3)	(3-4)
Y_{it-1}	0.6682*** (0.0096)		
Y'_{it-1}		0.2420 (0.5703)	
R_{it-1}			0.32997** (0.0125)
I_t	0.6500*** (0.0003)	−0.1634 (0.8412)	2.3410 (0.5119)
D_t	−0.4546*** (0.0000)	−0.1032 (0.2359)	0.1051*** (0.0000)
GDP_t	0.0372 (0.2932)	3.8055*** (0.0001)	0.0201** (0.0275)
控制变量	控制	控制	控制
Observations	91	140	217
R-squared	10.21047	10.8401	9.4964
J-stat	8.2062	5.1423	8.8224

首先,我们运用控制宏观变量的 DID 方法,将高档白酒看作实验组,而中低档酒类为对照组。对比研究反腐新政的实施对酒类企业的业绩影响,其检验结果列示在第一列至第二列。反腐虚拟变量 D_t 的回归系数分别为 −0.4546 和 −0.1032,P 值分别为 0.0000 和 0.2359;社会固定资产投资总额增长率 I_t 的回归系数分别为 0.6500 和 −0.1634,P 值分别为 0.0003 和 0.8412;人均 GDP 增长率的回归系数分别为 0.0372 和 3.8055,P 值分别为 0.2932 和 0.0001。这表明,反腐新政的实施对高档白酒的企业业绩产生显著的负面冲击,高档白酒销售增长与固定资产投资增长之间的正向路径被打破,但是对中低档酒类并无显著影响。中低档酒类的销售增长主要取决于居民收入水平的提高。这说明居民消

费并没有受反腐新政与社会固定资产投资总额增长率的影响,而是与宏观经济增长显著相关,居民个人消费随着宏观经济的增长而增长,这个结论有力验证了我们提出的主要假设:反腐并没有阻碍经济的发展,减少居民的消费水平,减小普通消费品生产企业的业绩;人均GDP增长越快,居民消费能力越强,中国消费市场正向发展趋势良好。

在此基础上,我们进一步分析文娱类企业业绩反腐前后的变化。列(3-4)展示了文娱类精神消费的总体回归结果。D_t的系数为0.1051,P值为0.0000。这表明,反腐新政的实施对文娱类企业的业绩有强烈的正向刺激作用。GDP_t的回归系数为0.0201,P值为0.0275,在5%的水平上通过了显著性检验。而社会固定资产投资增长对其并无显著影响。这说明,随着人均GDP的增加,居民的消费能力提升,追求更多的物质消费以及更丰富的精神文化消费,对于文化娱乐消费也相应增加。上述结果验证了我们提出的主要假设:反腐新政的制定和实施不会影响普通消费品制造企业的业绩,其业绩变化与居民消费能力(即人均GDP)保持同向变动的关系。

七、稳健性检验 ▶▶▶

为保证实证结果的可靠性,更好地验证本研究的观点,参考以往的研究,本研究以反腐立案数(党力等,2015)替代前文的时间虚拟变量作为衡量反腐力度的指标,重新衡量反腐政策的实施对消费品制造业企业业绩的影响。实证结果仍与前文保持一致。这说明本研究的回归结果稳健可靠,并不是单纯的数据之间的联系,而是能够真正反映变量之间的逻辑关系。

第三节 反腐新政对消费结构的优化

基于前面的实证分析,反腐新政对于奢侈性消费、炫耀性消费,包括主要以高档白酒等为代表的消费产品的消费明显产生了抑制作用,这一抑制作用主要体现在反腐新政削减了市场对于奢侈品消费的超额部分,使其回到了更为合理的供求关系水平;另外,由于居民的个人消费行为并不直接受到反腐新政的影响,主要以文化娱乐业相关产品为代表。实证分析验证了反腐新政的显著成效,说明反腐新政确实抓住了中国腐败问题的要害特征和重要方面。综合这两方面看,反腐新政长期上能够调整我国整体的消费结构。

第三章
反腐新政与消费的关系研究

一、反腐新政实施后酒类销售情况 ▶▶▶

如图 3-5 所示,自 2012 年"八项规定"实施后,我国白酒行业的销售情况出现了明显的下降趋势,2013 年白酒行业的营业收入以及净利润相较于 2012 年下降(增长率为负值),并且在 2014 年仍然继续下降,直观地说明了反腐新政对以白酒为代表的奢侈品消费的抑制作用。在 2015 年,白酒行业的营业收入、利润情况逐步回升,在 2015 年和 2016 年的增长率保持较低水平,在 2017 年再次走高,但在 2018 年和 2019 年再次下降。在这一过程中,白酒的消费结构是否得到了有效调整呢?结合图 3-6 可以看出,2000—2012 年,白酒行业的营业收入始终保持比较夸张的增长速度,远远高于我国的实际 GDP 增速,在一定程度上证明了我国有关白酒行业的消费存在很大的"虚高"成分,造成这一现象的重要原因就是白酒作为一种"贿赂硬通货",通过机构大批量购买的方式推动白酒的均衡价格向高部移动,破坏了真实的消费结构。这同时带给了白酒行业巨大的盈利空间,其利润增长率在 2000—2012 年的增速持续提升。但是在"八项规定"出台后,白酒的营业收入与利润情况明显下降,且增速变为负值,经过三年的市场化配置,供给与需求重新达到了均衡,此时白酒行业的消费结构完成了动态调整,更能够真实反映出白酒的供求关系。

图 3-5 2013—2019 年我国白酒行业营收情况概览

(数据来源:wind 数据库行业中心。)

白酒行业受到反腐败举措的影响,其消费结构得到了优化。另外,啤酒、红酒两大酒类的相关增长率情况如图 3-7 所示。其中,2009—2019 年,特别是"八项规定"实施后,啤酒的营业收入增长率基本维持在 10%附近波动,不存在类似于白酒较大的波动幅度,啤酒作为白酒的直观替代品并没有受到"青睐",啤酒的利润增长情况总体上与营收增长率的动态趋势保持一致;红酒销量方面,"八项规定"实施后的表现与啤酒的销量表现保持一致,尽管在价格方面,红酒的替代性相较于啤酒较强,但会受到"受众有限"的影响,难以实现如同白酒一样的作用,因而也表现"低迷"。啤酒和红酒的表现"低迷"恰恰从侧面说明了反腐新政的有效性,白酒销量的下降并没有导致啤酒、红酒出现明显的替代效应,这也直观体现了啤酒、红酒的消费结构保持稳定。

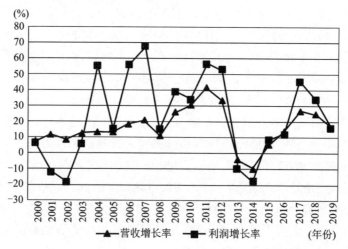

图3-6　2000—2019年白酒行业营收增长率和利润增长率

（数据来源:wind数据库行业中心。）

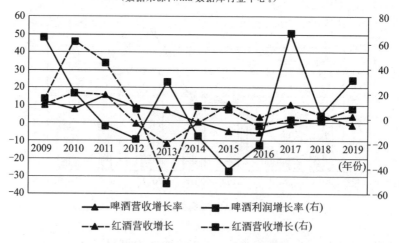

图3-7　2009—2019年啤酒、红酒销售增长率概况

（数据来源:wind数据库行业中心。）

基于白酒、啤酒和红酒这三种在国内接受范围最广的酒类产品的销售情况,我们可以清晰地认识到自反腐新政实施后,作为"贿赂硬通货"的白酒销量出现

第三章
反腐新政与消费的关系研究

了明显的下降。白酒是一种"烈性酒",在我国有着悠久的文化底蕴,特别是形成了极具特色的"酒桌文化",使得白酒成为现代诸多谈判场合下的常驻消费品。"八项规定"的出台主要抑制了官员层面对于白酒的大量购入,使得白酒消费的主要人群回到了一般消费者(尽管这仍然包括商业谈判等场合下的消费),实现了对白酒产业消费结构的优化调整。另外,啤酒、红酒在观念上亦被作为白酒的替代品,但是同样也在反腐新政影响的范围之内,事实上啤酒、红酒的销量仍然保持着稳定增长态势,这一方面说明啤酒、红酒作为"贿赂硬通货"的替代品性质不足,另一方面说明啤酒、红酒的供求关系更加市场化。因此,从酒类产品的销售端可以看出,反腐新政实施后明显优化了酒类产业的消费结构,特别是使得白酒的供求关系更加市场化。

根据贝恩咨询公司2014年发布的报告,全球奢侈品(包括手表、珠宝、衣服、鞋子和皮革产品)在中国内地奢侈品销售额下滑2%,这是十多年来中国奢侈品销售额首次下滑。如何看待这个变化,有分析认为中共十八大以后的反腐是首要原因,也有观察认为是奢侈品消费主力人群消费饱和了。但是据中国奢侈品市场研究专家分析,当奢侈品作为腐败中介品的道路被反腐新政切实封堵之后,眼下中国中产阶级在奢侈品的购买上消费心理升级和变迁是奢侈品品牌在中国销售增长缓慢的原因之一。"土包子"成了行家,也是中国消费人群逐渐成熟的缩影。无论是在境内还是境外,从买给别人作为礼物,到买给自己作为生活的奖励,中国消费者走进奢侈品店已经不再怯生生而是大度坦然。从统计数据可知,自2015年以来,中国奢侈品消费增长的主要推手已从首次消费转变为增量消费。据麦肯锡公司数据,2016年有760万户中国家庭购买了奢侈品,超过了马来西亚或荷兰的家庭总数。其中,家庭年均奢侈品消费达7.1万元,是法国或意大利家庭的两倍。总体来看,中国消费者的奢侈品年支出超过5000亿元,相当于贡献了近三分之一的全球市场。

综上所述,中国奢侈品消费挤破先前的虚繁泡沫,回归到一个理性成熟的发展趋势是令人欣喜的。平稳的而不是爆发式的增长不仅对消费者是有益的,而且也会给本土的奢侈品创意、生产、销售提供机遇,形成良性竞争、促进发展的良好环境。需要指出的是,对中国奢侈品消费不能再泛起简单的意识形态批判,不应该和勤俭节约对立起来,而应该理性看待这是国民生活品质提升的重要组成部分;在关税对待上,不要因为境内外的差价而降低关税水平,不要以关税降低的代价来减少奢侈品消费者应当承担的合理税负;在通关便利上应该做到告知更加透明,程序更加便捷,税率更加合理,完税价格更加准确,让国民的正常奢侈品消费体验顺心顺意。

二、反腐新政实施后居民消费变化 ▶▶▶

(一)居民消费保持强劲增长

党的十八大以来确立的"稳增长、促改革、调结构、惠民生、防风险"的政策,给国内市场的发展开辟了前所未有的广阔空间,在国家一系列扩内需、促消费宏观调控措施的积极作用下,国内市场经历了平稳发展、规模不断扩大的过程。反映消费品市场发展水平与规模的统计指标——社会消费品零售总额,在 2012 年突破 20 万亿元后,在 2015 年跃上 30 万亿元大关。2019 年,社会消费品零售总额达到 41.2 万亿元,首次超过 40 万亿元。消费品市场规模稳居世界第二位。2013—2019 年社会消费品零售总额的年均增长率为 12.0%,高于同期国内生产总值(GDP)名义增速 3~5 个百分点。国内市场消费需求强劲,购销活跃,呈现出持续、稳定增长的态势。

消费结构也因为风清气正而有相应的优化。图 3-8 反映了我国在 2013—2019 年有关食品烟酒消费支出占总支出比重,教育、文化和娱乐消费支出占总消费支出比重以及居民人均医疗保健消费支出占总消费支出比重的情况,其余

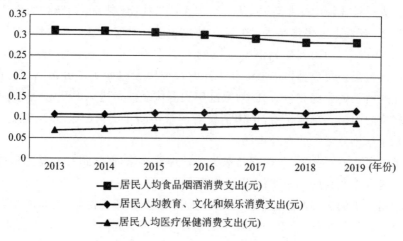

图 3-8 2013—2019 年部分居民消费占比情况(%)①

(数据来源:国家统计局年度数据板块。)

---

① 还应当包括衣着消费支出、居住消费支出、生活用品及服务消费支出、交通和通信消费支出、其他用品及服务消费支出,这些部分在 2013—2019 年保持在总消费支出的 51%~52%。

消费支出的比重不予以列示。从中我们可以直观看到,我国居民在人均食品烟酒消费方面的支出占比明显下降,与之相对应的是人均教育、文化和娱乐消费支出与人均医疗保健消费支出的上升趋势较为明显。这说明我国消费者已经不再满足于食品烟酒的部分,并且对文化娱乐、教育投资以及自身健康生活方面更加重视。

(二)文化娱乐业快速增长

党的十八大以来,随着城乡居民生活水平持续快速提升,居民文化和旅游消费持续扩大,在满足人民群众日益增长的美好生活需要方面的作用日益凸显。我国文化产业始终保持两位数增速,呈现出"千帆竞发、百舸争流"的良好态势,也催生了许多新业态和新消费模式。从总体上来看,人均可支配收入提升、消费升级、移动互联网快速发展和产业政策的大力扶持,四大利好因素成为支撑中国文娱产业迅速发展的核心驱动因素。《2018中国文娱产业研究报告》显示,我国文化娱乐业及媒体业发展迅速,市场规模从2012年的8080亿元发展到2019年的17970亿元,如图3-9所示。

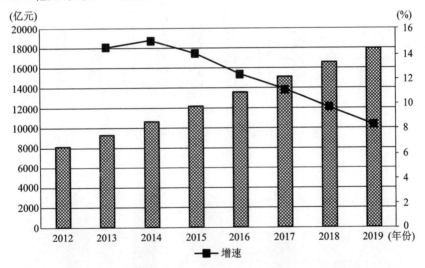

图3-9 2012—2019年我国文化娱乐业及媒体业市场规模一览图

电影业的发展高速增长。2012—2018年,中国电影票房从170.73亿元增长到609.76亿元,列全球电影票房第二。2018年,全国银幕总数已突破6万块,稳居世界首位,国产电影票房占比也超过进口大片,占比达到六成,中国电影业飞速发展,如图3-10所示。

游戏产业欣欣向荣、蒸蒸日上。虽然我国游戏产业发展历史较短,但也取得了巨大的成果。人民群众已经改变对游戏的"刻板印象",不再认为游戏是浪费时间的娱乐,而接受其对生活趣味的调剂和增长。在新旧动能转换、消费升级的大环境下,以游戏产业为代表的"新文化"正在成长为新的经济增长点。2015年开始,中国游戏市场收入一直稳居全球游戏市场头部位置。根据中国音数协游戏工委(GPC)的报告数据显示,2019年1—6月,中国游戏市场实际销售收入1140.2亿元,同比增长90.2亿元,同比增长8.6%,增速同比提高3.4个百分点。中国游戏市场保持稳中向好发展态势,实际销售收入加快增长,用户规模继续扩大。中国自主研发游戏继续保持领先地位。截至2019年6月,中国游戏用户规模突破6.4亿人,环比增长1.3%,同比增长5.9%。其良好的增长态势如图3-11所示。

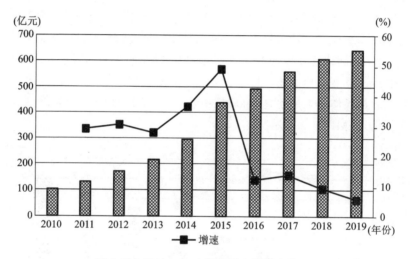

图3-10　2010—2018年我国电影票房收入

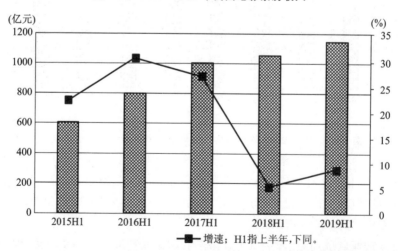

图3-11　2015年H1—2019年H1中国游戏市场实际销售收入及增长情况

(数据来源:前瞻产业研究院整理。)

第三章
反腐新政与消费的关系研究

网络文学(简称网文)异军突起,受到广大网民欢迎。网络文学作为21世纪出现的新事物是伴随着互联网发展而在中国崛起的,虽然网文行业发展只有20年,却已经是文娱行业最重要的内容或IP源头。根据2019年8月中国音像与数字出版协会发布的《2018中国网络文学发展报告》,截至2018年12月,网络文学用户规模达4.32亿人,较2017年底增加5427万人,占网民总体的52.1%。手机网络文学用户规模达4.10亿人,较2017年底增加6666万人,占手机网民的50.2%。行业规模方面,2018年重点网络文学总体营业收入342亿元,其中网络文学主营业务收入达159.3亿元,保持稳步增长状态。2012—2018年中国网文行业用户规模见图3-12。

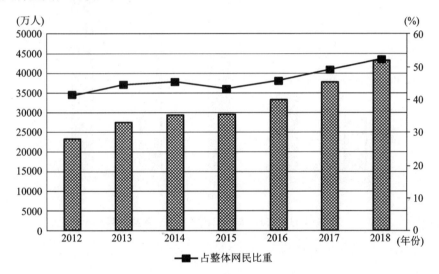

图 3-12　2012—2018 年中国网文行业用户规模
(数据来源:前瞻产业研究院整理。)

娱乐内容产业的崛起不仅体现在国内市场上占据优势地位,更体现在海外市场表现突出。《2018 年中国移动游戏出海报告》显示,2018 年全球移动游戏市场的下载量、用户支出和参与度继续攀升。中国游戏发行商在海外市场发挥尤为亮眼。其中 2018 年游戏类应用的总下载量约 32 亿次,同比增长 39%;总用户支出约合人民币 408 亿元,同比增长 49%。整体增速均高于全球移动游戏产业的增长水平。

如图 3-13 所示,2019 年 1—6 月中国自主研发游戏海外市场收入达 55.7 亿美元(折合人民币为 381.3 亿元,按 6.85 的汇率折算),同比增速 20.2%,其中角色扮演类、策略类和多人竞技类(MOBA)游戏收入合计占总收入的 83%。

总的来说,反腐新政的影响涉及政治、经济、文化等各个方面。但是在居民消费这个方面,反腐新政没有影响我国的普通居民消费。从以上实证分析可以看出:第一,高档白酒作为社会送礼的首选,受反腐新政冲击较大,销售结构发生调整,业绩遭受不利影响;第二,在实施反腐新政的过程中,居民的个人消费与GDP增长保持同向路径,并未受反腐新政的影响。

反腐新政实施之后,风清气正的市场环境把市场的决定权还给了人民,居民消费的力量变得日益重要。人民群众在追求日益增长的美好生活需要方面,既提高了物质消费能力和水平,也提高了文化娱乐消费水平,在物质和精神层面获得更大、更好的满足,整个社会的消费结构也得到进一步优化。

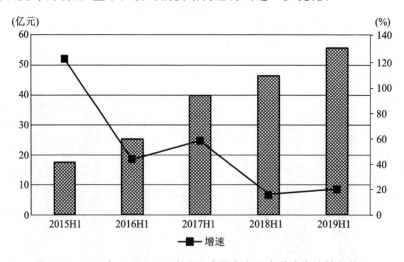

图 3-13　2015 年 H1—2019 年 H1 我国自主研发游戏海外销售收入

第四章

反腐败对消费类企业内部投资机制的影响研究

创新和营销是企业创造价值和传递价值的两种基本功能(Yew Kee Ho et al.,2005;骆静,2015),也是提升企业竞争优势的重要手段。企业是资源的集合,在发展时要同时平衡这两个方面的投入,才能健康发展。目前来看,我国企业研发投资强度远低于欧美和全球平均水平,投资结构并不合理,具体表现为短期投资或投机行为更为普遍,长期的研发投资偏低[①]。我国企业在进行内部投资决策时产生这种倾向的原因如下:第一,容量巨大的公务消费市场和监管制度不完善导致相关企业的投资面临投机性,企业为追求收益和规避风险会尽量扩大关系投资,获取诱人的短期寻租收益(黄玖立等,2013),相应地,内部融资约束使得企业的长期研发投资规模被缩小;第二,研发投资本身具有高风险、期限长、信息不对称且必须达到一定的投入规模才能产生作用的特点(徐海波,2017),使得企业只有在关系营销收益变弱的情况下,才会转向以研发提升企业业绩的路径(杨其静,2011;党力等,2015;王健忠,2017);第三,公务消费市场的不规范和波动性使得企业很难进行长期的投资规划,因此投资门槛偏高的研发投资难以被重视。长期的高昂投资成本降低了企业预期的经营收益,增加了企业未来发展的不确定性风险,出于对这种风险的考量,企业宁愿改变投资策略,多投向流动性高、变现方便的短期资本。而企业的长期可持续发展和技术进步并不能依赖短期投资或投机,过剩的这些行为不仅影响个体经济的发展,也会伤害市场产业结构的升级和调整。当外部监管加强使得腐败成本变高,关系投资收益下降

---

① 据统计,中国企业2016年平均研发投资强度为2.52%,与美国企业的平均研发投资强度5.94%有较大差距,也远低于全球研发投资强度均值3.8%(孙莹,2018)。本数据来源于2016年欧盟《产业研发投资记分牌》。《产业研发投资记分牌》由欧盟委员会创新总司和联合研究中心自2004年起每年发布,记分牌所依据的数据来自各企业最新公布的账目,包括衡量2500家母公司和70多万家子公司经济和创新表现的关键指标。

时,企业会更偏好于长期能力建设(杨其静,2011),降低营销费用增加研发投资以提高企业本身竞争力可能成为企业内部投资决策的主流。

自改革开放以来,中国经济持续发展并取得了巨大的成就。然而快速发展的市场,因为其制度的有待完善而不可避免地滋生了大量的腐败现象,这些腐败现象影响了市场主体的有效性,严重阻碍了企业正常的内部投资决策。党的十八大以来,中央开始实施无禁区、全覆盖、零容忍的反腐新政。2012 年 10 月 1 日,我国正式施行《机关事务管理条例》①,其中"经费管理"等章节条款直击"三公经费"以及政府采购。同年年底,以"八项规定"的颁布为代表的一系列规范职务消费、公务员行为的多项监管政策的实施,要求厉行勤俭节约,反对奢华浪费,使公务消费行为从形式到内容得到彻底明确和规范。这些规定直接影响到我国公务消费品市场。其中以代表商品白酒为例(Shu et al.,2017),2013 年高档酒类营业额北京市下降 2.57%,河北省下降 16.90%,山西省下降 21.31%;另外,2011 年及 2012 年我国白酒建设规模分别为 1099.09 万吨/年和 2044.71 万吨/年,而 2013 年和 2014 年白酒建设规模则只有 326.41 万吨/年和 286.87 万吨/年,行业内对白酒的预期十分惨淡,以白酒为代表的公务消费行业"受挫"明显。与公务消费类企业业绩大幅下跌相反的一个有趣现象是该类企业的研发投入大幅增加,2011—2014 年,白酒行业整体研发支出几乎增加 5 倍。从企业发展本身来看,企业资源有限,其内部投资决策始终面临是偏重投资于短期直接的营销活动,还是加大投资于长期研发活动的决策选择。前者有利于迅速回笼资金,应对突发危机;后者有利于形成长期竞争力,维持可持续发展。反腐新政的实施,消费类企业这一显著变化为研究企业内部投资分配以及与外部监管的关系提供了绝佳的机会。

在反腐力度不高、寻租收益较高的时期,企业如果可以通过关系投资较为轻易地获得足够的销售订单及销售市场,充分解决库存问题(黄玖立,2013),那么研发投资因为成本高,回收周期长,而不会受到企业的青睐,形成重关系投资、轻研发投资的特点(杨其静,2011;党力等,2015;王健忠,2017);而当反腐新政使得腐败相对成本变高,关系投资收益下降时,企业会更偏好于长期能力建设(杨其静,2011),降低营销费用、增加研发投资以提高企业核心竞争力成为主流。以汽车行业为例,反腐新政实施后,我国汽车行业研发支出显著增长,但销售费用增速明显放缓。2011 年我国汽车行业研销比(汽车制造业总研发费用/总销售费用)为 0.357,到 2015 年研销比接近 0.5,研发费用占比显著上升说明企业内部投资方向明显被调整。那么,企业内部投资分配是否真的受到反腐新政的影响?

---

① 《机关事务管理条例》于 2012 年 6 月 28 日颁布,2012 年 10 月 1 日开始正式施行。

第四章
反腐败对消费类企业内部投资机制的影响研究

这种影响的路径是什么？对企业造成了怎样的绩效影响？

本章以2012年底国家加强监管、严惩腐败为背景，以企业微观投资行为为分析目标，以企业发展战略的改变为结果指导，利用外部自然冲击的影响，分析企业内部费用分配的微观行为，探讨国家宏观政策对企业内部投资分配的影响路径及结果。

第一节 反腐新政、企业研发投入与营销投入

本节首先从企业研发的特征入手总结了反腐败促进研发投入的已有理论，对腐败在企业营销中的相关表现做了总结，同时根据资源基础理论提出长期投资与短期投资的最优分配理论；基于此剖析了公务消费市场被反腐新政规范后，营销成本下降，研发成本相对上升，内部营销投入及研发投入被重新分配的结果，并提出本部分实证的假设。

一、腐败抑制企业研发投入的理论分析 ▶▶▶

（一）外部监管不到位抑制研发活动

研发投入具有滞后性（Holger Ernst，2001；张俭等，2014），因此常常被认为是一种长期投资，它的会计勾稽关系最终体现在长期资产中无形资产（研发成功，形成知识产权；资本化）的增加或短期资产中研发费用的增加（未形成无形资产计入当期损益的，记管理费用；费用化）。研发投入本身的高投入性和高风险性，加之在腐败时期外部市场机制的不完善和信息不对称（王健忠等，2017），使得在政府监管不完善的环境下，企业研发投入往往不会很活跃，这也为很多学者认为监管加强将有益于企业研发提出了理论依据。目前已有研究普遍认为由于监管不到位引发的腐败抑制了企业的研发活动。

第一，不完善的监管环境为企业和政府机构提供了寻租可能性。企业研发从初创到产生成果是一个长期过程（Tallmna et al.，2004），且过程中的风险导致不一定所有投入都能形成核心技术（Hall，2010）；而通过腐败所带来的政治关联（党力等，2015）以及政府和国有订单（黄玖立，2013）等寻租利益既克服了研发过程中资金长期不能回笼的缺点（Brown et al.，2009），又发挥了特殊的资源配

反腐新政、隐形交易成本与市场化程度研究

置功能,能够给企业带来明显的经济利益(Cai et al.,2013)。且官员作为政府行为的执行主体,当权力没有有效的监督机制时,也为其自身以及投资者的短期寻租提供了条件(杨其静,2011)。

第二,外部监管不完善引致的腐败相当于给研发活动增加了一项附加成本。首先,创新回报率与腐败回报率是相对的,当腐败变得有利可图时,创新活动就有了附加机会成本(吴一平,2010),人们越容易受到腐败寻租而不是研发的激励。其次,企业研发是企业对外部需求环境的变化所做出的一种反应,这种反应效果会受到宏观环境的影响:对专利型研发来说,可能因为权力寻租而使得许可证和其他政府服务变得更加昂贵,增加其投入成本和风险,影响企业的研发投入决策(Paunov,2016);对非专利申请(诸如质量证书等)的研发活动来说,企业的投入决策也在于外部良好的治理环境,使得企业可以顺利获得收取研发价格溢价的权利(Guasch et al.,2007;Guellec 和 Van Pottelsberghe,2007),而宏观环境的腐败,以更高的寻租收益削弱了企业对需求环境这些外部信号的反应能力。

第三,监管升级能改变企业家能力等资源的配置方向。企业家对企业研发创新有积极作用(贺小刚等,2005),当外部监管增加了企业家的寻租成本和难度时,企业家能力会更多地配置到生产领域(王健忠等,2017),提高企业的整体研发意识。此外,当公司作为一个革新者,腐败通过影响产品创新影响企业成长,阻碍企业创新发展机制(Goedhuys et al.,2016);通过降低创新的机械投资,降低了小规模公司获得质量证书的可能性(Paunov,2016)。

(二)外部监管加强优化资源分配

关于监管对于经济建设的影响中,绝大多数学者认为反腐败促进了经济增长。例如,Sorin Nicolae Borlea(2017)发现,腐败和地下经济之间显示显著正相关的关系,而这两者和经济发展之间存在明显的负相关关系,因此证明腐败的增加会明显抑制经济增长,阻碍市场经济的正常运转。从微观层面来说,La Porta等(1998)发现,为避免监督,高腐败国家的公司会有更高的股权集中度,其2000年的研究进一步表明,高腐败地区的公司治理往往更差。当然也有少数学者认为腐败作为经济发展的润滑剂,反腐不利于经济增长,如 Adisa Arapovic 等(2017)曾得出经济增长和腐败呈现显著正相关,且政府支出和腐败显著正相关的结论。但在国内对反腐败的认识中,认为反腐败对经济利好的观点占主流:刘朔涛(2017)认为,必须要制度反腐和非制度反腐相结合,形成长效的综合反腐体制机制才是我国未来反腐的方向。周正和高茹棋(2018)得出了这样的结论:在政治关联层面,有政治关联的民营企业,其投资规模相比非政治关联的民营企业更大;同时,资源的自由配置、公平开放的市场环境能促进民营企业投资规模的

第四章
反腐败对消费类企业内部投资机制的影响研究

正常扩张,提高投资效率。钟覃琳、陆正飞、袁淳(2016)的研究发现,党的十八大的召开给腐败严重的企业带来了更积极的市场反应,提升了企业的绩效,这种反应具体体现在优化投资效率、加快资产周转等方面。结合主流的研究结论以及国内的研究情况,本研究认为外部监管对于国内经济的利好以及对于投资效率、资源分配的优化,进一步为反腐败促进研发提供了铺砖石。

二、腐败影响企业营销的理论分析 ▶▶▶

企业营销活动是其内部投资中短期投资的典型代表(Bublitz 和 Ettredge,1989),销售费用投资于营销活动,使得企业营业收入增加,对应的会计勾稽关系体现在应收账款和现金(销售收入)的增加。

费爱华(2018)将我国营销活动分为关系营销和关系嵌入型营销。关系营销主要包括联系买者卖者的结构纽带和建立消费者机制的社会纽带(吕庆华,2005),是维护客户关系的正常业务支出;而关系嵌入型营销是指把"经济"刻意嵌入"制度"之后形成的(Granovetter,1985;朱国宏,2005),通常指通过私人关系来达到交易目的的营销行为。因此,中国广泛存在的通过"找关系""走后门""拿回扣""公关""公款吃喝"等方法进行的营销活动都应归类于广义的"关系嵌入型营销"这一范畴(费爱华,2018);关系嵌入型营销在带来诸多好处[①]的同时,也会干扰和削弱企业在核心竞争力建设方面的努力(杨其静,2011),这也就意味着,当关系嵌入型营销挤压核心竞争力建设时,企业的销售费用会随着营销投入的增加而增加。同时,黄玖立(2013)的文章指出,在腐败的环境中,政府和国有企业的采购发生"暗箱操作""回扣""红包""佣金"等现象的概率非常大,而反腐败会抑制这些现象的发生频率(党力等,2015)。这一理论说明在外部监管升级的条件下,销售支出的边际投资效益或许会下降。也就是说,销售支出的增长对业绩增长的推动作用减弱。

对一般企业来说,最常用来作为其寻租代理变量,衡量企业腐败程度的费用类型是业务招待费(ETC)(Cai et al.,2011;黄玖立等,2013;杨理强等,2017)。Cai 等(2011)发现,ETC 的使用包含为获得良好政府服务、降低税率的润滑资金,管理层滥用职权的额外花费和为维持客户关系的正常业务支出三部分;黄玖立等(2013)也发现,企业招待费支出越多时,企业获得的政府订单和国有企业订单也越多。而这部分 ETC 中,为实现关系嵌入型营销的润滑资金因为其促进销售用途,最终成为销售费用的一个组成部分,根据《企业会计准则》具体明细体现

---

① 诸如政府订单、税收减免、贷款等。

为销售-业务招待费用。另外,杨理强(2017)在证明反腐倡廉会显著降低企业业务招待费的同时,证明了业务招待费的下降的确与销售费用的下降呈显著正相关。当外部监管加强时,企业谋求政治关联和关系投资的相对成本变高(党力,2015),通过贿赂等手段获得政府订单和税收减免的可能性变小,ETC相对成本变高,归属于销售费用的这部分ETC回报率下降,企业的营销投入相应减少。

三、反腐败促进企业研发投入的理论分析 ▶▶▶

虽然几乎没有研究反对完善外部监管、反腐败能促进企业研发投入,但其对研发投入的促进机制,不同学者持有不同的观点。Anokhin等(2009)认为监管不完善引致的腐败会削弱人们对国家机构稳定持久的实施法律和贸易规则的自信,而如果缺乏这种自信,那么监管和交易成本将限制企业的规模和贸易范围,妨碍创新创业的生产力和投资。党力等(2015)发现,寻求政治关联和提高创新能力是企业发展的两个互为替代的手段,规范营商环境能有效减少寻租可能性,增加企业进行政治关联的成本,最终达到提高创新激励的目的。吴一平(2010)研究发现地区创新能力差距呈现波动的趋势,腐败程度对创新能力差距的贡献率显著为正,并随时间而加强;王健忠和高明华(2017)认为反腐败增加了企业家寻租的成本和难度,促使企业增加创新投入;徐细雄等(2016)则分别在企业性质和政府管制方面研究发现,外部监管对民营企业和自由竞争企业R&D投资的驱动作用更加明显。王健忠和高明华(2016)发现反腐败增加了企业家寻租的成本和难度,生产领域企业家能力配置的增加,促使企业增加创新投入,这也证实反腐败具有通过强化企业家能力促进创新的作用。此外,党力(2015)、徐细雄(2016)等人的研究也表明,在2012年反腐新政实行之后,我国企业的研发费用的确显著上升。综合来看,以上研究分别从法律法规、政治关联、寻租成本、政府管制等方面对反腐败如何影响研发进行了研究,虽然大多研究均得出政策的完善与研发费用之间的正向促进关系,但多为考虑外部监管对研发费用的直接影响,较少有研究从企业内部投资角度分析研发投入所受到的影响,尤其是其是否通过一些间接的作用机制作用于研发费用,如中介因素和传导机制。

《管理实践》认为"创新和营销是商业企业需要具备的两种基本功能",企业投入研发支出在创新方面,投入广告费用在营销方面,并预期这两项费用为公司价值带来回报(Yew Kee Ho et al.,2005)。而资源基础理论告诉我们,企业的战略优势在于其对自身特定资源禀赋的运用(Margaret,1993),优先考虑重点资源来从核心竞争力中获得最大收益(Barney,1991)。因此在资源约束的条件下,企业必将在研发、营销以及其他投资中选择实现收益最大化的最优配置(Jay

Barney,1991;Yew Kee Ho et al.,2005)。在腐败的条件下,由于政府对经济资源的强大控制,与政府官员以及国企之间的关系建立更易于在争夺廉价政府资源的竞争中获得优势(Ai,2006),因此相对于要在不确定的未来才能取得回报的研发投入这一长期投资来说,企业内部更愿意将资源投入在营销这一短期投资上,不仅避免了未来的不确定风险,也能更快获得收益。而且,当外部监管使得腐败营销的风险和相对成本变高时,研发费用的相对成本变小,企业便更愿意选择稳妥的长期创新投入,建立属于自己的核心竞争力资源。这种企业内部资源的重新分配使得监管升级对于研发投入的促进变得更加合理。

从宏观经济层面来看,近十年来我国经济正处在高速增长的过程中,2014年国内生产总值首次突破60万亿元的大关,人均GDP从2008年的2022元/人到2016年的53935元/人,增长超过25倍。GDP的高速增长说明对企业来说,研发费用的上升可能只是大环境下的一个必然趋势,在探究企业研发费用时应控制宏观变量以确保排除宏观经济增长的影响。同时,我国社会消费品零售总额2013年同比上升13.25%,且从2010年开始每年增速都维持在10%以上,居民日常消费行业未呈现任何萎靡态势。由此可以看出,与公务消费行业的批发式公费采购大幅减少相比,居民日常消费购买能力不仅没有下降而且在稳步上升,零售市场越来越壮大,在研究中要对这两种差别进行区分,减少居民消费行业对公务消费行业数据的相关影响。由此可以预测,公务消费类企业为保持企业业绩,只能转向零售市场,零售市场与公务消费市场的异质性意味着公务消费企业如果要适应新的发展环境,必须在产品品牌以及价格等方面研发出更适合零售消费市场的产品,以前使用在宴饮、招待等营销方面的销售费用可能被研发费用代替,由反腐新政引起的企业研发支出的普遍上升可能是由销售费用增速放缓引起的一种跷跷板效应。

通过居民消费企业和公务消费企业的对比分析,结合以上基础理论,本章提出以下三个研究预期。

预期1:腐败抑制了企业的研发,反腐新政能显著促进公务消费企业的研发投入。

预期2:腐败激励了企业的营销,反腐新政能显著抑制公务消费企业的营销投入。

预期3:政府加强外部监管通过抑制销售费用间接促进企业研发,从而能调节企业内部资源在长期投资与短期投资中的分配。

第二节 反腐新政对企业内部投资机制的影响实证设计

在我国已有的关于反腐败的研究方法中,大多以2012年底的反腐败政策的提出为背景,通过前后的差异研究得出结论。王茂斌和孔东民(2016)利用党的十八大提出反腐新政作为一个自然外生冲击,用双重差分法(DID)考察党的十八大前后中国上市公司的公司治理、高管激励与股东价值是否发生了变化,并得出较为显著的结论;左月华、雷娅雯和许飚(2015)以商业预付卡作为腐败的象征,利用香港和大陆的上市公司的同期财务数据做对比,运用GMM动态面板模型,得出大陆地区社会腐败因素对商业信用融资所占总资产比例的增长贡献更高的结论。马旭东、孙洪杰(2017)以菲利普斯曲线为基础,利用中国各省、自治区、直辖市2004—2012年面板数据采用最小二乘法得出:反腐败力度对抑制物价上升具有短期和长期效应;腐败程度是引起通货膨胀的重要诱因等结论。本研究也借鉴这一经验,将2012年底作为时间节点,以反腐新政的提出作为自然外生冲击,运用双重差分法和固定效应面板模型来进行研究。

一、数据样本的选择与关键变量的度量 ▶▶▶

(一)数据样本的选择

由于在2012年底正式提出要严格管控公务消费,本研究以2012年底为对称区间选取数据样本,且同时考虑到2008年的金融危机可能对企业数据造成的意外影响,以及2016年国内生产总值突破70万亿大关带来的国民经济整体腾飞的影响。为剔除其他大型自然外生冲击和宏观经济的影响,本研究选取2009—2015年作为研究时间区间,其中2013—2015年作为外生冲击发生之后的时期,2009—2012年作为外生冲击发生之前的时期。所有宏观数据均来源于《中国检察年鉴》及国家统计局,其他消费类上市公司财务数据均取自wind数据库。另外,剔除ST、PT的样本,剔除数据有缺失的数据条,对所有连续变量在1%的样本水平上进行Winsorize缩尾处理,得到最终的实验数据。

(二)营销投入的度量

企业销售费用是指企业在销售商品、原料和提供劳务的过程中发生的各种费用,主要包括销售商品过程中发生的保险费、展览费、广告费、运输装卸费等以及为销售商品而支付的业务招待费、折旧费、职工薪酬等经营费用。销售费用是企业营销活动的主要财务体现,当企业正常经营时,其营销投入与腐败无关。当企业存在关系营销时,其营销投入与腐败之间才存在相关关系。

本研究希望测度与外部监管有关的营销投资是否为促进公务消费类企业研发的间接因素,如前文理论分析中所得,虽然营销投入不是全部体现在销售费用中,但与腐败相关的营销费用最终表现为销售费用——ETC。因此,本研究用销售费用来衡量营销投入这一概念。但企业财务报表中展示的销售费用并不仅仅只有ETC部分,我们用来衡量营销的销售费用,不仅包括与外部监管相关的营销,也包括企业正常的业务支出。

实际上,根据企业会计准则对销售费用明细科目的设置,可以将销售费用分为固定性销售费用和变动性销售费用两大类,如表4-1所示。其中,固定性费用是指企业在销售产品的过程中不随产品销售量的变化而变化的各项费用。在企业发展的过程中,固定性销售费用会随着规模的变动而变动,占比不会有显著变化。但在2014年会计准则对职工薪酬的修订中,在应付职工薪酬中新增了离职福利[①]和带薪缺勤部分,因此归结于销售费用的应付职工薪酬会有一定的上升。同时考虑到丧失政府订单后的公务消费企业需要扩大零售销售渠道,会在一定程度上扩张市场销售部门,也会导致固定性销售费用的上涨。对消费类企业来说,变动性销售费用可分为随企业销售比例变化的部分和广告与营销的部分。由于公务消费行业在外部监管政策的影响下,企业销售量短期内急剧下降,随销售比例变化的销售费用部分会有明显下降;同时从上文的分析中可知,反腐会使得公务消费行业营销投入的收益率下降,这会导致公司减少交际应酬和业务招待,从而大幅降低了广告与营销部分的费用。

基于以上分析可知,在政府严格管控公务消费的背景下,除了固定性销售费用这一类别在会计准则及市场的调整下会导致销售费用占比的上升之外,其他由监管升级引起的变化均会使得销售费用占比下降。因此,如果2012年后总的销售费用占比下降,则说明外部监管加强的确抑制了企业的营销投入,保证了本研究通过销售费用衡量腐败营销的可行性。

---

① 即在职工薪酬的定义上,新准则添加了"或解除劳动关系"定义。

表 4-1　销售费用的分类及对公务消费行业销售费用占比的影响

类别		明细科目	反腐对公务消费行业营销投入的影响
销售费用	固定性销售费用	职工工资、职工福利费及教育经费,工会经费、办公费、社会保险、折旧费	少量增加
	变动性销售费用 随企业销售比例变化的部分	修理费、物料消耗、低值易耗品摊销、通信费、车辆费、能源费、运输费、保险费、租赁费、装卸费、包装费、通关费用、业务提成/佣金(销售服务费)	明显减少
	变动性销售费用 广告与营销的部分	宣传展览费、业务招待费(交际应酬费)、广告费、仓储费、调试费、投标费、售后服务费、差旅费、其他经营费用	大幅减少

二、主要变量定义与数据描述 ▶▶▶

本研究以研发支出在资产中的占比($R\&D_{i,t}$)来衡量企业的研发投入情况,以销售费用在企业资产中的占比($Sales_{i,t}$)来衡量企业营销投入增长情况。表4-1显示,由于反腐新政对销售费用的影响方向不一致,销售收入和销售费用可能存在多重共线性。使用销售费用比销售收入反映营销投入存在一定误差。但是企业资产增长相对销售收入来说,较为稳定,因此本研究采用销售费用占营业收入比这个指标,反映反腐新政实施企业营销投入的变化。其他解释变量如表4-2所示。

表 4-2　主要变量说明表

符号	变量定义	计算方法
R&DⅠ	企业研发投入情况	研发支出/营业收入
R&DⅡ	企业研发投入情况	研发支出/资产总额
Sales	企业营销投入情况	销售费用/资产总额
ROE	企业业绩	净资产收益率

第四章
反腐败对消费类企业内部投资机制的影响研究

续表

符号	变量定义	计算方法
Patent	企业创新产出	企业每年申请的专利数
Anticor	监管政策变化的影响	2012年及之前取0,2012年之后取1
Industry	行业特点变量	公务消费行业取1,居民消费行业取0
Margin	企业盈利能力	销售毛利率
Lev	企业财务结构	资产负债率
$Cashflow_{i,t}$	企业治理结构	每股净现金流量

为度量外部监管带来的影响,本研究借鉴已有研究的方法(Shu et al.,2017;党力等,2015;杨其静,2011),设立政策虚拟变量($Anticor_t$),以2012年底《中国反腐倡廉建设报告》的全面提出为时间分界,2012年及之前年份取0,2013年及之后年份取1;同样,为区分不同行业受政策变化影响的不同,设立行业特点虚拟变量($Industry_i$),取公务消费倾向类企业为1,居民消费倾向类企业为0。

为衡量监管对企业带来的实际性结果影响,本研究增加测度企业经营状况的变量(企业业绩,$ROE_{i,t}$),以及测度企业创新产出的变量(企业每年申请的专利数,$Patent_{i,t}$)。

在选取控制变量时,考虑到目前已有许多研究从企业规模(金玲娣等,2001;张西征,2012)、股权结构(陈守明等,2011;Benjamin et al.,2017;任海云,2010)、盈利能力(肖海莲等,2015)、税收结构(Abhiroop et al.,2017)、政府资助(解维敏等,2009;Yu et al.,2016)等方面探索了影响企业研发投入的因素,借鉴前人经验,本研究从企业成长能力、财务结构和治理结构三个方面分别选取销售毛利率($Margin_{i,t}$)、净资产负债率($Lev_{i,t}$)和每股净现金流量($Cashflow_{i,t}$)作为被解释变量。从企业微观角度来看,存在研发投入的企业,企业研发的启动概率和投入强度与企业规模显著相关(金玲娣和陈国宏,2001),且研发费用的投入强度与企业规模之间呈现倾斜的V形结构变化(张西征,2012);陈守明等(2011)的研究结果也表明,CEO任期与研发强度呈现出一定的U形关系,U形转折点在CEO任期约为7年时;Benjamin等(2017)也发现独立的董事会能申请并获得更多的专利。此外,任海云(2010)研究发现,股权集中有利于促进研发,且认为一定的股权制衡是有必要的;肖海莲等(2015)研究发现,探索式创新投资会显著受到负债融资的约束,而常规式的创新投资对负债融资不敏感。从宏观角度来看,Abhiroop等(2017)研究发现税收不仅影响专利和研发投资,还会影响外部新产品的引入;解维敏等(2009)的研究表明政府的研发资助刺激了企业R&D支出,而Yu等(2016)以中国可再生能源面板数据为基础,研究发现政府补贴对企业研发具有显著的挤出效应。以上所述为本研究所选控制变量提供了理论支撑。详细的衡量方式见表4-2。

表4-3所示为主要变量描述性统计。经过最终的数据整理和筛选,本研究共获得公务消费倾向类企业可用数据580条,居民消费倾向类企业可用数据721条,数据量总体上较为充足,对照组的数据多于实验组近1/3,可进行有效的DID分析。从表4-3中可以看出,无论是公务消费倾向类企业还是居民消费倾向类企业,其研发投入和销售投入的最大值与最小值之间差距均较大。尤其是研发投入R&DⅠ,公务消费行业的标准差为26.26,远大于居民消费组的22.10,如此大的波动说明其分布不均衡,振荡很大,作为振荡的重要影响因素,反腐新政实施对该类行业的影响不言而喻。另外,净资产收益率(ROE)及企业营销投入(Sales)也在较大的范围内浮动,这些主要变量的数据特征为实证分析提供了很好的素材,各个变量的数据大小也均在合理的范围内波动,不存在异常的数据,因此也能够有效避免极值的影响。

表4-3 主要变量描述性统计

主要变量	观测值	均值	标准差	最小值	最大值
Panel A:公务消费倾向企业数据描述性统计					
R&DⅠ(%)	580	25.56	26.26	1.917	82.295
R&DⅡ(%)	580	1.482	1.140	0.164	3.446
Sales(%)	580	9.218	5.968	2.188	20.482
ROE(%)	580	16.80	15.852	−123.11	93.54
Margin(%)	580	37.48	22.286	−14.033	92.91
Lev(%)	580	42.75	19.045	1.9848	94.88
Cashflow(元)	580	0.8698	1.4702	−3.44	13.88
Panel B:居民消费倾向企业数据描述性统计					
R&DⅠ(%)	721	21.71	22.10	1.168	68.757
R&DⅡ(%)	721	1.340	1.639	0.0018	14.848
Sales(%)	721	9.787	11.094	0.088	77.009
ROE(%)	721	11.69	20.81	−235.73	135.45
Margin(%)	721	26.19	15.62	−37.58	73.82
Lev(%)	721	41.80	18.29	2.766	101.81
Cashflow(元)	721	0.620	0.915	−4.809	8.883

第四章
反腐败对消费类企业内部投资机制的影响研究

三、识别策略与模型设定 ▶▶▶

(一)研究方法的选择与 DID 模型结构分析

本研究采用双重差分法(又称倍差法)检验外部监管政策的变化是否与企业研发的改善以及企业营销的收敛之间存在因果关系。双重差分法通过比较在某一自然外生冲击的干扰下,受冲击影响的实验组与不受冲击影响的对照组之间的差异,得出冲击对实验组的干扰结果。这一方法克服了一些无法预料的干扰因素的影响,但也要求实验组与对照组设置合理。

倍差法的具体逻辑是:假设实验组数据为 1,对照组数据为 0,那么冲击发生前实验组的数据为 $(\bar{Y}_0|D=1)$,发生冲击后实验组的数据为 $(\bar{Y}_1|D=1)$,那么不考虑对照组,实验组之间求一次差结果为 $(\bar{Y}_1|D=1)-(\bar{Y}_0|D=1)$;同样不考虑实验组,对照组可得到一组差为 $(\bar{Y}_1|D=0)-(\bar{Y}_0|D=0)$ 的数据。但在实验的过程中,我们并不能认为除研究变量外,其他因素对结果带来的影响被干净地处理掉,这就很可能造成实验误差。为此,该方法假设实验组和对照组除了在所研究变量外,其他变量表现都具有一致性。即若存在其他变量使得实验组出现了数据波动,则对照组拥有同样的数据波动,但由于所研究变量对实验组形成的波动并不会体现在对照组中,因此用前面两个差再求一次差,我们就可以得到排除其他外生因素影响后的结果,即

$$DID=[(\bar{Y}_1|D=1)-(\bar{Y}_0|D=1)]-[(\bar{Y}_1|D=0)-(\bar{Y}_0|D=0)]$$

DID 模型结构分析见表 4-4。

表 4-4　DID 模型结构分析

项目	受冲击影响组别(实验组)	不受冲击影响组别(对照组)
冲击发生后	$Y_1(u_i)\|D_i=1$	$Y_1(u_i)\|D_i=0$
冲击发生前	$Y_0(u_i)\|D_i=1$	$Y_0(u_i)\|D_i=0$
公式	$(\bar{Y}_1\|D=1)-(\bar{Y}_0\|D=1)$	$(\bar{Y}_1\|D=0)-(\bar{Y}_0\|D=0)$

若将这种关系体现在图例中,则表现为如图 4-1 所示的图形关系,实验组与对照组本来保持不同的绝对值但保持一致的趋势性,当外生冲击发生时,对照组受到独特的冲击影响,发生断崖式波动,两组再次发生不一致的差异变化,形成两组差异,DID 所表达的数据值即为图 4-1 中"DID"所指的距离,也即实验组发

生冲击时的变化值,减掉未发生冲击时的与对照组的差异值,得到的仅因单一因素影响而产生的变化值。

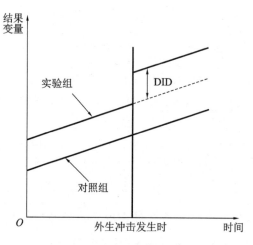

图 4-1　DID 模型图形分析

(二)模型设定

本研究主要考察反腐新政对消费类企业的影响。消费行业是提供满足人们物质消费需要的各种商品,包含必需品和非必需品,其中很好地涵盖了居民消费和公务消费这两大特点的消费行为。这两种消费行为特点明显不同,居民消费注重实用性,相比于公务消费而言,不需要进行关系嵌入型过度营销,因此其营销费用相比公务消费倾向行业的占比较低,但是研发创新投入却高于公务消费倾向的行业。这样可区分的显著性,为研究对公务消费的外部监管加强提供了很好的素材。同时,由于消费企业之间的相似性,也为在行业中提取实验组和对照组提供了可能。

样本具体选取以 wind 消费类行业分类为依托。wind 消费类行业分为 wind 可选消费行业和 wind 日常消费行业,由于本研究主题与研发相关,而服务类企业在研发方面投入较少,因此去掉消费行业中的酒店、零售等服务类行业以使得结果更加准确。同时,将诸如"汽车零配件"等既可能涉及居民普通消费产品,也可能涉及高档汽车等公务消费产品的这些无法准确分类的行业去掉。将剩下的企业分为居民消费倾向行业和公务消费倾向行业①。划分公务消费倾向行业的依据为行业是否受到新监管政策中的国家公务限制令直接影响。白酒、

---

　① 本研究分类均为倾向类行业,这是由于虽然行业总体趋向于某一趋势,但行业中仍有少量企业与分类趋势不一致。

第四章
反腐败对消费类企业内部投资机制的影响研究

小汽车、奢侈品分别受到限酒令①、限制公务用车②以及限制公费送礼③的直接约束;而软饮料、食品、家庭及生活用品为典型的 wind 日常消费行业,与居民日常生活息息相关。本研究将公务消费倾向行业作为实验组,居民消费倾向行业作为对照组。

如下双重差分模型检验了政策变化与被解释变量之间因果关系。

$$R\&D_{i,t}=\alpha_0+\alpha_1 Anticor_i \cdot Industry_i+\alpha_2 Controls_{i,t}+\delta_i+\omega_t+\varepsilon_{i,t} \quad (4-1)$$

$$Sales_{i,t}=\beta_0+\beta_1 Anticor_i \cdot Industry_i+\beta_2 Controls_{i,t}+\mu_i+\theta_t+u_{i,t} \quad (4-2)$$

其中,$R\&D_{i,t}$ 和 $Sales_{i,t}$ 分别表示研发投入与营销投入;δ_i 为个体固定效应;ω_t 为时间固定效应;$Controls_{i,t}$ 为控制变量。模型(4-1)衡量了外部监管对消费行业研发投入的影响,其中,α_1 衡量了两种差异,一种是实验组和对照组之间的差异,另一种是外部监管加强这个外生冲击发生前后的差异。同样,模型(4-2)中的 β_1 衡量了外部监管对消费行业营销投入的影响。

$$R\&D_{i,t}=\gamma_0+\gamma_1 Sales_{i,t}+\gamma_2 Anticor_i \cdot Industry_i+\gamma_3 Controls_{i,t}+\delta_i+\omega_t+\varepsilon_{i,t} \quad (4-3)$$

模型(4-3)衡量了监管政策实施后,营销投入对研发的影响机制。其中交叉项的系数 γ_2 衡量了规范公务消费的新政发生之后企业营销投入与研发投入之间的相关关系。

第三节　反腐新政对企业内部投资的影响机制实证结果

为研究外部监管对企业内部投资的影响机制,在以下实证过程中,首先对规范公务消费的监管政策与研发投入增加以及营销投入下降之间的因果关系进行检验,为其后研究奠定假设基础。其次,对由企业营销投入与研发投入之间的分配引发的各项变动进行分析。最后,对各个实证结果进行稳健性检验。

---

① 《三公经费管理办法(试行)》中"三、公务接待管理"第二条:公务接待中,严禁使用高档烟酒。

② 《三公经费管理办法(试行)》中"二、公务车辆管理"第二条:严格实行公务用车编制管理和配备标准规定。

③ 《三公经费管理办法(试行)》中"三、公务接待管理"第二条:公务接待中,严禁用公款购买礼品。

一、反腐新政与企业研发投入的关系实证

为检验反腐与研发投入增加之间的因果关系,本研究用双重差分法检验模型(4-1)。模型(4-1)的差分结果如表4-5中列(1)(2)和列(4)(5)所示,其中列(2)、列(5)为加入控制变量后的结果。交互项的结果是这个模型中最重要的参考数据,$Anticor_t \cdot Industry_{i,t}$这一交互项的系数分别为$0.498(P=0.000)$、$0.490(P=0.000)$、$0.123(P=0.055)$、$0.148(P=0.023)$,均在1%的水平上显著,证实反腐败后公务消费企业的研发投入相比于居民消费企业有了明显的上升,这意味着对公务消费的严格管控的确对企业研发投入产生了正向促进的积极作用,支持我们的研究预期1。值得注意的是,在控制变量的情况下,研发投入占营业收入比[列(2)]与占总资产比[列(5)]的系数分别为$0.490(P=0.000)$和$0.148(P=0.023)$,前者在1%的水平上显著,后者只在5%的水平上显著,这种差距的产生是由于公务消费企业的销售量在冲击发生后有一个下降的过程,因此营业收入相对总资产而言与研发投入之间的差距有更大的下跌,研发投入占营业收入比的波动幅度比研发投入占总资产比的波动幅度更大。

进一步地,本研究引入$Anticor_{t-2013}$、$Anticor_{t-2014}$、$Anticor_{t-2015}$三个年份虚拟变量,以考察新监管政策的出台对于研发投入影响的时间动态效应。其中$Anticor_{t-2013}$的定义为,当所处年份为2013年时,虚拟变量取1,当所处年份为2013年以外的其他年份时则取0;$Anticor_{t-2014}$、$Anticor_{t-2015}$的概念与$Anticor_{t-2013}$一致。

表4-5 反腐新政对公务消费企业研发投入的影响

被解释变量	研发投入					
	$R\&DI_{i,t}$			$R\&DII_{i,t}$		
	(1)	(2)	(3)	(4)	(5)	(6)
$Anticor_t \cdot Industry_{i,t}$	0.498***	0.490***		0.123*	0.148**	
P_value	0.000	0.000		0.055	0.023	
$Anticor_{t-2013} \cdot Industry_{i,t}$			0.482***			0.209**
P_value			0.000			0.002
$Anticor_{t-2014} \cdot Industry_{i,t}$			0.482***			0.144**
P_value			0.000			0.040
$Anticor_{t-2015} \cdot Industry_{i,t}$			0.506***			0.092
P_value			0.000			0.208

续表

被解释变量	研发投入					
	R&D I$_{i,t}$			R&D II$_{i,t}$		
	(1)	(2)	(3)	(4)	(5)	(6)
Margin$_{i,t}$		0.005	0.005		0.010**	0.010**
P_value		0.333	0.331		0.020	0.024
Lev$_{i,t}$		−0.003	−0.003		0.008***	0.008***
P_value		0.450	0.454		0.001	0.002
Cashflow$_{i,t}$		0.007	0.006		0.098***	0.099**
P_value		0.906	0.912		0.007	0.040
Cons	1.528***	1.475***	1.473***	1.289***	1.475***	0.557***
P_value	0.000	0.000	0.000	0.000	0.000	0.006
Year. FE	Yes	Yes	Yes	Yes	Yes	Yes
Firm. FE	Yes	Yes	Yes	Yes	Yes	Yes
Observations	1301	1301	1301	1301	1301	1301
Adj R-squared	0.0080	0.0266	0.0266	0.0086	0.0070	0.0070

注：*、**、***分别代表参数估计值在10%、5%、1%的水平上显著，下同。

回归结果如表4-5中的列(3)与列(6)所示。从列(6)中可以更清晰地看出，2013年、2014年的交叉项系数分别为0.209($P=0.002$)、0.144($P=0.040$)，在5%的水平上显著；而2015年交叉项的系数为0.092($P=0.208$)，并不存在明显的相关关系。即2013年与2014年的政策变量均达到了促进研发投入的明显作用，而2015年反腐与研发之间没有明显的促进关系。这在一定程度上表明，反腐对于企业研发投入(此处仅谈研发投入，不涉及研发产出)的促进作用是逐步稳定的，当企业适应了市场化机制更加完善的环境之后，其发展会趋于稳定化，最终表现为研发投入的逐年稳定不再增加，从回归结果来看，稳定机制的时间约为3年。但鉴于这一回归在列(3)中Anticor$_{t-2013}$、Anticor$_{t-2014}$、Anticor$_{t-2015}$的系数均与研发投入显示显著的正相关关系，因此这一结果并不准确，仍有待进一步研究。

二、反腐新政对企业内部投资的影响机制实证 ▶▶▶

同样，为检验反腐与营销下降之间的因果关系，对营销投入运用双重差分法检验模型(4-2)。模型(4-2)的回归结果如表4-6中列(1)、列(2)所示，即营销投入相关变量的双重差分结果,列(1)中交叉项的系数为−0.737($P=0.028$),列(2)中交叉项的系数为−0.577($P=0.084$),Anticor$_t$·Industry$_{i,t}$的系数均在5%的水平上显著,说明反腐后公务消费企业的营销投入相对居民消费企业有了下降,新监管政策施行之后营销投入存在一个被抑制的过程,且此过程的确与监管这一外生冲击相关,证明了预期2的正确性,同样为之后的实证提供了基础。

表4-6 反腐新政对公务消费企业营销投入的影响

被解释变量	营销投入 Sales$_{i,t}$		研发费用/销售费用 R&D$_{i,t}$/Sales$_{i,t}$	
	(1)	(2)	(3)	(4)
Anticor$_t$·Industry$_{i,t}$	−0.737**	−0.577*	0.038***	0.036**
P_value	0.028	0.084	0.006	0.011
Margin$_{i,t}$		0.052***		0.075
P_value		0.002		0.528
Lev$_{i,t}$		0.059***		−0.070
P_value		0.000		0.350
Cashflow$_{i,t}$		0.113		0.936
P_value		0.119		0.271
Cons	8.898***	4.693***	0.226***	0.227***
P_value	0.000	0.000	0.006	0.000
Year. FE	Yes	Yes	Yes	Yes
Firm. FE	Yes	Yes	Yes	Yes
Observations	1301	1301	1301	1301
Adj R-squared	0.0154	0.2292	0.0009	0.0227

为了更直观地对比研发投入和营销投入的差异性变化,进一步地,我们将研销比(研发费用/销售费用)作为被解释变量重新对这个模型进行差分,结果显示在表4-6的列(3)与列(4)中,可以发现研销比与政策虚拟变量之间显著(0.038,$P=0.006$;0.036,$P=0.011$),这提示了研发投入与营销投入之间的间接分配关系存在的可能性。基于此,我们针对独特的投入类别,对销售费用与研发投入之间的关系进行进一步的分析。

表4-7为模型(4-3)的回归结果,其中列(1)、列(2)分别为对公务消费倾向行业和全样本中研发与营销之间的关系测度,列(3)验证了加强外部监管后,公

第四章
反腐败对消费类企业内部投资机制的影响研究

务消费行业中销售费用与研发投入之间的关系。列(2)验证了在普遍情况下,营销投入与研发投入是否存在显著的相关关系,列(1)则对比了当监管不到位时,公务消费倾向行业是否和其他企业存在一样的相关关系,列(3)的结果则验证了发生外生冲击后,营销投入和研发投入之间是否发生了重新分配。

表 4-7 企业费用结构调整对研发费用的影响

被解释变量	$R\&DⅡ_{i,t}$ 公务消费倾向行业 (1)	$R\&DⅡ_{i,t}$ 全样本 (2)	$R\&DⅡ_{i,t}$ 公务消费倾向行业 (3)
$Sales_{i,t}$	−1.074***	−0.7518***	−0.7427**
P_value	0.005	0.001	0.017
$Anticor_t \cdot Sales_{i,t}$			−0.3515**
P_value			0.020
$Margin_{it}$	0.0015	0.0011	0.0017
P_value	0.361	0.336	0.313
Lev_{it}	−0.0002	−0.0004	−0.0002
P_value	0.811	0.644	0.852
$Cashflow_{it}$	0.0052	0.0109	0.0070
P_value	0.623	0.193	0.509
Cons	0.304***	0.273***	0.246**
P_value	0.001	0.000	0.014
Year. FE	Yes	Yes	Yes
Firm. FE	Yes	Yes	Yes
Observations	580	1301	580
Adj R-squared	0.0168	0.2036	0.0816

如表 4-7 所示,列(1)中 $Sales_{i,t}$ 的系数为 −1.074($P=0.005$),列(2)中 $Sales_{i,t}$ 的系数为 −0.7518($P=0.001$),$Sales_{i,t}$ 的系数均显著,证实营销投入与研发投入之间的替代关系是存在的,且这种作用无论是在公务消费行业还是在居民消费行业,都十分显著,具有普遍性。验证了这一相关性后,再来看加入交互项的回归结果,在列(3)中 $Anticor_t \cdot Sales_{i,t}$ 的系数显著(−0.3515,$P=0.020$),这意味着,相比于监管加强之前,加强之后的销售费用有了明显的下降,且这种下降与研发投入的增加显著相关。说明新监管政策的确促进了短期营销投入向

长期研发投入转换这一趋势,预期 2 成立。以上实证结果表明"企业营销成本上升→营销投入下降→研发相对成本下降→研发投入上升"这一作用机制的合理性。

三、稳健性检验 ▶▶▶

(一)趋势性检验

如果没有外生冲击的发生,那么实验组的研发情况与对照组的研发情况应随时间的变化一直保持同一趋势,因此采用双重差分法的关键前提在于,必须存在某种外生冲击带来的趋势不一致变化,求两次差分结果才有意义。为检验本研究设置的实验组与对照组是否满足这样的假设,我们需要进行趋势性检验。

分别对两组数据画出趋势性检验图,如图 4-2 所示。图 4-2 中实线指代的 Control 为控制组(居民消费行业组),虚线指代的 Treated 为实验组(公务消费行业组);图 4-2(a)所示为研发支出的检验结果,图 4-2(b)所示为销售费用的检验结果。从图 4-2 中可以明显看出,在 2013 年以前,公务消费行业和居民消费行业的研发投入走势基本保持平行状态,但在 2013 年,实验组的研发投入与控制组发生了显著的逆向发展差异,说明 2013 年一定存在某种或多种冲击,使得原本相似的两组行业发生了这一变化。同样,销售费用的实验组也从 2013 年开始出现与控制组背离的趋势。趋势性检验图表明本研究的双重差分设计满足平行趋势性检验。

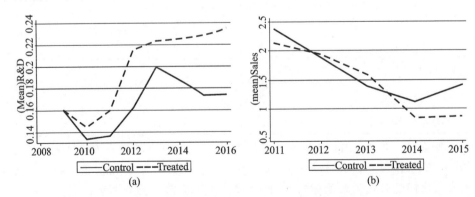

图 4-2 研发支出及销售费用平行趋势性检验

(二)稳健性检验

为检验模型的稳健性,参考已有的文献(杨其静,2011;党力等,2015;王茂斌等,2016),构建另一个衡量政策力度的连续变量指标NumAnti$_t$。NumAnti$_t$为《中国检察年鉴》中的反腐立案数,用NumAnti$_t$替代Anticor$_t$对上面的DID因果检验模型重新进行回归,得到表4-8中的结果,若可得出与前面一致的因果性关系,则说明本研究的结果稳健。

表4-8 稳健性检验

被解释变量	R&D$_{i,t}$		Sales$_{i,t}$		R&D$_{i,t}$/Sales$_{i,t}$	
	(1)	(2)	(3)	(4)	(5)	(6)
Anticor$_t$·Industry$_{i,t}$	0.611*	0.756**	−0.023*	−0.026**	0.166**	0.166**
P_value	0.083	0.036	0.073	0.038	0.011	0.011
Margin$_{i,t}$		0.010**		0.051***		0.091
P_value		0.020		0.000		0.173
Lev$_{i,t}$		0.008***		0.058***		−0.046
P_value		0.001		0.000		0.202
Cashflow$_{i,t}$		0.099**		0.340**		0.733
P_value		0.040		0.026		0.355
Cons	−0.015	−0.030*	0.198***	0.168***	−0.545*	−0.560*
P_value	0.349	0.090	0.001	0.005	0.076	0.068
Year.FE	Yes	Yes	Yes	Yes	Yes	Yes
Firm.FE	Yes	Yes	Yes	Yes	Yes	Yes
Observations	1301	1301	1301	1301	1301	1301
Adj R-squared	0.0159	0.0164	0.8901	0.8977	0.7885	0.7891

在表4-8中,列(1)、列(2)为外部监管与企业研发投入之间关系的稳健性检验,列(3)、列(4)为外部监管与企业营销投入之间关系的稳健性检验,列(5)、列(6)为外部监管与企业内部投资分配的稳健性检验。其中,列(1)、列(2)的系数分别为0.611($P=0.083$)、0.756($P=0.036$),在5%的水平上显著,与模型(4-1)的回归结果一致,表明反腐新政实施促进企业研发投入的结果稳健;列(3)、列(4)的结果分别为−0.023($P=0.073$)、−0.026($P=0.038$),在5%的水平上显著,与模型(4-2)的回归结果一致,表明反腐败抑制企业营销的结果稳健;列(5)、列(6)的系数分别为0.166($P=0.011$)、0.166($P=0.011$),在5%的水平上显著,与模型(4-3)的回归结果一致,说明外部监管加强改变企业的内部投资方向,使企业从重营销转为重研发的结论稳健。

第四节　拓展性分析与政策建议

一、加强外部监管对企业创新产出的影响 ▶▶▶

既然政府完善外部监管对研发投入的促进作用是显著的,那么其对企业创新产出是否也存在一致的积极效用呢?通常来说,反腐败引发研发投入上升,而研发投入的上升普遍体现为对企业技术创新存在的显著促进作用(王岭等,2019)。虽然这种影响存在区域性及表现形式的差异,但无论是 U 形趋势,还是直接促进机制(史志颖等,2019),最后的归属都是技术创新或者新产品的产生。因此,本章所研究的企业研发投入的扩张,理论上最后应表现为企业的创新产出。这样,反腐新政对企业内部投资机制影响的研究才比较圆满。

基于此,我们从 CSMAR 数据库中获取了企业每年申请的专利数,以此来衡量企业的创新产出。同样运用上面的 DID 模型,将其中被解释变量由研发投入改为创新产出,检验反腐新政对创新产出的影响,进一步分析外部监管加强后,企业最终能否成功地将研发投入转为技术性核心竞争力。回归结果如表 4-9 所示。

其中,$Patent_{i,t}$ 表示每个企业每年的申请专利数的对数值。列(1)中 $Anticor_t \cdot Industry_i$ 的系数为 $0.454(P=0.001)$,列(2)中 $Anticor_t \cdot Industry_i$ 的系数为 $0.451(P=0.001)$,从列(1)(2)的结果可以看出,$Anticor_t \cdot Industry_i$ 的系数均显著为正,说明加强公务消费监管的政策对于公务消费行业的创新产出也是有促进作用的。这一结果证明了外部加强公务消费监管对消费类企业投资方向的改变,即该类企业的创新投入水平和创新产出水平都有所改进。

进一步,与前文一致,加入 $Anticor_{t-2013}$、$Anticor_{t-2014}$、$Anticor_{t-2015}$ 这三个虚拟变量。回归结果如表 4-9 中列(3)所示,2013 年、2014 年交互项系数分别为 $0.412(P=0.004)$、$0.544(P=0.001)$,均在 1% 的水平上显著,但 2015 年只在 5% 的水平上显著正相关,企业的创新产出在适应已有的政策机制后会趋于稳定化。这一结果与前面所验证的研发投入的趋势一致,也从侧面验证了本研究对研发投入的实证的稳健性。

第四章 反腐败对消费类企业内部投资机制的影响研究

表4-9 反腐新政对企业创新产出的影响

符号	Patent$_{i,t}$		
	(1)	(2)	(3)
Anticor$_t$ · Industry$_i$	0.454***	0.451***	
P_value	0.001	0.001	
Anticor$_{t-2013}$ · Industry$_i$			0.412***
P_value			0.004
Anticor$_{t-2014}$ · Industry$_i$			0.544***
P_value			0.001
Anticor$_{t-2015}$ · Industry$_i$			0.397**
P_value			0.016
Cons	3.898***	3.773***	0.454***
P_value	0.000	0.000	0.000
Controls	不控制	控制	控制
Firm. FE	Yes	Yes	Yes
Year. FE	Yes	Yes	Yes
Observations	734	734	734
Adj R-squared	0.0140	0.0013	0.0023

二、反腐新政改善企业内部投资机制对企业业绩的影响机制研究 ▶▶▶

虽然完善外部监管政策的出台对于研发投入和产出均存在促进作用，但是这种促进作用能否直接有益于企业的发展呢？为检验这种机制对企业未来发展的影响，本章进一步对反腐后研发对企业业绩的影响路径进行分析。

在对我国上市公司研发支出和企业业绩的研究中，普遍发现研发支出与企业业绩之间存在正相关作用（周艳等，2011；孙维峰等，2013；李四海等，2016），且这种正向促进作用存在滞后性（Ernst，1999；张俭，2014；Wang等，2016）。而在徐海波（2017）的研究中发现，研发投入与企业业绩间呈正U形相关，即当企业的研发投入达到某一门槛后，其对企业业绩的促进作用才会越来越明显。同时对于我国上市公司研发的滞后效应，周艳（2011）也在她的实证中得到了具体的结果，即研发资金投入的滞后期为1期，研发人员投入的滞后期为2期。

结合以上分析来看，我国消费类企业研发费用应与企业业绩存在显著正相关关系；但在公务消费类企业，由于在改善腐败状况前，销售费用等其他短期投资类费用对研发支出的挤出,其研发支出很可能还没有达到显著促进企业业绩的水平,而规范公务消费市场后对研发的促进,使得研发费用的投入能达到"U形"转折点,研发支出对企业业绩的影响路径可能发生改变。按上述类似方法,对以上理论进行实证检验。

表 4-10 是以企业业绩为解释变量的回归结果,其中,$R\&D_{i,t-1}$ 为滞后 1 期(周艳,2011)的企业研发投入,$Anticor_t \cdot R\&D_{i,t-1}$ 的系数衡量的是在监管政策加强之后的研发对企业绩效的影响结果。表 4-10 中列(1)、列(2)分别测度居民消费行业和公务消费行业在整个时间段内的绩效受研发的影响路径;列(3)衡量的是在新监管政策出台之后,公务消费行业的研发对企业业绩的影响路径。表 4-10 列(1)中,研发费用的系数为 $0.954(P=0.037)$;列(2)中,研发费用的系数为 $0.208(P=0.740)$。其中,列(1)中 $R\&D_{i,t-1}$ 的系数显著正相关,说明在普遍的情况下,研发费用对企业业绩的影响应该是正向显著的;列(2)中这一项的系数虽然也为正,但是没有显著的相关关系,说明在市场机制更加完善的居民消费行业中,研发投入的确是能带动企业发展的,而公务消费行业受制于某些因素的影响,其研发与业绩之间的影响路径被扭曲,研发的效用被低估。而列(3)中,交叉项的系数为 $1.525(P=0.013)$,显著为正,又转而与居民消费行业的结果一致,说明反腐新政的实施使得企业研发投入与业绩之间的影响路径趋向于健康发展。

表 4-10　反腐新政促进企业研发投入对企业绩效的影响

解释变量	$ROE'_{i,t}$ 居民消费倾向行业	$ROE_{i,t}$ 公务消费倾向行业	
	(1)	(2)	(3)
$R\&D_{i,t-1}$	0.954**	0.208	−2.581**
P_value	0.037	0.740	0.025
$Anticor_t \cdot R\&D_{i,t-1}$			1.525**
P_value			0.013
$Margin_{i,t}$	0.005***	0.536***	0.829***
P_value	0.000	0.000	0.000
$Lev_{i,t}$	0.001***	0.371***	0.472***
P_value	0.000	0.000	0.000
$Cashflow_{i,t}$	0.015**	2.819***	3.419***
P_value	0.013	0.000	0.002
Cons	−0.080***	−25.28**	−8.89

续表

解释变量	$ROE'_{i,t}$ 居民消费倾向行业	$ROE_{i,t}$ 公务消费倾向行业	
	(1)	(2)	(3)
P_value	0.000	0.026	0.654
Year. FE	Yes	Yes	Yes
Firm. FE	Yes	Yes	Yes
Observations	721	580	580
Adj R-squared	0.7648	0.7166	0.5751

三、结论与建议 ▶▶▶

本章以政府加强对公务消费的外部监管,即反腐新政实施为契机,系统地研究了外部监管对企业内部投资机制的影响效应。研究发现:第一,规范公务消费对公务消费类企业研发投入的促进作用和营销投入的抑制作用是存在的,且仅在公务消费类行业显著,随着时间的变化,这种效果趋于平稳,即这种作用存在时间差异和行业间差异;第二,反腐新政对企业的内部投资有调节作用,由于监管力度的加大,营销投入产出比明显下降,研发投入相对成本下降,企业调整费用结构,从短期营销投资转向长期研发投资;第三,外部监管对研发的促进,改变了其对企业业绩的作用机制,使研发投入与企业业绩回归呈正相关,公务消费类企业开始遵循市场机制下的正常规律,同时也在长期内提高了企业的创新产出水平。

通过本章的研究证实了对企业外部监管的完善的确有利于我国实施创新驱动发展战略和促进我国消费类企业的内部投资合理化。加强监管政策,对于相关企业来说,不仅仅是一项直接促进研发投入的政策措施,也能通过引导企业改变投资结构间接激励企业进行创新,这为反腐新政改善营商环境,促进供给侧改革这一战略的实施提供了依据。这一间接作用机制也为研究企业创新提供了一个崭新的视角,从投资结构上关注企业的投入,避免腐败环境下巨大的公务消费市场和短期寻租收益导致过度营销,注意营销与研发的科学搭配。反腐新政后研发费用对企业业绩的作用机制的改变也说明,反腐新政遏制了我国消费行业的一些不健康发展趋势,使这些行业的企业发展结构更加合理化,创新产出的正向增长也表明创新投入的增加直接改善了我国消费市场的供给质量和供给品种,提高了国内消费市场的竞争力,有利于国民经济的健康发展。

反腐新政、隐形交易成本与市场化程度研究

对本章主题的研究,为未来调整宏观监管政策提出了一些建议:虽然外部监管加强属于政府干预,但适当的监管力度不仅不会阻碍自由市场职能,反而促使企业进行更合理的资源配置。因此在保证监管程度的前提下,政府设置合理的监管机制,可减少不符合市场竞争机制的关联交易,降低市场中的寻租收益,有利于市场经济体系的健康发展。与此同时,为减缓企业实施长期加大创新投入的战略对当前业绩的影响,政府应该出台一些鼓励长期研发投入的税收优惠政策,引导和鼓励企业重视创新投入,帮助市场升级中原来重关系营销的企业转型,重铸其核心竞争力。最后,我们从侧面验证了我国企业要坚持创新驱动发展战略的合理性和必要性,为净化营商环境,遵循时代需求,在创新机制的引导下,企业营销战略应该相应变化和升级。原来那种轻创新投入、过度营销的方式会在市场升级、消费升级和产业升级的浪潮中被逐步淘汰。

第五章

反腐新政对旅游业的影响

公款旅游作为"四风"顽疾之一,是老百姓深恶痛绝的腐败现象。然而,尽管中央三令五申严禁公款旅游并予以严厉问责,公款旅游仍被单纯视作违纪行为,普遍被处以严重警告处分、撤职等行政问责,鲜有追究刑责。党的十八大以来,以习近平同志为核心的党中央高度重视、全面推进党风廉政建设,使党风、政风为之一新,得到了全国人民的衷心拥护和高度评价。党中央、国务院等部门先后出台了一系列关于廉政建设的重要规定。这些规定具有极强的指导性、针对性、示范性和可操作性,既是全面改进政府工作作风的基础,又是我国改善营商环境,建立有效、有序的市场秩序的必备条件。同样地,反腐新政对相关行业健康发展也有显著的影响。以旅游业为例,2014年9月28日出台了《关于严禁党政机关到风景名胜区开会的通知》(以下简称"景区开会禁令"),该政策专门针对我国长期禁而不绝的公款旅游,那么这项反腐新政是否有效地遏制了公款旅游?是否在遏制公款消费的同时影响了居民的旅游消费?实施反腐新政,对旅游业以及相关城市的经济影响如何呢?带着这些问题,本章以景区开会禁令为切入点,从反腐新政对我国旅游业的影响来分析其对行业的作用力。

第一节 景区开会禁令的由来

景区开会禁令规定各级党政机关一律不得到八达岭—十三陵、承德避暑山庄外八庙、五台山、太湖、普陀山、黄山、九华山、武夷山、庐山、泰山、嵩山、武当山、武陵源(张家界)、白云山、桂林漓江、三亚热带海滨、峨眉山—乐山大佛、九寨沟—黄龙、黄果树、西双版纳、华山21个风景名胜区召开会议,禁止召开会议的区域范围以风景名胜区总体规划确定的核心景区地域范围为准(上述景区在下文中简称为禁会景区)。

从禁会景区分布情况可以明显看到受限景区主要集中在人口密度较为集中的区域,这些地方交通便利且久负盛名,是大多数人进行旅游计划时会选择的游览目的地。根据 2013—2016 年政策发布前后数据发现,禁会景区虽然仅 21 处,但是承担了全国近三分之一的游览人数和游客收入,很多景区所在的地区和城市甚至以旅游业为区域首要支柱产业,如桂林市、三亚市、张家界市、西双版纳市、武夷山市和泰安市等。

其实这次颁布的景区开会禁令并非我国第一次推出针对党政机关借开会为由到各地公费旅游乱象的禁止政策,早在 1998 年中央办公厅、国务院办公厅下发《关于严禁党政机关到风景名胜区开会的通知》中,就明文规定了 12 个禁会景区,这项规定发布后各级党政机关到风景名胜区尤其是到中央明令禁止的 12 个风景名胜区开会现象得到了一定程度的抑制。但是,违规到上述风景名胜区开会的问题仍未杜绝,到其他热点风景名胜区开会以及在风景名胜区外开会到区内旅游的情况时有发生,有的单位还巧立名目组织公款旅游。据中纪委统计,在 2013—2018 年违反中央"八项规定"的问题中,公款旅游问题是需要重点监管的问题。这六年中,中纪委查处公款国内旅游 11572 起,占比 4.26%;公款出境旅游 971 起,占比 0.36%。

为深入贯彻落实中央"八项规定"精神和《党政机关厉行节约反对浪费条例》,更好地遏制以会议名义到风景名胜区公款旅游等违规行为,景区开会禁令正式出台,在新的 21 个禁会景区中包括了之前的 12 个景区,还新增了另外 9 个景点(详见表 5-1)。此外,在景区开会禁令出台前还相继出台了针对党政机关开会规格以及披露各类费用的相关文件,下面详细讲述。

相比以前的管理规定,本次景区开会禁令具有细节落实、审核明晰和与时共进的特点。

在细节落实方面,细化的规定穷尽了各种"特例",具有很强的可操作性。特殊情况特殊处理体现了实事求是的态度。

与 1998 年版规定相比,本次出台的有关通知更加细化、可操作性强。如 1998 年规定地方各级党政机关的会议一律在本行政区域内召开,不得到其他地区召开。新通知在此基础上,进行了具体说明。确因工作需要跨区域开会的,必须报同级党委、政府批准。如果风景名胜区核心景区与地方政府主要行政区域高度重合的,当地党政机关应当在机关内部会议场所或定点饭店召开会议。

第五章
反腐新政对旅游业的影响

表5-1　1998年和2014年禁会景区对比

原规定景区 （1998年）	新规定景区 （2014年）	原规定景区 （1998年）	新规定景区 （2014年）
庐山	庐山	西双版纳	西双版纳
黄山	黄山	三亚热带海滨	三亚热带海滨
峨眉山	峨眉山—乐山大佛		太湖
普陀山	普陀山		八达岭—十三陵
九华山	九华山		承德避暑山庄外八庙
五台山	五台山		嵩山
武夷山	武夷山		泰山
九寨沟	九寨沟—黄龙		华山
张家界	武陵源（张家界）		白云山
黄果树瀑布	黄果树瀑布		桂林漓江
			武当山

资料来源：政府公告整理。

此外，审核范围也清楚，在责任方面也完善了管理制度。对于党政机关召开涉及旅游、宗教、林业、地震、气象、生态环保、国土资源以及景区规划等工作的专业性会议，确需到禁止名单中的风景名胜区召开的，做到严格控制、严格审批。适用管理范围明确到各级党的机关、人大机关、行政机关、政协机关、审判机关、检察机关，以及工会、共青团、妇联等人民团体和参照公务员法管理的事业单位。

最后，与1998年的规定相比较，本次的规定结合了实际情况，伴随人们生活水平的提高，旅游业获得了很大的发展，很多景点已然跻身热门风景名胜区。新增9处景区为"禁区"体现了相关规定是基于现实调查的，符合现实情况。

第二节　禁会景区对旅游业的直接影响数据和分析

尽管开会景区禁令的发布并非首次，但是这是自习近平主席上任之后实行的一系列反腐败重拳出击中的重要环节，在社会各界着重关注的反腐败行动下，

反腐新政、隐形交易成本与市场化程度研究

景区开会禁令是否有效遏制了党政机关公费旅游问题？更重要的是，景区开会禁令颁布后首当其冲的就是这类被禁止公款旅游的景区，它们是否会因为失去了这部分游客而受到巨大损失？景区开会禁令对于此类旅游景区所在城市的经济发展影响又会如何呢？

本研究采用了对比的方法，将总体样本设定为城乡统计年鉴中的国家级景区及其所在城市，这类景区相关数据较为完整且基础设施完善。其中将景区开会禁令中提及的景区及其城市视作实验组（下文统称"禁会景区"），包括广西桂林市漓江、山西忻州市五台山在内的 21 组数据；将其余并未受到波及的景区及所在城市视作对照组（下文统称"非禁会景区"），包括浙江绍兴市天姥山、山西吕梁市北武当山在内的约 190 组数据。这样对比的好处在于这些城市除了景区开会禁令的影响不同，其他类似国家政策、人均 GDP 的增长影响这些因素可以视作一致的，两者相关指标差异即可在一定程度上反映景区开会禁令颁布的影响。在进行分组的前提下再对时间进行前后对比，景区开会禁令于 2014 年正式发布，考虑到可能存在提前或者滞后效应以及数据库限制，我们将基础区间确定为 2009—2016 年。

为了更加客观立体地了解景区开会禁令的影响，下面分别从三个层次对景区开会禁令颁布前后的情况进行对比分析。其中所使用的的数据如无特别说明，均来自 CEIC 数据库。

一、公务出行旅游的人数有所减少 ▶▶▶

当禁令颁布后，党政机关到禁会景区开会的现象被遏制，禁会景区的这一部分游客会自然流失，非禁会景区的开会乱象可能也会在强力反腐的政策下有所抑制，所以政策最直观的影响将会反映在旅游人数的减少上。

国内公务旅游的人数在景区开会禁令发布后有所下降。图 5-1 是 2009—2017 年城镇居民出游目的的占比图，CEIC 数据库中将国内的出游目的细分为会议、文体科技交流、宗教朝拜、健康医疗、探亲访友、商务、休闲度假、观光游览和其他目的九种，不过其实"会议"一项仅在 1999—2007 年有数据，之后不再有数据。然而没有"会议"目的的旅游数据并不代表着不存在公款旅游的情况，这一分类的消失可能是因为反腐一直是政府的主旋律，在这一大背景下存在着"会议"目的的旅游显然太过明目张胆，所以更大的可能性是这一目的融入了其他出行目的。在休闲度假和观光旅游中，前者具有更高的品质，需要更多的时间，而在开会之余进行的旅游活动大多是短暂快速的观光，所以可以通过观察"观光旅游"类别的变化间接判断公务出行状况。

第五章
反腐新政对旅游业的影响

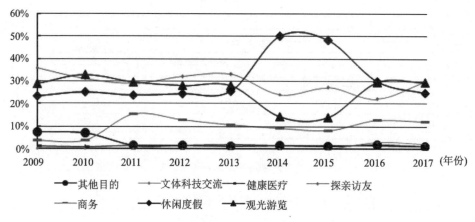

图 5-1　2009—2017 年城镇居民出游目的分类占比图

(数据来源：CEIC 数据库。)

从图 5-1 可以看到，观光游览人数占比在 2009—2013 年维持在 30% 左右，而在 2014 年有显著的下降。从 2013 年的 28.1% 降至 14.2%，并且这种低占比持续到 2015 年的 13.9%，之后在 2016 年再次恢复到原来的水平，为 29.5%。而相对应的是休闲度假的显著上升，两者的变化时点高度吻合，在 2009—2013 年维持在 25% 上下，在 2014 年占比骤增到 50%，2015 年为 48.3%，2016 年开始显著下降为 30.1%。其他分类在 2009—2017 年变化不大。根据上述分析，可以看出 2014 年、2015 年观光旅游人数有大幅的下降，不过同期可能由于借公务旅游可能性的减少，个人选择自己度假带来了休闲度假人数同期大幅增加，所以在整体的旅游人数来看仍然是呈现增长的态势。

国外前来参与会议的游客也受到一定程度的影响。图 5-2 是 2009—2018 年入境旅游者目的分类的占比图。入境的目的被分为服务员工、探亲访友、观光休闲、会议/商务和其他五种分类。直观看来，在 2014 年有特别变化的仅有会议/商务选项，在 2009—2013 年维持在 23% 左右水平，在 2014 年开始下降，截至 2018 年已经下降到 12.8%；而观光休闲项目尽管也有所下降，但是这种下降趋势自 2010 年就已经显现，所以并不能确定将 2014 年下降归结为景区开会禁令。

从不同旅游目的的游客占比的变化可以看出，在 2014 年确实存在着一些显著的变化。为了更清楚地看到政策的影响范围和作用效果，还需要更加细致的对比。考虑到景区开会禁令禁止的是景区，那么景区将会是最直接的受影响部分，接下来我们对景区的情况进行对比分析。

反腐新政、隐形交易成本与市场化程度研究

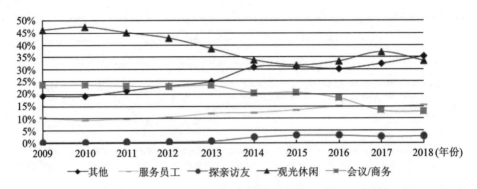

图 5-2　2009—2018 年入境旅游者出游目的分类占比图

（数据来源：CEIC 数据库。）

二、禁会景区并未受太大影响 ▶▶▶

若以 2009—2016 年国家发布的城乡统计年鉴中统计的景区为基础，可以清楚地看到尽管在大约 200 个景区中禁会景区仅有 21 个，在全部景区中面积占比并不大，但是考虑到便利性、安全性以及时间和声誉等问题，无论是游览人数还是经营收入，禁会景区都占了近三分之一的总量。

图 5-3 对禁会景区的各项指标变化有更为直观的展现，通过观察可以看到，禁会景区的面积占比在近年来并未发生重大变化，基本保持在 15%，围绕 15% 有小幅波动，这是因为能够记载在册的景区都是较为成熟的旅游点，其经营模式、基本活动、占地面积不会有频繁或大量的改变。

禁会景区总经营收入指标占比在 2009—2016 年均在 30% 以上，有一定的波动，其中旅游收入在 2009—2011 年有显著下降，这一变化与针对"三公"经费披露的一系列政策出台有关：2010 年 3 月 23 日，国务院常务会议决定，自 2011 年 6 月起向全国人大常委会报告中央财政决算时，将"三公"经费支出情况纳入报告内容，并向社会公开。按照国务院要求，98 个中央部门要公开部门决算。随后 2011 年 8 月印发《关于深化政务公开加强政务服务的意见》，11 月 21 日发布《机关事务管理条例（征求意见稿）》，要求县级以上政府定期公布机关运行经费的预算、决算和绩效考评情况。其中"三公"经费主要指政府部门人员因公出国（境）经费、公务车购置及运行费、公务招待费产生的消费。对于党政机关来说，其因公开会的相关费用会计入公务招待费，一旦要求公布具体数据，就将其暴露在社会公众的监督之下，所以会存在一些前期机关自我调整。2014 年景区开会禁令发布当年可以看到禁会景区经营收入占比并未变化，2012—2014 年都

第五章
反腐新政对旅游业的影响

是较为稳定的35%。

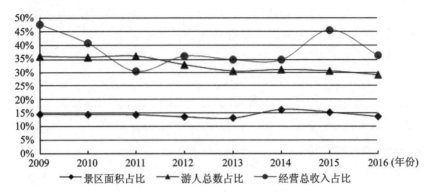

图5-3　2009—2016年禁会景区面积、游人总数、经营总收入占比情况一览图
（数据来源：CEIC数据库。）

禁会景区游览人数指标占比也相对稳定，2009—2011年维持在35%附近水平，2013—2016年维持在30%附近水平，2014年与前后几年都相对稳定。

从上述指标的变化分析认为：景区开会禁令发布后对禁会景区的旅游人数、经营收入并没有产生直接影响，这是因为反腐新政不仅仅只有景区开会禁令一项政策，而是一个完整科学的反腐制度体系。之前已经发布过相关的政策，如2011年8月印发的《关于深化政务公开加强政务服务的意见》，2011年11月21日发布的《机关事务管理条例（征求意见稿）》，2013年9月23日发布的《中央和国家机关会议费管理办法》，这些政策有的是明确中央和国家机关会议费中严禁列支公务接待费，其中规定不得组织会议代表旅游和与会议无关的参观，严禁以任何名义发放纪念品；有的是需要公开政府预算。这些政策的发布都是为了把公款消费的权利和资金放在"阳光下"进行监管。也就从2011年起，市场开始产生反应，在一定程度上造成景区内游人总数下降和消费下降，但是仅仅景区开会禁令的单一政策发布并未对景区造成较大冲击。

景区总人数和景区总收入在景区开会禁令发布后都没有十分明显的变化，那么这样的变化是确实没有发生还是被景区内部抵消了？下面是进一步的数据研究。

首先，观察禁会景区境内外游客数量在总景区游客的占比情况。图5-4所示分别是游客总数、境内游客和境外游客的禁会景区占比，可以看到境内人数和总人数的变化趋势基本上是重合的，这是因为在景区的总人数中有95%以上都是境内游客，所以两者的变化是一致的，这说明境内游客并未受到景区开会禁令太多的影响；而境外游客数量的变化则有所不同，在2009—2014年呈现波动态势，而在2014年没有回升，保持下降态势。尽管境外游客的禁会景区占比存在下降的可能，比如部分国外人员应邀参与部分党政机关培训，但是相较于国外游客受到影响显然应该是国内游客数量有更多的变化，然而同期的国内游客数量并没有显著的变化，因此境外游客禁会景区占比的下降并不能说明这是景区开会禁令产生的效果。

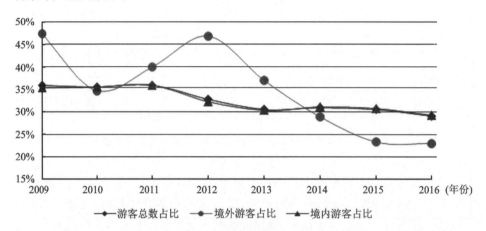

图 5-4　2009—2016 年禁会景区境内外游客在总景区人数的占比一览图

（数据来源：CEIC 数据库。）

其次，观察景区收入的细分。从两个角度去看，一是经营非门票收入在经营收入中占比的变化情况对比，门票收入总是和游客人数呈正比，反腐新政实施前后，我国的居民旅游保持增长，会产生抵消效应。但是公款旅游的行为特征与居民旅游存在明显不同。相比居民旅游量入为出、节俭自助游的行为特征，公款旅游在景区消费更为"大方"，会偏好奢侈性消费。因此，对非门票收入分析可以进一步反映消费变化的差异。图 5-5 中分别展示了禁会景区和非禁会景区的非门票收入变化情况。总的来看，非禁会景区的非门票收入占比一般要高于禁会景区的非门票收入占比，在 2009—2016 年（除 2015 年）维持在 50% 以上的水平，且变化不大。这可能是因为相较于禁会景区，非禁会景区的经营没有受到反腐新政的影响，经营模式较为稳定，因此其非门票收入占比较为稳定，波动较小。再观禁会景区，因为地理优势和知名度等原因，原来是公款旅游的热点地区，因此受到反腐新政的影响较大。在 2011 年非门票收入占比有了显著的下降，这一变化和前面提到的 2011 年发布的政策不无关系。在政策要求披露三公经费之后，各部门都有所收敛，特别是对党政机关借开会旅游现象比较严重的禁会景区，借公费大吃大喝的现象得到一定的遏制，表现出来就是非门票收入的下降。在 2014 年前后，可以观察到 2015 年禁会景区和非禁会景区非门票收入都有一定的下降。与此同时发生的是 2015 年经营收入的上升，这个方向变动也证明禁会景区的游客行为特征变化,景区中慕名前来游览的游客增多了,但是游客消费却变得"节俭"了,表现为旅游的非门票支出下降了。

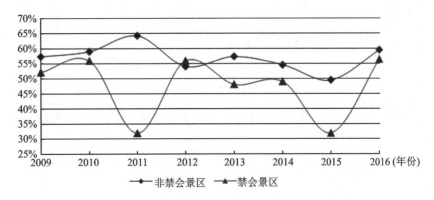

图 5-5　2009—2016 年景区非门票收入占比的对比图

(数据来源:CEIC 数据库。)

二是观察禁会景区各项收入指标在全国收入中的占比情况,能明显看到禁会景区相对于非禁会景区的变化情况。从图 5-6 来看,禁会景区门票收入在总门票收入中的占比并没有显著的变化,在禁令发布前后均维持在 40％ 左右,这和前文提到的禁会景区游人数量并未受到影响互相印证。值得注意的是,图 5-6 显示禁会景区非门票收入在总非门票收入的占比在 2015 年有显著上升,由 2014 年的 32.13％ 上升至 52.32％,这与前文景区非门票收入减少并不矛盾,因为景区本身减少了会进行大笔消费的公务人员,但是这个减少是同时发生在禁会景区和非禁会景区的,在缺少了公务旅游游客的情况下,日益增长的普通民众旅游需求弥补了这一人数空缺,又因为民众在旅游时会首选知名景区作为目标,就带来了禁会景区的非门票收入相较于总非门票收入的上升,这代表在禁令实施之后景区非门票收入更能反映常规游客的态度,景区可以根据这一数据对内部设施进行针对性建设。

从上面的分析我们可以看到景区开会禁令发布之后对景区整体的影响确实不大,就景区游览人数而言,景区开会禁令的存在对境内外游客数目无太大影响;而对景区收入而言,景区开会禁令对总收入的数量影响并不显著,但是禁令使得景区的收入结构发生变化,非门票收入有所下降,公务消费引发的业绩水分被拧了出来。景区经营收入更加实在,公众游客用自己的钱包进行的投票,而非靠少数借开会之由公费吃喝的人堆砌,这将能够更加直观地反映景区的经营情况,有助于景区不断地进步。

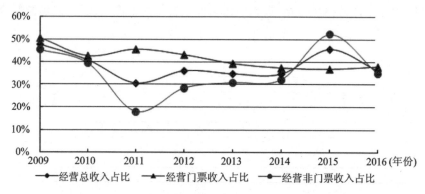

图 5-6　2009—2016 年禁会景区各类收入在全国收入的占比一览图

（数据来源：CEIC 数据库。）

第三节　景区开会禁令的间接影响分析

对游客来说，完整的旅程既有对旅游景点的游玩，也有对景点所在地区的人文、餐饮和娱乐的了解。游览知名景点是必然的行程，但却不是全部的行程，大家也会选择漫步在城市的大街小巷去品味城市的人文风貌和隐藏小吃，当景区开会禁令颁布之后，这种禁令的效果是否会上升到禁会景区所在城市呢？

一、景区开会禁令对城市旅游总人数的影响 ▶▶▶

首先观察去往旅游城市的人数是否发生变化。图 5-7 中的柱形图上展示 2009—2016 年禁会城市的境内外游客人数的变化，可以观察到在 2009—2013 年境内游客数目主要呈增长态势，但在 2014 年产生了明显的下降，从 54108 万人骤降到 30382 万人，2014 年的游客数目仅仅是上一年的 56.15%，同时禁会城市的境外游客也有所下降，不过境外游客是从 2013 年开始下降，2014 年到最低点，之后开始回升；而折线图则展示了禁会城市境内外游客在总境内外游客的占比，可以看到禁会城市不同人群的占比在 2012—2016 年均呈现下降趋势，禁会城市的境内游客从 2013 年的 18.62% 下降到 10.76%，降幅达到 42%，禁会城市的境外游客从 2013 年的 32.06% 下降到 25.53%，降幅达到 20%，这说明在 2014 年禁会城市的游客有异常减少，景区开会禁令的直接影响明显。

第五章
反腐新政对旅游业的影响

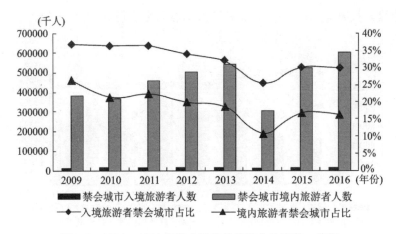

图 5-7　2009—2016 年禁会城市的旅游人数变化一览图

（数据来源：CEIC 数据库。）

二、景区开会禁令对城市旅游收入的影响 ▶▶▶

在部分党政机关借公务的名义组织旅游时，相关的消费不可能仅仅局限于知名景区，考虑到出行的交通、住宿、饮食等环节都将消费蔓延到景区外，所以尽管景区受到政策的影响不大，但是就城市层面的旅游收入不仅有景区产生的收入，还包括了游客出游以后的吃、住、行、游、娱、购、体、疗等各个方面的收入，并且在旅游中景区外的收入往往是占比最大的部分，景区开会禁令中禁止在景区开会，则相应的景区外收入将会大幅减少，所以该指标会有显著的由政策影响造成的变化。

通过图 5-8 的柱状图可以看到禁会城市中无论是境内旅游收入还是境外旅游收入，在 2014 年都有显著的降低，境内旅游收入从 2013 年的 8573 亿元下降到 2014 年的 5469 亿元，降幅达到 36%，境外旅游收入从 2013 年的 130 亿美元下降到 2014 年的 89 亿美元，降幅达到 31%；折线图反映了禁会城市旅游境内外收入在全国境内外收入中的占比情况，可以看到在 2009—2013 年景区开会禁令发布前禁会城市的外汇收入占比在缓慢下降，不过仍保持在 40% 以上，但在 2014 年从 2013 年的 42.9% 降到了 30.0%。国内旅游收入也有类似的变化，在 2009—2013 年是缓慢下降的趋势，但是在 2014 年发生了显著的下降。这两种收入在 2014 年下降后 2015 年又有所回升，进一步验证 2014 年下降的异常，应该是由 2014 年景区开会禁令的发布带来的影响。不过显而易见，这样的影响并没有持续太长时间,在 2015 年就被居民旅游的增长填补,并恢复到了正常增长的趋势。

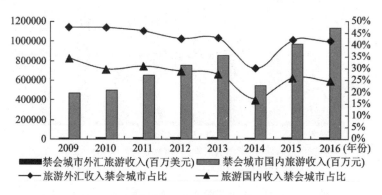

图 5-8　2009—2016 年我国禁会城市的旅游收入变化一览图

(数据来源:CEIC 数据库。)

三、景区开会禁令对地方产业的影响 ▶▶▶

出行时最需要考虑的事情就是怎么去,住在哪里,玩在哪里。对于景区城市而言,上述食住行的需求的变化将会直接影响城市客运行业、酒店行业和旅游行业。

图 5-9 和图 5-10 反映了城市客运量的变化情况。从相对量上看来,无论是禁会城市还是非禁会城市,大多数人出行选择的交通工具都是公路运输出行,如 2016 年禁会城市铁路客运量为 453.86 百万人次,公路客运量是 2473.32 百万人次,占当年总铁路公路客运量的比例为 84.5%;与此同时,非禁会城市铁路客运量为 1839.14 百万人次,公路客运量是 7227.65 百万人次,占当年总铁路公路客运量的比例为 79.7%。图 5-9 是两个分组在 2009—2016 年公路客运量的占比情况,禁会城市和非禁会城市的公路运输占比都在 2012 年之后就开始不断下降,这可能与我国不断发展的高铁有关。在 2012 年 12 月 26 日全长 2281 千米的京广高铁全线开通运营,京广高铁连接华北、华中和华南地区,跨越多个地区和水系,设计时速为 350 千米/小时,方便快捷的高铁在不断发展中逐步成为部分人出行首选,所以相较于铁路客运,在 2012 年后公路客运占比有所下降。这些变化并不能看出景区开会禁令的作用影响,接下来再专门针对禁会城市进行对比。

图 5-10 反映了禁会城市客运量在全部城市的客运量中占比情况,分别是铁

第五章
反腐新政对旅游业的影响

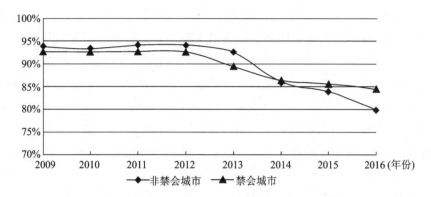

图 5-9　2009—2016 年公路客运量在总客运量中占比变化情况

（数据来源：CEIC 数据库。）

路客运量中的占比和公路客运量中的占比。可以直观地看到禁会城市的铁路客运量占比和公路客运量占比差距不大，基本围绕在 20% 上下波动，其中禁会城市的铁路客运量占比自 2011 年开始有小幅下降，推测这样表现的原因是高铁不断发展，人们开始将目光转向更多的景区，不再局限于之前占据地理优势而交通便利的禁会城市，所以有轻微的下降；再看公路客运量占比在 2013 年有明显的下降，从 2012 年的 19.09% 骤降到 16.18%，之后开始逐年增长；从前面的分析中可以看出禁会组在 2014 年的旅游人数占比有所下降，而 2014 年的公路客运量占比却有大幅上升。因此，我们认为景区开会禁令对禁会区域的铁路公路客运量没有显著影响。

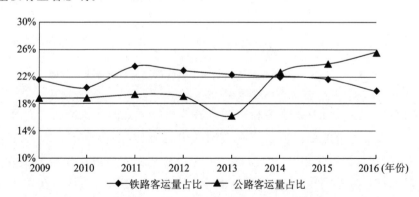

图 5-10　2009—2016 年禁会城市客运量在全国客运量的占比情况

（数据来源：CEIC 数据库。）

图 5-11 反映了禁会城市的酒店发展状况，首先是禁会城市的酒店占比，2010—2016 年禁会城市的酒店数量在全国酒店的占比在不断地下降，从 2010

年的占比 24.27% 下降到 2016 年的 21.17%,平均每年下降 0.52%,可以算得上平稳缓慢了,这背后的原因同样是现在的年轻人在出游时已经不再仅仅将目光定格在知名景区上,而是更欣赏小众景区,既能避开人流又能彰显个性,随着旅游人数的增加,非禁会城市有比例的上升也是人之常情。再看禁会城市和非禁会城市的酒店增长率,对于禁会城市而言,可以看到自 2011 年开始实施相关政策之后,禁会城市酒店的增长率就始终为负,并且在 2014 年又迎来负增长率的大幅上升,之后就一直保持 4% 以上的减少率,这说明不仅是景区开会禁令,而是反腐新政整体对于城市酒店行业的影响是存在且深远的,在游客大幅减少后,许多过剩的酒店逐渐被淘汰出市场,并且这种淘汰影响会持续一段时间;对于非禁会城市而言,同样受到了 2011 年政策的冲击,不过可能是减少的党政机关开会和公众的旅游增长互相抵消。之后非禁会城市在 2012—2013 年都是正的增长率,不过在 2014 年同样增长率下降为负,之后持续为负,这可能是景区开会禁令发布后对非禁会景区的波及效应。

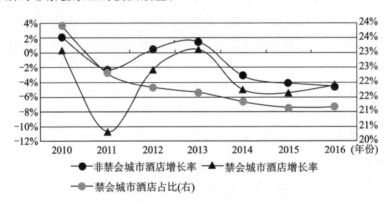

图 5-11　2010—2016 年酒店增长率及禁会区酒店占比变化一览图

(数据来源:CEIC 数据库。)

图 5-12 是禁会景区所在省份一些旅游业指标占比的变化情况。从图中可以感受到禁会省份的旅游业确实是全国的中流砥柱,旅游业从业人员占比为 80% 左右,旅行社数量占比为 76% 以上,旅行社从业人员占比则是 84% 左右。还可以很直观地看到在 2014 年当年旅游业从业人数中禁会景区所在省的占比有显著下降,从 2013 年的 82.98% 下降到 2014 年的 78.64%,不过之后又快速恢复,这是因为相较于有固定资产的企业而言人更具有流动性;反观旅行社和旅行社从业人员,他们的变化是较小并且略有滞后的,在 2015 年有小幅的下降,随后增长的常规游客弥补了空缺,带来了从业人数和旅行社的稳定。

第五章
反腐新政对旅游业的影响

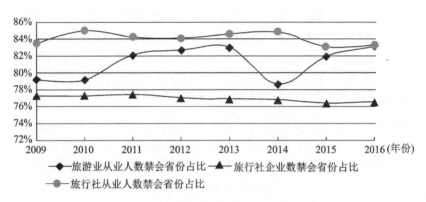

图 5-12　2009—2016 年禁会景区所在省份旅游业指标占比情况
（数据来源：CEIC 数据库。）

四、最终影响 ▶▶▶

在景区开会禁令中涉及的 21 个景区中,我们可以看到大多数景区城市都是依托于旅游业发展其经济的,所以在旅游收入受到政策波及时,城市的 GDP 也会受到波及。

从图 5-13 中禁会城市和非禁会城市 GDP 变化的对比可以看到两组的总体趋势都是上升的,但是在 2014 年都有一定幅度的下降,并且禁会组 GDP 在总 GDP 中的占比在 2014 年也产生了显著下降,这说明禁会城市的 GDP 下降幅度大于非禁会城市,即景区开会禁令的发布对禁会城市产生了更大的冲击。

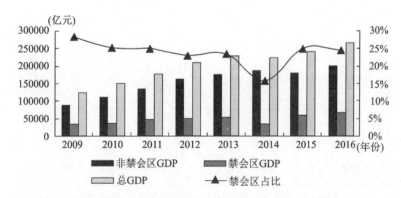

图 5-13　2009—2016 年我国禁会城市和非禁会城市 GDP 的变化一览图
（数据来源：CEIC 数据库。）

通过上述图表分析可以看到景区开会禁令的影响对于城市而言确实是存在的,并且这种影响不仅仅反映在国内游客和禁会城市上,还扩展到了境外游客和非禁会城市,因为影响到了前往禁会景区城市的游客数量,进一步地对饭店、旅游业等产生了影响,最终表现为景区开会禁令发布当年城市 GDP 的下降。不过值得欣慰的是,这样的影响除了饭店业在随后几年表现低迷,其他指标和行业都在 2015 年有所恢复,这得益于经济的发展,公众对于旅游的需求也在与日俱增,很好地填补了缺失的游客。

总的来说,景区开会禁令的发布对于景区本身的影响并不显著,仅仅是景区开会禁令发布后,禁会景区的非门票收入有一定的下降;而对于景区所在城市,景区开会禁令对城市旅游人数、城市旅游总收入和城市 GDP 方面都有显著的影响,在禁令发布当年产生了一定的负面冲击,说明了景区开会禁令的发布在一定程度上遏制了党政机关公款旅游、会议旅游的乱象,而随后几年因为中国经济不断发展,人们的旅游倾向也不断加强,相关数据又再次上升,禁令的发布旨在遏制腐败而非影响这些旅游城市的发展,这一目的基本实现。

第六章

反腐败与企业的费用归类调整

2012年12月4日,中共中央政治局会议审议通过《关于改进工作作风、密切联系群众的八项规定》(简称"八项规定"),要求厉行勤俭节约,杜绝奢靡之风。"八项规定"实施以来,对机关事业单位和国有企业的工作作风和公款消费活动产生了深刻影响。其明确指出"厉行勤俭节约,严格遵守廉洁从政有关规定,严格执行住房、车辆配备等有关工作和生活待遇的规定"。财政部在较短时间内,牵头出台了有关差旅费、会议费、培训费、接待经费、出国经费等方面的管理办法。"八项规定"出台后,相比非国有企业,国有企业销售和管理费用的抑制效果更加显著。

面临"八项规定",企业一般有两种应对措施:一是缩减公款消费规模,但这会使得管理层在职消费减少;二是在不降低或有限度降低公款消费水平情况下,不在敏感会计科目例如管理费用或销售费用中的业务招待费、办公费、差旅费等反映公款消费,而是将公款消费计入其他更为隐蔽、相对不太敏感的会计项目中,例如材料费、生产成本等存货科目,借以规避政府和社会公众的监督(叶康涛,2016)。

2013年中央巡视组开始第一轮审查,接连曝光中国人寿上市央企2012年全年业务招待费为14.1亿元,"荣登"A股业务招待费榜首,中国铁建2012年业务招待费高至8.37亿元,中国交建和中国电建2012年业务招待费分别为7.8亿元和3.42亿元,以及中国北车、葛洲坝存在巨额招待费等事件。中央纪委书记王岐山对此感到震惊,要求相关方面予以严肃查处并加强外部监督。

在上市公司中,建筑类行业以及能源供应类行业的企业招待费支出一直偏高。2013年中央巡视组率先查处了建筑类行业,紧接着2014年中央巡视组将目光集中到能源供应类的电力行业,并在后期进行回访调查,其中包括电力行业龙头之一的国投电力。国投电力经过中央巡视组的专项严格督查、自身的审计检查,我们认为其费用支出财务数据是挤干净水分的,可以作为行业的费用标尺数据。基于此,我们用国投电力的相关费用数据作为一把"标尺",来衡量其他未曝光电力行业的企业招待费状况是否在国家加强监督的背景下真实下降了,还是出现了一定程度上的费用操纵?

基于以上介绍,我们以规模不同的地方国企与大型央企作为对比,深入研究其费用归类手段实现途径、归类动机与时机以及操作程度、效果等方面的差异性。最后,用"标尺"数据来衡量地方国企与大型央企进行费用归类操纵之后的效果,判断其数据波动趋势是否正常。

第一节 费用归类操纵的理论分析

企业盈余管理行为总共分为三类:应计项目盈余管理、真实活动盈余管理和费用科目归类操纵(McVay,2006)。McVay对其中的费用归类操纵进行了明确的定义:"费用归类操纵通过改变本期有关的费用的科目归类,来调整利润表内不同费用科目的金额,以达到误导利益相关者的目的,并将费用归类操纵视为盈余管理的其中一种手段。"

一、费用归类操纵的目的与发生时机 ▶▶▶

费用归类操纵的相关研究始于美国资本市场的分类平滑(Classificatory Smoothing)。Ronen和Sadan(1975)将盈余平滑(Income Smoothing)的途径分为三种:交易事件的发生及其确认、跨期分摊和科目分类。其中,定义通过科目分类进行的盈余平滑为分类平滑,即管理当局可以借助将非正常或不经常发生项目分类为营业利润线上或线下项目,来平滑或管理营业利润。研究发现,当盈余平滑的目标是盈余科目而不是净盈余时,管理当局会进行分类平滑,即当企业的经常项目损失高于行业平均水平时,管理当局会将部分经常项目损失归类为非经常项目损失,或将部分非经常项目收益归类为经常项目收益;反之则相反,从而达到平滑经常项目损益的目的。另外,McVay(2006)和Fan(2010)都发现了企业倾向于将主营业务成本费用归类为特殊项目损失,以提高主营业务利润,改善盈利质量。并且Fan(2010)基于季度数据进一步提出,企业发生这种调整大多集中在财年的第四季度,Barua(2010)也得到了类似的结果。但是在中国关于费用归类操纵的研究不多,张子余(2012)发现全样本和微利公司样本并不支

第六章
反腐败与企业的费用归类调整

持上述公司存在费用归类操纵的行为,只有某类特殊微利公司具有将利润表中的部分"核心费用"转移到"营业外支出"项目的归类变更盈余管理行为。叶康涛(2016)提出,在2012年"八项规定"出台之后,国有上市企业为了规避外部监督将消费性现金支出计入当期管理费用和销售费用的比例显著下降,而计入本期存货科目的比例显著上升,并且强调其持续性较低,有可能是国有企业改变消费性现金支出的会计科目归类,来部分规避"八项规定"的外部监督。

在国内外关于费用归类操纵的研究中有部分涉及费用操纵的时机,其中以Fan(2010)为代表的国外学者一般关注企业在财年周期的费用归类操纵动机变化,如企业进行归类操纵的时机一般在财年的第四季度。但是中国的学者更为关注政策等外部环境变化对企业费用操纵的影响。熊伟(2014)表明因为中国政府面临税收优惠政策内容复杂、形式过多并且灵活性较大的情况而导致企业利用会计手段实现企业目的,由于存在税收优惠,国有企业会针对税收优惠程度不同这一点而选择不同的费用操纵手段及时机。王亮亮(2016)指出,在税收环境下,企业存在采取费用操纵来调节利润从而达到减少或规避税收的现象;叶康涛(2016)表明,在2012年"八项规定"出台的时间节点之后企业有进行费用归类操纵的行为;刘媛(2017)认为,中央巡视组在2013—2015年对55家中管央企的巡视结果来看还存在"四风"问题,公款吃喝、公款旅游等顶风违纪的事情还是时有发生,说明企业招待费的下降有可能不是因为国有企业全部都缩减了公费规模,而是部分国企存在进行费用归类操纵以逃避监管的行为。

二、费用归类操纵的动机和路径 ▶▶▶

现有基于西方对费用归类操纵动机的研究,McVay(2006)发现大多是为了让营业利润达到分析师预测。首先,分析师预测是形成投资者心理预期的基准之一,管理当局有动机迎合分析师预测。其次,为了平滑营业利润(Ronen和Sadan 1975),持续稳定的营业利润可以带给投资者信心,同时还能向市场传递持续盈利能力的内部消息。Givoly等(1999)发现动机也可能是提高公司股票市盈率来吸引投资者。相反,国内关于费用归类操纵研究较少。其中,吴溪(2006)发现,部分ST企业为了达到摘帽所需的盈利水平进行费用归类操纵;张子余和张天西(2012)表明,某类微利公司将利润表中的核心费用转入营业外支出科目中来达到管理核心收益的目的,这和西方学者的研究结果类似。然而,王一舒(2010)指出,纳税人充分利用各种税收优惠政策以调整所得税支出,或者指导公司利用我国税法和会计准则中的灵活性、漏洞或二者差异,通过费用操纵等会计手段调整税费来达到利益目标。叶康涛(2016)对中央"八项规定"出台前后对企业消费性现金支出的影响进行了研究,得出如下结论:国企在"八项规定"出台之后,为了规避外部监督会采取费用归类操纵行为,相比非敏感科目,利益相关者对业务招待费更为敏感,会将消费性现金支出归入非敏感科目。这一观点与西方学者的研究结论不同,更加符合我国国情。

中国的会计准则对费用尤其是对期间费用的规定还不够完善,这导致企业会利用对费用的归类不同而产生不同的操纵行为,费用归类操纵相对另外两种盈余管理的手段来说更加隐蔽,其手段主要包括企业不在敏感科目反映公款费用,而是将相关费用计入相对不敏感或更隐蔽的科目,如存货、材料费、生产成本和其他等。根据《中国会计报》的一项报道:"企业购买购物卡用于送礼、考察等业务活动,但如果开设的发票抬头是固定资产类例如计算机,这种隐蔽性最强"。[①] 可以通过分析企业年报中销售费用、管理费用中的明细科目数据的变化以及资产负债表中存货、在建工程、工程物资、固定资产等资产类科目数额的变化来判断企业是否进行了费用归类操纵。

业务招待费是企业为生产、经营业务的合理需要而支付的应酬费用。例如,企业为了争取业务产生的宴请、工作餐开支;赠送纪念品开支;参观开支以及由此带来的交通费等都算作招待费。在某种程度上,企业招待费是一个概念模糊的箱子,既可以装进业务招待的必须消费,也可以装进奢侈消费、过度消费。业务招待费不用像三公经费公布细节,其透明度低也就意味着可操作性很高。

我国的学者对于外部监督和费用归类操纵有一定的研究,但大多是追求共性的实证研究,对于包容差异分析的案例较少,本章将结合我国反腐新政实施时机,即外部监督加强时,对不同规模的国企在费用归类操纵的时机、动机以及手段进行差异对比。本研究试图拓展我国企业外部监督及费用归类操纵的研究视角,对差异和共性进行分析以进一步为实证研究提供思路。

第二节 国企费用归类问题研究思路

费用归类操纵发生的路径、应用的调整手段是监管机构最为关心的问题,这些问题不能在实证研究中得到显示。采用案例分析方式,可以完整地分析此问题的作用路径与效果,达到政策研究的实际需要目标。

---

① 屈涛. 天价"业务招待费"为何人间蒸发[N]. 中国会计报,2014-04-25.

第六章
反腐败与企业的费用归类调整

一、案例研究思路 ▶▶▶

本案例研究的主要问题是，2012年中央推出"八项规定"之后，规模不同的地方国企与大型央企是否都有费用归类操纵行为；由于监管力度不同，其费用归类操纵手段实现途径、归类动机、时机以及操作程度等方面是否存在差异。最后，用"标尺"数据来衡量地方国企与大型央企进行费用归类操纵之后的效果。

2012年随着中央反腐的力度加强，2013年中央巡视组开展了第一轮的巡查，并指出要发现突出问题，强化震慑作用。紧接着2014年中央将目光聚集到企业招待费泛滥严重的能源供应类行业，其中电力行业企业招待费问题较为严重，因此本案例选择研究电力行业。在经历了大量企业被严格审查、腐败曝光后严惩的事件后，2015年2月第六轮巡视组巡视国投电力。在反腐力度加大、检查严格的环境下，国投电力认真执行国家规定，其业务费用可以说是完全拧干水分，经得起检查。国投电力主营水电业务，行内综合实力较强，故本案例选国投电力（股票代码：600886）作为行业"标尺"数据。

同时在水电行业中选取中小型国企地方电力企业A与电力央企B做对比，理由如下：①从可比性角度而言，地方电力企业A与电力央企B均属于电力行业且主营水电，具有可比性。在2012年中央推出"八项规定"后，外部监督加强对地方电力企业A存在一定的影响，且2014年电力央企B受到与腐败相关的负面舆论对企业存有压力，两者可能有动机进行费用归类操纵，可比性较高。②从信息披露程度而言，地方电力企业A与电力央企B均属水电行业国企，对外信息披露程度较其他企业而言更为规范和完整。两者在信息披露完全的情况下具有代表性和借鉴性，有利于查找与分析财务数据的明细披露与去向。③从企业规模而言，地方电力企业A与电力央企B均为上市企业，行业地位较高且具有代表性，地方电力企业A属于中小规模的地方国企，电力央企B属于大型央企。选择规模不同的企业作为代表可比较在外部监督加强的环境下，企业规模的不同是否会使费用归类操纵存在差异。

综上所述，将地方电力企业A与电力央企B进行对比，从费用归类操纵手段实现途径，到费用操纵动机、时机以及操作程度与效果等方面来说明两者的差异性，最后将"标尺"数据用于衡量企业进行费用归类操纵之后的一个效果说明。

二、案例简介

(一)标尺公司简介

国投电力公司是一家主营以水电为主、水火并济、风光互补的综合电力上市公司,水电控股装机在国内上市公司中排第二,公司的雅砻江水电、国投大朝山等核心资产处于行业领先地位。股票代码为600886,总股本为67.86亿股,总市值为488.59亿元。

现将国投电力的销售费用及管理费用占营业收入比的数据进行整理,如图6-1所示。

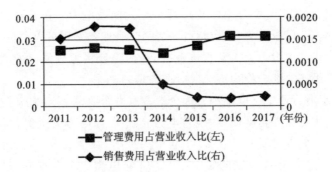

图 6-1　2011—2017 年国投电力销售费用及管理费用占比波动

(数据来源:巨潮资讯。)

由图 6-1 可以看出,国投电力的管理费用占营业收入比在 2012 年"八项规定"出台后数据出现波动最终趋于稳定,在 3% 左右;销售费用占比在 2013 年大量企业被曝光严惩之后出现了大幅下降,最后在 2015—2017 年趋于稳定,在 0.02% 左右。说明企业的费用在政府高度监管下已经调整正常,可将正常数据作为衡量其他企业招待费用的标准,来说明费用归类操纵在地方国企与大型央企中存在的问题及差异。

(二)主要案例简介

该公司主营水力发电、供电业务,并经营所在地区地方电网,是集发、供用电为一体的电力中型企业,主要服务位于所在区域的电力需求。其总市值为 33.93 亿元,总股本为 4.97 亿股。该公司目前在销售的电量来源分为三部分:自有电厂发电、收购区域内小水电、购本省电网发电;除供电本区域之外,公司供电范围正逐步拓展。

第六章
反腐败与企业的费用归类调整

1. 案例选择思路

为了进一步判断地方电力企业 A 数据是否存在异常情况,将选取同行业中主营为水力发电的国企作为对比,对比企业包括三峡水利(股票代码:600116)、岷江水电(股票代码:600131)、华能水电(股票代码:600025)。将以上企业与地方电力企业 A 销售费用占比数据进行整理,如表 6-1 所示。

表 6-1 2011—2017 年地方电力企业 A 与同行业国企销售费用总额对比(万元)

企业	2011 年	2012 年	2013 年	2014 年	2015 年	2016 年	2017 年
地方电力企业 A	5007.20	6619.57	6953.42	5830.32	5500.30	6790.69	8938.16
三峡水利	245.94	298.56	301.36	99.56	27.23	15.86	11.97
岷江水电	553.07	709.27	906.22	923.28	987.12	1073.45	761.17
华能水电	2369.00	2049.22	1704.51	1803.84	2041.99	927.59	1761.98

数据来源:wind 数据库。

由图 6-2 可知 2012—2015 年同行业销售费用基本保持下降的趋势,除了地方电力企业 A 在 2015 年之后销售费用总额出现反弹,较往年出现直线上升,其他国企没有出现销售费用超过 2015 年的现象,此处存在异常。下面再看同行业间营业收入总额变动情况,见表 6-2 和图 6-3、图 6-4。

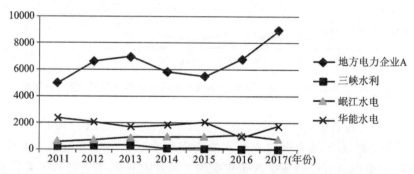

图 6-2 2011—2017 年地方电力企业 A 与同行业国企销售费用总额波动对比图(万元)
(数据来源:巨潮资讯。)

表 6-2 2011—2017 年地方电力企业 A 与同行业国企营业收入总额对比(万元)

企业	2011 年	2012 年	2013 年	2014 年	2015 年	2016 年	2017 年
地方电力企业 A	155270.55	171034.07	203181.30	201603.30	192955.27	183626.89	199599.22
三峡水利	82651.99	94524.26	136911.33	129783.64	131575.29	125751.19	121762.25
岷江水电	67114.65	80498.66	77175.96	82981.27	93593.34	113661.06	82158.42
华能水电	887559.98	1029273.98	1357995.24	1560843.64	1296084.44	1155202.78	1284757.69

数据来源:wind 数据库。

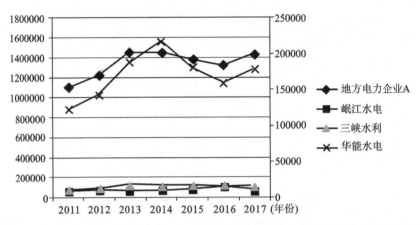

图 6-3　2011—2017 年地方电力企业 A 与同行业国企营业收入总额波动对比图（万元）

（数据来源：巨潮资讯。）

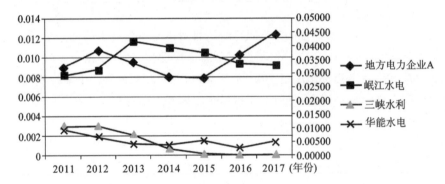

图 6-4　2011—2017 年地方电力企业 A 与同行业国企销售费用占营业收入比对比图

（数据来源：巨潮资讯。）

由以上可以看出，同行业国企中销售费用占营业收入比在 2012 年之后基本保持下降趋势，只有地方电力企业 A 在 2015—2017 年销售费用占营业收入比出现反弹，此时地方电力企业 A 销售费用出现直线上升，营业收入无明显波动，结合上文，不排除企业将销售费用留到后期释放的可能。下面将同行业国企与地方电力企业 A 的管理费用进行对比，见表 6-3 和图 6-5、图 6-6。

表 6-3　2011—2017 年地方电力企业 A 与同行业国企管理费用对比（万元）

企业	2011 年	2012 年	2013 年	2014 年	2015 年	2016 年	2017 年
地方电力企业 A	13912.53	14308.54	16643.44	14407.71	14806.05	12973.57	12474.37
岷江水电	5960.07	6899.90	5733.30	6164.47	6328.44	6438.16	6475.01
三峡水利	8803.13	8475.03	9785.81	10610.31	9837.59	10961.38	9472.87
华能水电	13222.08	17377.10	18463.56	20024.83	19630.44	18202.71	20124.82

数据来源：wind 数据库。

第六章
反腐败与企业的费用归类调整

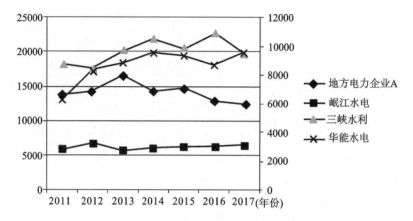

图 6-5　2011—2017 年地方电力企业 A 与同行业国企管理费用总额波动对比图(万元)
(数据来源:巨潮资讯。)

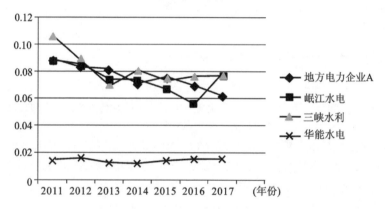

图 6-6　2011—2017 年地方电力企业 A 与同行业国企管理费用占比波动对比图
(数据来源:巨潮资讯。)

由表 6-3 和图 6-5、图 6-6 可看出,首先,同行业中管理费用占比这一数据在 2011—2017 年基本保持下降趋势,相比之下地方电力企业 A 的下降程度更大,并且在 2014—2015 年出现上升后又开始大幅下降,波动剧烈,这一点与同行业国企不同。其次,岷江水电管理费用占比出现剧增是因为 2016—2017 年管理费用总额剧增,营业收入下降。地方电力企业 A 与同行业国企对比中,销售费用占比波动趋势反常,管理费用虽保持与同行业同趋势变动,但是下降程度比同行业都大,波动程度反常。现将销售费用与管理费用总额占比汇总,查看费用总额占营业收入的波动情况,来说明费用之间此消彼长之后的总体波动情况,见表 6-4 和图 6-7。

表6-4　2011—2017年地方电力企业A与同行业国企费用总体占比

企业	2011年	2012年	2013年	2014年	2015年	2016年	2017年
地方电力企业A	0.1220	0.1220	0.1160	0.1000	0.1050	0.1080	0.1070
岷江水电	0.0970	0.0945	0.0860	0.0854	0.0782	0.0661	0.0881
三峡水利	0.1095	0.0928	0.0737	0.0825	0.0750	0.0873	0.0779
华能水电	0.0180	0.0190	0.0150	0.0140	0.0170	0.0170	0.0170

数据来源：wind数据库。

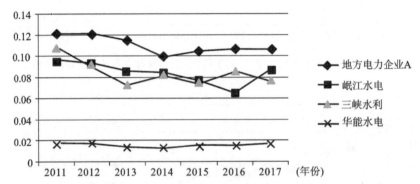

图6-7　2011—2017年地方电力企业A与同行业国企费用总额占比对比图

（数据来源：巨潮资讯。）

综上，地方电力企业A与同行业国企的对比中可总结出地方电力企业A的费用总体波动情况异常，具体表现为2011—2013年费用总体占比下降幅度大于同行国企，主要是由于管理费用下降幅度超同行。此外，2013—2017年波动趋势与同行业不同，同行业普遍下降而地方电力企业A出现反弹上升，主要是因为销售费用大幅上升。

企业因生产商品产生的制造费用，销售商品期间产生的相关交易费用等最终结转至主营业务成本，为了完善对企业费用变动的分析，现将结合企业的营业成本占比来分析企业因生产、销售商品等产生的费用波动情况，进一步说明企业费用波动异常，见表6-5和图6-8，以及表6-6和图6-9。

表6-5　2011—2017年地方电力企业A与同行业国企营业成本占比对比

企业	2011年	2012年	2013年	2014年	2015年	2016年	2017年
地方电力企业A	0.763	0.756	0.780	0.788	0.803	0.770	0.746
岷江水电	0.811	0.754	0.793	0.781	0.801	0.810	0.865
三峡水利	0.841	0.782	0.733	0.717	0.690	0.744	0.830
华能水电	0.533	0.464	0.399	0.414	0.509	0.556	0.525

数据来源：wind数据库。

第六章
反腐败与企业的费用归类调整

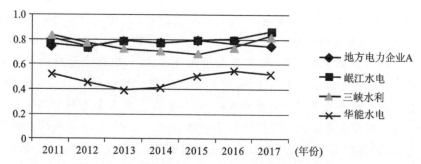

图 6-8　2011—2017 年地方电力企业 A 与同行业国企营业成本占比对比图
（数据来源：巨潮资讯。）

表 6-6　2011—2017 年地方电力企业 A 与同行业国企销售毛利率波动对比（%）

企业	2011 年	2012 年	2013 年	2014 年	2015 年	2016 年	2017 年
地方电力企业 A	23.66	24.37	22.04	21.17	19.91	22.98	26.24
岷江水电	18.85	24.64	20.74	21.93	19.89	18.96	13.53
三峡水利	19.78	23.95	19.97	24.65	28.94	30.56	32.26
华能水电	46.70	53.58	60.07	58.56	49.05	44.36	47.54

数据来源：wind 数据库。

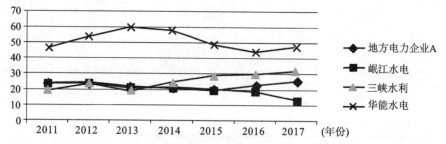

图 6-9　2011—2017 年地方电力企业 A 与同行业国企销售毛利率波动对比图（%）
（数据来源：巨潮资讯。）

由图 6-8 和图 6-9 可以看出，地方电力企业 A 的营业成本占比对比同行业国企而言总体偏高，销售毛利率较低。2012—2015 年同行业国企营业成本呈下降趋势，而地方电力企业 A 保持上升，并且其销售毛利率同期呈下降趋势，且销售毛利率水平远低于同行业国企，这说明 2012 年"八项规定"之后到 2015 年地方电力企业 A 的营业成本并未出现真实下降，导致 2012—2015 年销售毛利率持续下降。结合前文的销售费用、管理费用、成本的波动异常，地方电力企业 A 的费用、成本变动较同行业国企来说出现异常。

进一步分析毛利率，其中 2013—2017 年岷江水电与三峡水利的波动趋势基本一致，相比之下华能水电与地方电力企业 A 有所不同。排除波动一致的企业,将华能水电与地方电力企业 A 的毛利率进行对比,进一步来判断地方电力企业 A 的毛利率波动异常。可见 2011—2013 年华能水电毛利率出现上升,而 2014—2016 年开始大幅下降,根据查阅新闻资料显示,出现下降是由于华能水电售电出现供过于求而使电价下调,属于正常现象。然而在 2011—2015 年,同行业企业的毛利率几乎都有上升的波动,地方电力企业 A 的毛利率却一直保持下降趋势。根据企业新闻及年报资料显示,地方电力企业 A 在此期间对外售电均价上涨,销售量也未出现较大波动。由此说明,出现此现象的原因正是地方电力企业 A 的营业成本远高于同行业,与上文营业成本数据得出的结论吻合。

2. 与同行业民营电力企业对比

在电力行业民营企业中选取对比企业时,由于民营企业年报对外披露程度较低,且专营水电的民营企业较少,相对而言信息可比性下降,于是选择营业范围包括水电的综合性电力民企。选择浙富控股、联美控股和韶能股份来说明地方电力企业 A 的异常变动在同行业民营企业中是否正常。下面将民企与地方电力企业 A 的销售费用进行对比,见表 6-7 和图 6-10。

表 6-7　2011—2017 年地方电力企业 A 与同行业民营企业销售费用总额对比(万元)

企业	2011 年	2012 年	2013 年	2014 年	2015 年	2016 年	2017 年
地方电力企业 A	5007.20	6619.57	6953.42	5830.33	5500.30	6790.70	8938.16
浙富控股	1779.98	2450.11	2635.68	3660.53	4101.05	4771.71	4738.04
联美控股	136.38	136.24	210.11	182.68	675.20	300.84	695.15
韶能股份	5106.60	5940.28	5831.77	7853.07	8948.19	8659.01	9274.81

数据来源:wind 数据库。

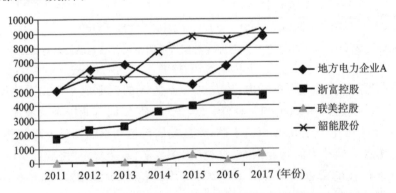

图 6-10　2011—2017 年地方电力企业 A 与同行业民营企业销售费用总额对比图(万元)
(数据来源:巨潮资讯。)

由图 6-10 可知,同行业中地方电力企业 A 与民营企业的销售费用基本呈上升趋势,但是在 2013—2015 年只有地方电力企业 A 出现了大幅下跌,之后在

2015—2017年销售费用又出现反弹式增长,此处存在异常。下面将同行业地方电力企业A与民营企业的营业收入进行对比,见表6-8和图6-11、图6-12。

表6-8　2011—2017年地方电力企业A与同行业民营营业收入对比(万元)

企业	2011年	2012年	2013年	2014年	2015年	2016年	2017年
地方电力企业A	155270.55	171034.07	203181.30	201603.30	192955.27	183626.89	199599.22
浙富控股	105954.06	92519.15	79615.12	68601.52	70746.80	112214.33	109592.58
联美控股	40619.45	49375.04	58200.96	66148.55	75772.51	204444.49	237646.92
韶能股份	210960.67	214890.74	233966.45	300952.08	300722.18	319876.53	359410.41

数据来源:wind数据库。

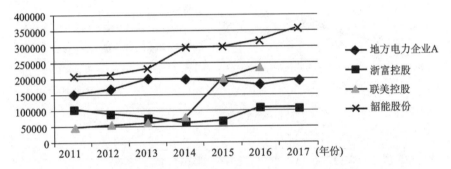

图6-11　2011—2017年地方电力企业A与同行业民营企业营业收入对比图(万元)
(数据来源:巨潮资讯。)

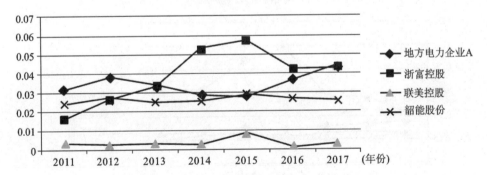

图6-12　2011—2017年地方电力企业A与同行业民营企业销售费用占比对比图
(数据来源:巨潮资讯。)

由图6-12可看出,地方电力企业A与同行业中的民营企业相比,其销售费用占比在2015—2017年反弹上升,与同业民营企业不同,这一异常情况在与同行业国有企业对比中也存在。下面将地方电力企业A与同行业民营企业的管理费用进行对比,见表6-9和图6-13、图6-14。

反腐新政、隐形交易成本与市场化程度研究

表6-9　2011—2017年地方电力企业A与同行业民营企业管理费用总额对比（万元）

企业	2011年	2012年	2013年	2014年	2015年	2016年	2017年
地方电力企业A	13912.53	14308.54	16643.44	14407.71	14806.05	12973.57	12474.37
浙富控股	11396.71	13074.08	11463.42	16862.91	15565.04	17700.84	16850.98
联美控股	2465.40	2761.18	3135.27	4148.48	4776.09	10742.48	11718.84
韶能股份	13381.47	14646.62	15776.77	16818.41	20006.40	19778.38	18025.77

数据来源：wind数据库。

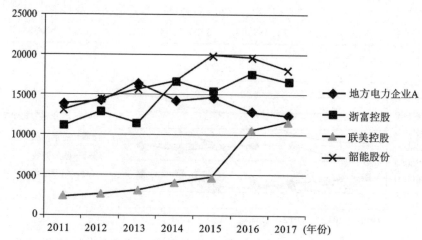

图6-13　2011—2017年地方电力企业A与同行业民营企业管理费用对比图（万元）
（数据来源：巨潮资讯。）

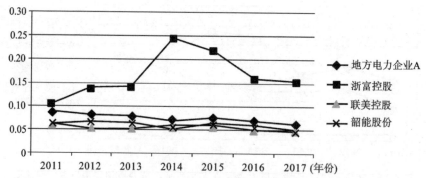

图6-14　2011—2017年地方电力企业A与同行业民营企业管理费用占比对比图
（数据来源：巨潮资讯。）

由图6-14可看出，地方电力企业A与其他两个民营企业管理费用占比变化趋势基本一致，保持下降趋势。综上，地方电力企业A与同行业民营企业相比，销售费用占比波动趋势反常，管理费用占比波动趋势及程度正常。现将地方电

力企业 A 与同行业民营企业费用总体变动做比较,来说明费用之间波动此消彼长抵消之后总体的变动情况,见表 6-10 和图 6-15。

表 6-10 2011—2017 年地方电力企业 A 与同行业民营企业费用总体占比

企业	2011 年	2012 年	2013 年	2014 年	2015 年	2016 年	2017 年
地方电力企业 A	0.122	0.122	0.116	0.100	0.105	0.108	0.107
浙富控股	0.124	0.168	0.177	0.299	0.278	0.200	0.197
联美控股	0.064	0.059	0.057	0.065	0.072	0.054	0.052
韶能股份	0.088	0.096	0.092	0.082	0.096	0.089	0.076

数据来源:wind 数据库。

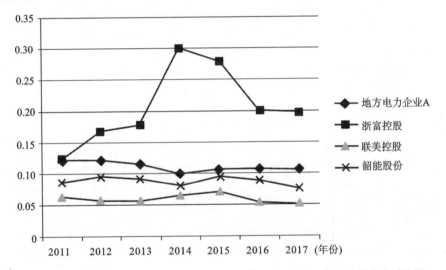

图 6-15 2011—2017 年地方电力企业 A 与同行业民营企业费用总体占比对比图
(数据来源:巨潮资讯。)

由图 6-15 可知,地方电力企业 A 与同行业民营企业的费用总体占比相比,在 2011—2014 年波动正常,在 2014—2017 年费用占比波动异常,同行业民营保持下降的趋势但地方电力企业 A 费用占比却保持上升。这一异常现象在地方电力企业 A 与同行业国企对比中同样存在。下面将地方电力企业 A 与同行业民营企业的营业成本占比进行对比,见表 6-11 和图 6-16,将它们的销售毛利率进行对比,见表 6-12 和图 6-17。

表 6-11 2011—2017 年地方电力企业 A 与同行业民营企业营业成本占比对比

企业	2011 年	2012 年	2013 年	2014 年	2015 年	2016 年	2017 年
地方电力企业 A	0.763	0.756	0.780	0.788	0.803	0.770	0.746
浙富控股	0.698	0.705	0.730	0.906	0.778	0.737	0.795

续表

企业	2011年	2012年	2013年	2014年	2015年	2016年	2017年
联美控股	0.717	0.727	0.707	0.692	0.658	0.604	0.498
韶能股份	0.763	0.695	0.664	0.725	0.691	0.652	0.719

数据来源：wind数据库。

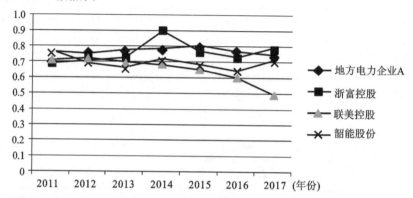

图6-16 2011—2017年地方电力企业A与同行业民营企业营业成本占比对比图
（数据来源：巨潮资讯。）

表6-12 2011—2017年地方电力企业A与同行业民营企业销售毛利率对比

企业	2011年	2012年	2013年	2014年	2015年	2016年	2017年
地方电力企业A	23.66	24.37	22.04	21.17	19.91	22.98	26.24
浙富股份	30.23	29.47	26.98	9.4	22.2	26.34	20.52
联美控股	36.35	34.05	37.66	36.77	42.39	46.62	50
韶能股份	23.68	30.46	33.61	27.54	30.88	34.76	28.14

数据来源：wind数据库。

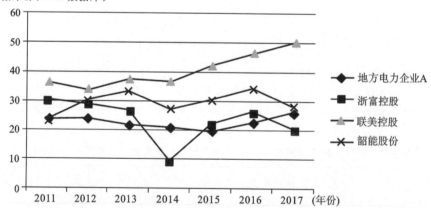

图6-17 2011—2017年地方电力企业A与同行业民营企业销售毛利率对比（%）
（数据来源：wind数据库。）

由图 6-16 和图 6-17 可知,地方电力企业 A 与同行业民营企业相比,销售毛利率水平较低,大部分年份均处于末位,并且在 2012—2015 年地方电力企业 A 的销售毛利率持续下降,这说明地方电力企业 A 与同行业民营企业相比营业成本较高。另外,在波动趋势及程度上,地方电力企业 A 与民营企业的营业成本逐渐出现差距,具体表现在 2012—2015 年,同行业民营企业大部分呈下降趋势,但是地方电力企业 A 的营业成本缓慢上升,在 2015—2017 年才有逐渐下降的趋势且下降速度相比其他民企更缓慢,这说明地方电力企业 A 与同行业国企和民企相比,都出现了异常的变化。

综上所述,地方电力企业 A 在费用、营业成本等费用归类方面确实存在异常情况,故选地方电力企业 A 作为案例公司分析反腐败对国企费用归类操纵问题的研究具有典型性和代表性。

第三节　费用归类操纵的手段与路径剖析

一、费用化手段分析 ▶▶▶

业务招待费、差旅费、办公费等都属于敏感费用,且在年报中不会进行细节披露,有些企业的这部分费用既包含业务招待的必需消费,也包含一些不当消费、奢侈消费和过度消费。企业通常会将业务招待费存放于管理费用、销售费用中,但是在 2012 年中央颁布"八项规定"后,如果销售费用、管理费用中的企业招待费过高容易引人注目,因此企业为了规避监管就会将敏感的企业招待费用分散到不敏感的费用科目中,此类手段为费用归类操纵中的费用化手段。2011—2017 年地方电力企业 A 销售费用明细占比波动见图 6-18。

基于年报可知,地方电力企业 A 的销售费用占比在 2013—2015 年出现下降,但是差旅费、办公费、车辆使用费、职工教育费等科目未披露数据,年报中 2013 年以后的明细科目每年变化很大且不一致,则这种间断披露的数据可比性不强,可剔除这些科目的影响。

此外,连续披露的数据中工资占比相比其他科目占比较高,在销售费用中占多数,具有可比性,工资占比在 2013—2017 年呈上升趋势,是因为在此期间工资总额大幅上升,营业收入轻微下滑。查看了 2012 年及之后年份的在职人员情况表,发现公司 2013 年在职人员总人数较 2012 年反而下降 100 人左右,随后几年在职人数也有减少并无大幅增加,其人员减少主要体现为技术人员及生产人员减少,则排除是因为在职员工人数大幅上升引起的工资剧增。另外,工资大幅上升也有可能是因为教育程度的问题,于是找到 2012 年及以后在职员工最高教育程度情况,见表 6-13。

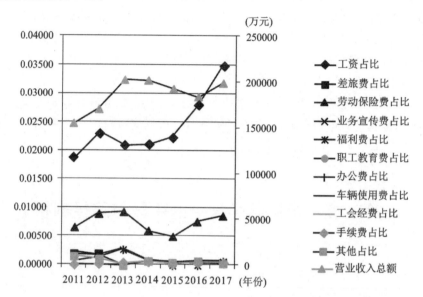

图 6-18　2011—2017 年地方电力企业 A 销售费用明细占比波动

(数据来源:地方电力企业 A 年报。)

表 6-13　2012—2017 年在职员工最高教育程度情况

项目	2012 年	2013 年	2014 年	2015 年	2016 年	2017 年
大学及以上学历(人数)	231	265	277	317	406	452
增长率(%)		14.7	4.5	14.4	28.1	11.3

数据来源:地方电力企业 A 年报。

如表 6-13 所示,地方电力企业 A 在职员工大学及以上学历的人数在逐年增加,在 2014—2015 年大学及以上学历人数增加 40 人,工资增加 97.7 万元;在 2015—2016 年人数增加 89 人,工资增加 795 万元;在 2016—2017 年人数增加 46 人,工资增加 1824.4 万元。由此可以看出,虽然高学历人数在逐年增加,但是工资增加的数额明显与人数不相称,即使考虑到物价上涨的因素,工资上涨的程度依然明显超出高学历人数增加带来的效应。这说明该企业工资上升不仅仅是因为高学历人数的增加,还有可能是因为有部分企业招待费藏匿其中,接下来分析地方电力企业 A 的管理费用构成部分,见图 6-19。

第六章
反腐败与企业的费用归类调整

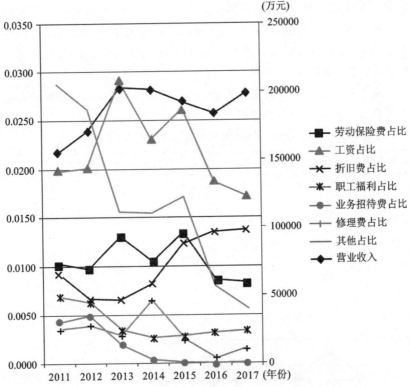

图 6-19　2011—2017 年地方电力企业 A 管理费用明细占比波动

（数据来源：地方电力企业 A 年报。）

　　管理费用明细科目很多，排除断续披露的科目之后，相比连续披露的科目可知，导致管理费用下降的原因最主要的是企业招待费占比这一科目数据出现骤降，企业招待费用总额下降 823.27 万元，占比下降率达 97.9%。其他科目占比也出现大幅下降。工资占比较其他科目占比较高，具有可比性。然而工资占比在 2012—2016 年出现剧烈波动，2012—2013 年工资占比出现直线上升，营业收入保持上升的同时工资占比依然直线上升，说明此期间工资总额出现剧增且其幅度超过营业收入，增长率高达 72.17%，在 2013—2014 年工资占比又出现骤降，此时营业收入保持下降的趋势工资占比却直线下降，说明工资总额下跌幅度超过营业收入，下跌率达 22%，在短期内该企业受聘人员并无太大波动的情况下，工资水平出现巨大波动可排除由于行业发展受聘人员增加带来的加薪可能，同上文销售费用中工资费用分析一样，工资的波动异常可能成为企业隐匿费用的手段。

　　为了进一步证实工资的波动存在异常，先找到现金流量表中支付给职工以及为职工支付的现金，其代表企业实际支付给职工的薪酬，职工的工资一般存在于销售费用、管理费用、生产成本这三部分，由于生产成本后期结转到主营业务成本中难以准确地分辨,现将使用倒推的办法计算出生产成本中所包含的工资部分来判断工资波动情况。利用三大报表间的勾稽关系,运用式(6-1)估算出生产成本中的工资部分,最后计算出生产成本中的工资占营业收入比来对比其占比的波动异常性,见表6-14和图6-20。

生产成本中的工资=新增应付职工薪酬+支付给职工以及为职工支付的现金—销售费用中的工资—管理费用中的工资 (6-1)

表6-14 2011—2017年地方电力企业A薪酬情况(万元)

薪酬情况	2011年	2012年	2013年	2014年	2015年	2016年	2017年
新增应付职工薪酬	−20.92	386.38	−3.66	283.25	1942.03	3464.55	−3220.7
支付给职工以及为职工支付的现金	25663.44	26275.4	30176.13	32112.8	31478.21	31932.77	34293.02
销售费用中薪酬	4158.88	5965.57	6938.62	5701.03	5397.92	6672.78	8847.12
管理费用中薪酬	5743.79	6189.83	9292.14	7267.78	8231.81	5727.21	5939.96
生产成本中薪酬	15739.85	14506.38	13941.71	19427.24	19790.51	22997.33	16285.24

数据来源:地方电力企业A年报。

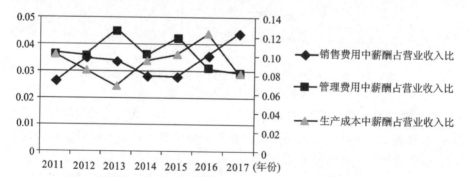

图6-20 2011—2017年地方电力企业A薪酬占营业收入比波动图

(数据来源:地方电力企业A年报。)

企业的三部分薪酬波动情况,销售费用中薪酬占比据上一节分析可知,2013年之后大幅上涨,上涨程度与其在职人员波动不符。并且结合前文地方电力企业A营业收入数据来看,2013—2017年地方电力企业A营业收入持续大幅下降,与企业薪酬持续上涨矛盾。另外,管理费用中薪酬占比波动剧烈且反复,可排除由于人员波动及物价水平上涨带来的剧烈波动。除此之外,2014年凤凰资讯、和讯网、网易财经等媒体报道国企2014年开始采取降薪,在此大环境下,地方电力企业A薪酬大幅上升则不合理。生产成本中的薪酬占比在2013—2016年出现大幅上升,较之前出现剧烈波动,由此说明2013年之后地方电力企业A薪酬的大幅波动异常,可能是地方电力企业A费用归类操纵中费用化的一种手段。

第六章
反腐败与企业的费用归类调整

在确定了薪酬是作为费用化手段之后,接下来深入分析地方电力企业A薪酬细分科目中除了工资以外还存在哪些异常现象。地方电力企业A对于销售费用和管理费用中的薪酬归类有所不同。销售费用薪酬包括工资、劳动保险费、福利费、职工教育费和工会经费;管理费用薪酬则包含劳动保险费、工资和职工福利。本研究将以上提到的明细进行分类整理,如图6-21和图6-22所示。

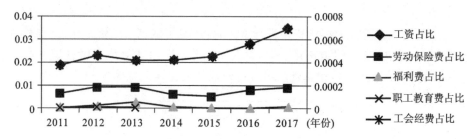

图6-21　2011—2017年销售费用薪酬明细占比波动

(数据来源:地方电力企业A年报。)

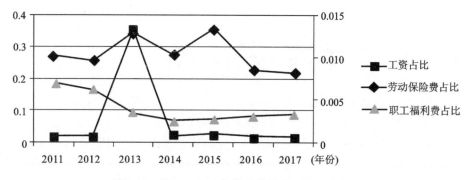

图6-22　2011—2017年管理费用明细占比波动图

(数据来源:地方电力企业A年报。)

从图6-21可知,职工教育费用披露不具有连续性,且占比很低,因此可比性不强,销售费用管理薪酬中明细科目工资、工会经费占比波动情况一致。另外,劳动保险费与福利费占比在2013年之前呈上升趋势,但总占比较小。虽然在2013年之后开始出现大幅下降之后又反弹,但不太可能是企业将其作为分散招待费的费用化手段。

图6-22所示的管理费用薪酬中的明细占比中工资、劳动保险费、职工福利费的占比都出现了反复且剧烈的波动。基于上文分析得知,排除了在职人员变动和物价上涨的影响,则以上三项数据出现反复剧烈波动是因为企业将工资、劳动保险费、职工福利费作为分散费用的途径。另外,管理费用中自2013年出现新增科目,例如办公费用、运输费、试验检验费,其中办公费与运输费具有操作弹性。

根据以上分析,企业费用化的手段主要包括将隐藏的费用放入销售费用的工资、劳动保险费和职工福利费等科目,以及放入管理费用新增的科目如办公费、运输费。

二、资本化手段分析 ▶▶▶

企业一般将消失的招待费用进行费用化,还有可能将费用资本化,例如放入存货、其他流动资产、固定资产、工程物资、在建工程和其他等不敏感资产类科目。地方电力企业A各相关资产科目占营业收入比情况见图6-23。

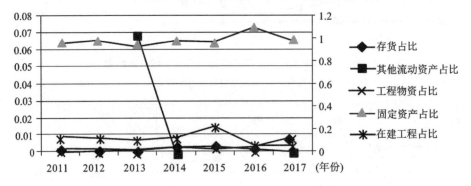

图6-23　2011—2017年地方电力企业A资产类占营业收入比波动

(数据来源:地方电力企业A年报。)

可见存货占比在2013年之后呈上升趋势,但是地方电力企业A主营水力发电,所以在2013—2017年中存货总额大幅上升是不合理的,存货中包括原材料、备品备件、库存商品、低值易耗品。年报中提到存货总额大幅增加是因为企业采用备用物资、备品备件等,并未详细解释备品备件相关资料,备品备件科目透明度低且弹性大,可以成为费用资本化的一个路径,如加入存货科目。

另外,在2013—2017年工程物资占比保持上升,尤其是在2013—2014年较之前出现大幅上升,对此企业解释为2013年后购买工程专用材料,但企业在此期间前后工程项目并无太大增减,说明企业可能将消失的费用放在存货等费用不敏感的资产科目。其他流动资产在2013年剧增1.4亿元,此后又出现剧跌,其占比波动最大。地方电力企业A对此解释为,企业在2013年12月31日向中国农业银行与中国建设银行购买了理财产品,2014年1月3日和2014年1月6日又分别将理财产品赎回,在短期内进行赎回,所以此科目数据出现剧烈波动为正常现象。

2013—2016年在建工程占比出现较大波动,在2013—2015年出现增加,尤其是在2014—2015年,在建工程增加约2亿元,在2015年年报中给出的当年在建工程剧增的原因是受到新建住宅小区供电设备配套工程增加影响。在查阅相关新闻及招标资料后,2015年地方电力企业A项目概况中提到该工程项目主要分为两个标包[①],其中年报中提到的新建住宅小区供电设备配套工程属于标包二,其共计94个单项工程,其中45个单项工程估算投资约2.06亿元,49个单项工程暂无估算投资,按费率报价,由此可见在建工程的增加是正常波动。此时的固定资产占比出现大幅上升,与年报中解释的大量在建工程转入固定资产导致数据波动较大吻合,基本可排除将费用转至固定资产和在建工程的可能。

综上所述,地方电力企业A资本化的路径主要是将费用资本化放入存货及工程物资等不敏感科目中。为了进一步分析地方电力企业A的费用归类操纵行为,将选取国有企业中大型央企作为对比来分析规模不同的国有企业有何差异。

第四节 地方国企与央企费用归类操纵对比

一、央企案例选择 ▶▶▶

电力央企B主要从事水力发电业务,处于行业前列,同行业中属于大规模央企。电力央企B的控股公司于2014年被社会舆论抨击,关于腐败负面新闻相继传出。电力央企B在此舆论重压环境下,可能具有费用归类操纵的动机。本节将对比大型央企及小国企在进行操纵时的差异,包括操纵动机、时机及手段效果的差异性。下面是关于电力央企B费用化手段的分析,具体包括销售费用和管理费用。

(一)电力央企B费用化手段

对于电力央企B的费用化手段主要是从企业的销售费用与管理费用进行分析。根据前文理论基础可知,企业一般通过销售费用、管理费用对敏感费用进行分散和操纵,将销售、管理费用中的明细占比进行对比来判断企业进行费用化手段的具体实现途径。2011—2017年电力央企B销售费用占比见图6-24。

---

① 在工程项目中分标段和标包两种说法,一般情况下施工招标叫标段;货物、服务采购及设备招标叫标包。

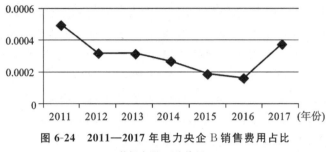

图 6-24 2011—2017 年电力央企 B 销售费用占比
（数据来源：巨潮资讯。）

由图 6-24 可知，电力央企 B 销售费用占比在 2011—2016 年出现了断崖式下跌，在 2016—2017 年突然出现反弹。整理电力央企 B 销售费用明细（见图 6-25），进一步判断其销售费用占比剧降原因。

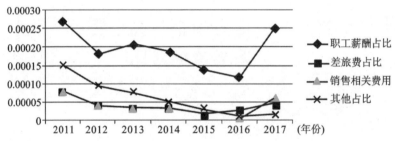

图 6-25 2011—2017 年电力央企 B 销售费用明细占比波动
（数据来源：巨潮资讯。）

图 6-25 表明销售费用出现断崖式下跌的原因是其明细中的职工薪酬、其他、差旅费占比同时出现了大幅的下跌，直到 2016 年出现回升，对此现象年报并未给出解释。综上，销售费用明细中未出现此涨彼跌的现象，基本可以排除利用销售费用进行费用归类操纵的可能。接下来分析电力央企 B 的管理费用，在整理数据的过程中发现电力央企 B 的管理费用在 2015—2016 年发生了巨大变化。电力央企 B 在 2016 年年报中对 2015 年的数据进行了大幅调整。现将调整前后的管理费用及营业收入作为对比来进行下一步分析，如图 6-26~图 6-28 所示。

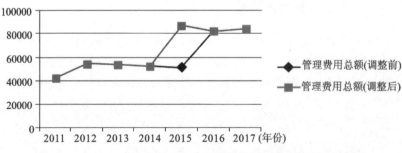

图 6-26 2011—2017 年电力央企 B 管理费用调整前后波动（万元）
（数据来源：巨潮资讯。）

第六章
反腐败与企业的费用归类调整

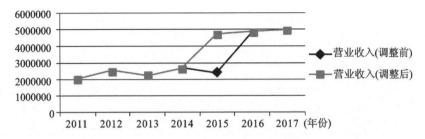

图 6-27 2011—2017 年电力央企 B 营业收入调整前后波动（万元）

（数据来源：巨潮资讯。）

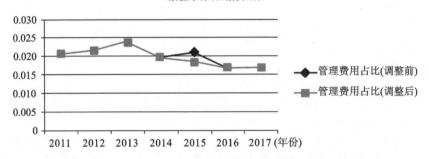

图 6-28 2011—2017 年电力央企 B 管理费用占比前后两次披露对比

（数据来源：巨潮资讯。）

由图 6-28 可知调整后管理费用占营业收入比明显低于调整前的占比。具体表现为，在 2015 年年报中对外披露的管理费用总额为 5.12 亿元，但是在 2016 年中对上一期 2015 年管理费用总额披露为 8.78 亿元，这两者相差 3.66 亿元；同时调整后的营业收入总额高出调整前约 232 亿元，营业收入调整程度远超管理费用，从而出现调整后管理费用占营业收入比明显低于调整前的占比的现象。企业年报对同一年披露的数据为何出现巨额差异？为了找到巨额差异的原因，将这两次披露的管理费用明细进行了详细的对比，具体数据整理如表 6-15 所示。

表 6-15 2015 年电力央企 B 调整前后管理费用明细（万元）

管理费用	2015 年调整前	2015 年调整后	增加额
职工薪酬	16115.829	17498.608	1382.778
固定资产折旧	1886.351	15213.867	13327.516
无形资产及低值易耗品摊销	1677.853	1957.213	279.360
枢纽专用支出	3793.762	3793.762	0.000
研发与开发费用	2257.502	2257.502	0.000

反腐新政、隐形交易成本与市场化程度研究

续表

管理费用	2015年调整前	2015年调整后	增加额
修理费用	9301.888	16315.474	7013.586
税金支出	5009.053	13752.810	8743.756
差旅费	945.252	1081.915	136.663
财产保险费	2004.213	2032.530	28.317
物业管理费		4947.014	4947.014
中介费		1553.760	1553.760
咨询费		994.143	994.143
办公费		380.196	380.196
租赁费		120.677	120.677
其他费用	8224.035	5902.100	−2321.936
合计	51215.740	87801.568	36585.829

数据来源：电力央企B年报。

由表6-15可知，两次披露的管理费用明细中出现的差异，在调整后披露明细中除了其他费用这一科目出现了下降，另外的大部分科目都出现了大幅上升，其最大增加数额为1.33亿元。出现大幅增加的科目包括职工薪酬、修理费用、税金支出、固定资产折旧等，2015年调整后管理费用明细中还新增科目，如物业管理费、中介费、办公费、咨询费、租赁费，并且前后两次披露明细数据中出现增加的数额远大于其他费用下降的数额。结合以上，合计两者相差约3.66亿元，电力央企B并未对此次数据调整做出任何说明。

另外，在年报中发现2014—2016年电力央企B项目并未出现大变化，并在2015年年报中明确指出当年由于江河处于枯水期，发电量较往年减少，导致销售电量也随之减少，较2014年产销量减少约10%，但2015年调整后的营业收入却是2014年营业收入的1.76倍。并且当年电力市场供大于求，电价短期不会出现大幅度增长，因此2016年对2015年调整后的营业收入不合理，进而我们推算调整后的占比真实性下降。电力央企B对2015年数据进行调整之后管理费用占比波动则在2013—2017年持续下降，进而隐藏了2014—2015年管理费用占比剧烈波动的事实，向外界传达电力央企B管理费用占比"下降"的现象。

对同一年的年报数据披露出现如此大的差异，电力央企B在年报中并未给出任何解释，这有可能是企业在2014年受到社会舆论抨击之后，为了在短期内大额下调其差旅费、企业招待费等敏感费用数额，而采取费用归类操纵的一种手段。以下用对电力央企B进行审计的会计师事务所的资料来做进一步确认。

第六章
反腐败与企业的费用归类调整

年报中资料显示,2011—2015 年企业所聘用的会计师事务所一直为 D 会计师事务所,直到 2016—2017 年将会计师事务所更换为 E 会计师事务所。从综合实力与规模来说,D 会计师事务所是国内首批获准从事 H 股上市审计资质的事务所,行业内排名第 8,而 E 会计师事务所排名第 19。会计师事务所是资本市场的重要参与者,其发布的审计意见对投资者来说十分重要。根据审计连续性原则,一般注册会计师都会通过连续多年与企业的合作才能基本对上市公司的业务进行认识和了解,因此在 2014 年电力央企 B 受到新浪财经、网易新闻等媒体负面新闻舆论抨击之后,于 2016—2017 年更换了会计师事务所,这一变更信号颇耐人寻味。潘懿菲(2017) 提出企业更换会计师事务所的动机主要包括企业财务困境与破产危机、审计收费及审计意见分歧三个原因。为了找到电力央企 B 突然更换会计师事务所的更深层次原因,现对上述三个原因进行分析。

企业财务困境与破产危机是指企业处于财务困境,连续盈利为负,为了避免企业被退市,很可能更换会计师事务所。外国学者 Bryan、Tiras 和 Wheaktiey(2001)发现上市公司在财务状况不佳的时候,更希望通过更换会计师事务所来达到防止退市的目的;我国学者王春飞(2006)也提出上市公司扭亏为盈与更换会计师事务所之间存在正相关关系。基于以上理论,将电力央企 B 的盈利能力及收益质量数据进行整理,如表 6-16 和图 6-29 所示。

表 6-16 2011—2017 年电力央企 B 盈利能力及质量表(%)

指标	2011 年	2012 年	2013 年	2014 年	2015 年	2016 年	2017 年
销售净利率	37.20	40.15	39.97	43.98	47.53	42.78	44.42
总资产净利率(年化)	4.88	6.60	5.95	7.98	7.97	9.50	7.45
经营活动净收益/利润总额	71.94	76.85	71.11	81.02	71.57	83.52	85.08

数据来源:wind 数据库。

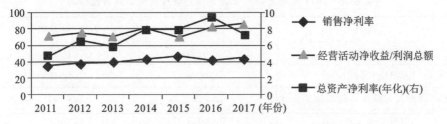

图 6-29 2011—2017 年电力央企 B 盈利能力及质量波动图(%)

(数据来源:wind 数据库。)

由图 6-29 可看出,2011—2017 年电力央企 B 的盈利指标基本保持上升的趋势,说明企业盈利能力整体处于增长阶段,并且收益质量指标经营活动净收益/利润总额波动基本稳定,反映出电力央企 B 盈利能力可观,处于上升阶段且企业收益质量较好并保持增长趋势。因此,排除电力央企 B 由于企业处于财务困境而选择更换会计师事务所。

关于审计收费的问题,由于国内的会计师事务所数量增多、业内低价竞争激烈,Bockus 和 Gigler(1998)提出企业倾向选择审计收费较低的事务所。整理 2012—2017 年电力央企 B 关于聘用会计师事务所的费用,如表 6-17 所示。

表 6-17　2012—2017 年电力央企 B 关于聘用会计师事务所费用

项目	2012 年	2013 年	2014 年	2015 年	2016 年	2017 年
聘用会计师事务所	D	D	D	D	E	E
费用(万元)	260.00	260.00	260.00	260.00	273.95	273.95

数据来源:电力央企 B 年报。

从表 6-17 可看出,电力央企 B 在 2012—2015 年一直聘用的是 D 会计师事务所并且费用维持在 260 万元,在 2016—2017 年换成了费用更高的 E 会计师事务所,基于此可排除电力央企 B 由于会计师事务所进行低价竞争而更换事务所。综上,电力央企 B 并不满足财务困境与破产危机、审计费用的原因,再结合上文电力央企 B 对 2015 年的管理费用披露出现巨额差异,因此有可能其与原先合作事务所出现审计意见分歧,从而更换长期合作的 D 会计师事务所并出高价聘请 E 会计师事务所。

由此可见,电力央企 B 对于 2015 年管理费用、营业收入披露出现巨额差异以及 2016 年更换会计师事务所事件不是巧合,而是企业在备受舆论压力下为了规避监管而采取的一种操纵的手段。现将 2015 年电力央企 B 管理费用明细占比调整前后做对比,来说明企业对管理费用进行费用归类操纵的具体途径,见表 6-18。

表 6-18　2015 年电力央企 B 调整前后管理费用明细占比(%)

项目	2015 年调整前	2015 年调整后
职工薪酬占比	0.00665	0.00369
固定资产折旧占比	0.00078	0.00321
无形资产及与低值易耗品摊销占比	0.00069	0.00041
枢纽专用支出占比	0.00157	0.00080
研发与开发费用占比	0.00093	0.00048
修理费用占比	0.00384	0.00344

第六章
反腐败与企业的费用归类调整

续表

项目	2015年调整前	2015年调整后
税金支出占比	0.00207	0.00290
差旅费占比	0.00039	0.00023
财产保险费占比	0.00083	0.00043
物业管理费占比	0	0.00104
中介费占比	0	0.00033
咨询费占比	0	0.00021
办公费占比	0	0.00008
租赁费占比	0	0.00003
其他费用占比	0.00339	0.00124
合计	0.02113	0.01851

数据来源：电力央企 B 年报。

从表 6-18 中可以看出，调整后的管理费用总体占比低于调整前，在管理费用明细占比中，国家严格控制的差旅费占比下降，其他费用占比下降，固定资产折旧、税金支出占比上升，并且有新增科目包括物业管理费、中介费、咨询费、办公费、租赁费的占比都出现上升。

综上，电力央企 B 由于 2014 年受到腐败负面舆论的影响，在 2016 年更换了会计师事务所并对往年数据进行了较大调整。对比电力央企 B 在 2015 年年报调整前后发现，企业通过新增大量科目和多计提固定资产折旧等非敏感费用的方式来分散差旅费、企业招待费等敏感费用。扩大管理费用总额的同时虚增营业收入，造成最终管理费用占比下降的现象，一方面费用可以通过多提的方式释放出去，另一方面又通过虚增营业收入造成占比下降掩盖了费用的分散。

（二）电力央企 B 资本化手段

一般企业进行费用归类操纵还包括资本化手段，即利用非敏感资产科目如存货、固定资产、原材料、生产设备等来分散敏感费用。现将电力央企 B 存货数据进行整理，如图 6-30 所示。

由图 6-30 可看出，电力央企 B 在 2013—2017 年存货占比基本呈下降的趋势，其中它对 2015 年的数据进行了较大调整，使 2015 年存货占比调整后远低于调整前的占比。但是根据前文的分析得出结论——调整之后的数据及占比真实性下降。为了进一步分析，首先将存货中原材料、库存商品、备品备件及其他四个科目存货中的明细变化进行整理，如表 6-19 和表 6-20 所示。

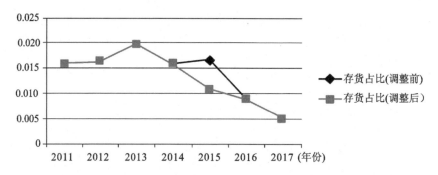

图 6-30　2011—2017 年电力央企 B 存货占比波动情况(%)
（数据来源：电力央企 B 年报。）

表 6-19　电力央企 B 2015 年调整前后存货明细对比（万元）

项目	2015 年调整前	2015 年调整后
存货总额	40213.53	50710.09
原材料	12468.31	13659.51
库存商品	335.68	335.68
备品备件	27403.07	36665.44
其他	6.47	49.46

数据来源：电力央企 B 年报。

表 6-20　电力央企 B 2015 年调整前后存货明细占比（%）

项目	2015 年调整前	2015 年调整后
原材料占比	0.005144	0.002880
库存商品占比	0.000138	0.000071
备品备件占比	0.011305	0.007730
其他占比	0.000003	0.000010

数据来源：电力央企 B 年报。

由表 6-19 可知，电力央企 B 2015 年的存货总额增加了约 1.05 亿元，其中包括原材料、备品备件和其他科目的总额出现剧烈增长，尤其是其他科目总额的增长率高达 664%。然而电力央企 B 在 2015 年的年报中已经明确指出当年由于长江正处于枯水期，产电量下降，导致产销量下滑，那么以水力发电、售电为主营业务的电力央企 B 出现存货总额的巨额增长是不合理的。

同时从表 6-20 来看，调整之后的各部分明细占比却出现了下降，其中原材料、库存商品及备品备件出现了大幅下降，出现此现象是由于 2015 年调整后的营业收入陡增了 232 亿元，并且基于前文分析得知调整之后的营业收入数据不

第六章
反腐败与企业的费用归类调整

合理。可见电力央企 B 在受到腐败负面舆论抨击后通过更换会计师事务所对前年的数据进行了修饰,利用存货科目资本化手段来分散费用,其具体分散途径为大幅增加原材料、库存商品、备品备件总额,同时又虚增营业收入来降低存货各个明细占比来达到"下降"的效果。

同为固定资产及在建工程,故用同样的方法来分析,将 2015 年调整前后的固定资产及在建工程做对比,如表 6-21 所示。

▎表 6-21　电力央企 B 2015 年固定资产及在建工程调整前后对比(万元)

项目	2015 年调整前	2015 年调整后
固定资产	11885186.50	27372068.81
在建工程	31694.43	559347.01

数据来源:电力央企 B 年报。

从表 6-21 可知电力央企 B 的固定资产及在建工程总额在 2015 年调整前后相差甚大,分别增长 1548.69 亿元和 52.76 亿元,固定资产总额增长率高达 130.3%,在建工程总额调整后增长 16.65 倍。电力央企 B 在 2015—2016 年的年报中关于固定资产及在建工程的资料显示,2015 年在建工程主要包括水轮发电机组更新改造、金属结构检修中心设计建造、220kV 开关站改造和其他这四项工程。并且 2015 年调整前的在建工程总额较 2014 年本是有所减少的,2015 年报中也特做说明:"期末在建工程减少较大主要系电站水轮发电机组更新改造增容工程阶段性完工,本期转入固定资产所致。其他减少主要系部分工程项目形成无形资产以及未形成资产部分费用化所致。"由此可见,2015 年在建工程总额实际上不会出现调整后的巨额增加,因此 2015 年调整后的在建工程总额不合理。

电力央企 B 固定资产包括挡水建筑物、房屋及建筑物、机器设备、运输工具、电子及其他设备等。其具体明细整理如表 6-22 所示。

▎表 6-22　电力央企 B 2015 年固定资产明细调整前后对比(万元)

固定资产	2015 年调整前	2015 年调整后
挡水建筑物	6287413.65	14189438.89
房屋及建筑物	3004259.40	8962169.23
机器设备	2574295.97	10068381.13
运输工具	5668.13	25367.49
电子及其他设备	13549.35	75675.23

数据来源:电力央企 B 年报。

从表 6-22 中可看出,固定资产各个明细项目在调整前后出现巨额差异,但是在 2014—2015 年年报中明确指出当年挡水建筑物都为葛洲坝大坝、三峡大坝、茅坪溪水坝,并未出现增加的建筑物,并且 2015 年固定资产调整前的数据较 2014 年相比原本是出现下降的。另外,2015—2016 年企业项目未出现大幅增减,其中房屋及建筑物、机器设备、运输工具、电子及其他设备在年报中都未给出任何增加的说明,可见 2015 年固定资产调整后的数据出现剧增是不太合理的。固定资产及在建工程的占比波动情况见图 6-31。

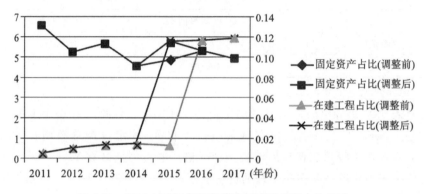

图 6-31　2011—2017 年固定资产及在建工程占比波动

(数据来源:电力央企 B 年报。)

由图 6-31 可以看出,固定资产和在建工程占比调整后比调整前要高,在固定资产和在建工程总额剧增的同时营业收入也进行了大幅调整,但是最终占比出现了下降,说明固定资产和在建工程的调整幅度更大,增加的速度远超营业收入增加的速度。综上,可知电力央企 B 由于腐败负面新闻可能于 2015 年利用费用资本化来进行费用归类操纵,具体途径包括大量增加挡水建筑物、房屋及建筑物、机器设备、运输工具、电子及其他设备总额来增加固定资产总额及在建工程总额,以达到分散敏感费用的目的。

二、费用归类实现路径、动机与时机的企业对比

基于前文对地方电力企业 A 和电力央企 B 费用归类操纵手段的分析,地方电力企业 A 和电力央企 B 费用操纵手段都包括费用化、资本化。但是两者的具体实现途径、动机与时机、操作程度及效果都有所差别,下面比较两者操纵手段的异同。

(一)实现途径

地方电力企业 A 费用归类操纵途径主要包括费用化和资本化两种。费用

第六章
反腐败与企业的费用归类调整

化手段表现为将费用分散至销售费用和管理费用,具体分散途径包括将敏感费用分散至销售费用中的工资、工会经费、劳动保险费、职工福利费,以及管理费用中的工资、劳动保险费、职工福利费、新增科目(如办公费、运输费)。资本化手段表现为将费用资本化转入非敏感资产类科目,例如存货及工程物资等不敏感科目。

电力央企 B 费用归类操纵途径主要包括费用化和资本化两种。费用化表现为将费用主要分散至管理费用,分散途径包括其在 2016 年更换会计师事务所并对往年数据进行大幅调整,通过大幅增加管理费用总额的同时虚增营业收入来使其总体占比达到"下降"的状态,具体分散途径包括通过新增大量科目(如办公费、物业管理费、咨询费、中介费等)和多计提固定资产折旧等非敏感费用的方式来分散差旅费、企业招待费等敏感费用。这样一来,费用可以通过多提的方式释放出去,同时又通过虚增营业收入造成占比下降掩盖了费用的分散。资本化手段表现为将敏感费用资本化转入非敏感资产类科目,例如利用存货科目资本化手段来分散费用,其分散途径为增加原材料、库存商品、备品备件总额,同时又虚增营业收入来降低存货各个明细占比来达到"下降"的效果,并且大量增加挡水建筑物、房屋及建筑物、机器设备、运输工具、电子及其他设备总额来增加固定资产总额及在建工程总额,以达到分散敏感费用的目的。

对比以上两个企业的实现途径,发现电力央企 B 实现途径与地方电力企业 A 存在许多异同之处。相同的是,两个企业都使用了费用化和资本化手段。不同的是,在费用化方面,地方电力企业 A 同时通过销售费用和管理费用两个途径进行分散,电力央企 B 只通过管理费用进行分散,并且同时虚增营业收入来降低占比向外界传达管理费用"下降"的现象;在资本化方面,地方电力企业 A 主要是增加存货及工程物资来分散费用,而电力央企 B 通过增加存货、固定资产及在建工程来分散费用。综上,电力央企 B 的企业规模和综合实力都强于地方电力企业 A,其手段较为繁杂且极端激进,调节的程度更大,而地方电力企业 A 的手段则显得更为缓和简单一些。

(二)动机与时机

一般企业进行费用归类操纵的动机主要包括以下几点:①使营业利润达到分析师预测;②平滑营业利润,因为持续稳定的营业利润可以带给投资者信息,同时还能向市场传递持续盈利能力的内部消息;③提高公司股票市盈率来吸引投资者;④达到摘帽所需的盈利水平进行费用归类操纵;⑤某类微利公司将利润表中的核心费用转入营业外支出科目中来达到管理核心收益的目的;⑥由于国企享受国家税收政策的优惠,纳税人可能充分利用各种税收优惠政策以调整所得税支出,或者指导公司利用我国税法和会计准则中的灵活性、漏洞或二者差异,通过费用操纵等会计手段调整税费来达到利益目标;⑦国企在2012年"八项规定"出台后,为了规避外部监督会采取费用归类操纵行为,相比非敏感科目,利益相关者对业务招待费更为敏感,会将消费性现金支出归入非敏感科目。

根据以上几点动机及上文对两家企业的分析得出如下结论:地方电力企业A和电力央企B进行费用归类操纵的动机主要包括后两者。先从税收政策的角度来考虑两者动机,发现电力央企B和地方电力企业A分别为央企和国企,在享受国家税收政策方面也有所差异。2013—2016年两者的年报税收政策说明显示,电力央企B的税收政策比地方电力企业A相对宽松,电力央企B每年税收政策会有细微的调整,但是地方电力企业A税收政策基本无变动,灵活性较低。例如,2013—2015年地方电力企业A增值税一律按17%计缴;2013—2015年电力央企B增值税分为销售电力、商品、售水收入,应税劳务收入等三个方向,并且每个方向税率不同且分层次,分别为17%、6%、3%、3%、6%、11%。可见电力央企B税率划分较细且税收水平更合理。另外,地方电力企业A每年税收政策变动不大,灵活性较小;而电力央企B每年的税收政策会有调整,灵活性更大。总的来说,电力央企B属于央企且税收政策优惠程度大于地方电力企业A,从税收的角度来看,电力央企B由于存在有利的税收优惠政策进而虚增营业收入也不会对企业造成过多的影响。地方电力企业A没有同等强度的优惠政策,则不会轻易增加营业收入来抬高自己的税收负担。

综上,从税收角度来分析企业的动机,享有税收优惠政策的央企可能更有动机和条件来进行虚增收入达到降低费用占比的效果;然而,相比之下地方电力企业A的企业规模及综合实力远不及电力央企B,它没有同等的税收优惠政策,故而采取的手段相比电力央企B更缓和,并未涉及影响税收的部分。从"八项规定"的角度来考虑两者的动机,自"八项规定"出台以来,厉行勤俭节约,杜绝奢靡之风,对国有企业的工作作风和公款消费等行为产生了重大影响,随后财政部对企业招待费、差旅费、办公费、会议费、培训费、接待经费等敏感费用出台了相应的管理办法,作为国有企业应该更具有政治敏锐性,面对国家出台的反腐规定与可能随之而来的外部监督和社会舆论压力会使国企进行费用归类操纵来控制销售费用与管理费用的增长。地方电力企业A作为地方国企,电力央企B作为央企,在面对政治环境的敏感性变化与社会舆论压力时有动机进行费用归类操纵来达到在短期内下调销售费用与管理费用占比的效果。并且电力央企B在2014年还受到了新华网、搜狐财经等新闻媒体的负面舆论压力,企业在短期内更有动机为了避免外部监督而对费用进行调整。

关于企业进行费用归类操纵的时机影响因素主要包括以下几点:①重大事

第六章
反腐败与企业的费用归类调整

件的发生;②新闻舆论的导向;③税收政策的变化。

首先从重大事件发生的角度来看,2012年中央出台"八项规定"后,国有企业为了避免外部监督与社会舆论压力会采取费用操纵的行为来降低销售费用及管理费用。地方电力企业A与电力央企B作为地方国企和央企,面对高压监管与社会监督会采取费用归类操纵的行为。根据上文分析,地方电力企业A进行操纵的时间点在2013年。在"八项规定"的影响下,电力央企B在2014年又受到大量新闻媒体及社会舆论负面新闻的抨击,受到两方面的压力,其主要集中在2015—2016年进行费用归类操纵,两者在时机上有所不同。

其次从新闻舆论的导向角度来看,电力央企B的控股公司三峡集团在2014年连续受到多家媒体报道,直指企业腐败贪污问题严重,给企业带来较大的负面舆论压力。在2012年"八项规定"出台后,中央反腐工作从未停止,且社会监督能力及社会舆论导向效果也随之增强,人民对贪污腐败的敏感性更高。在此环境下,电力央企B接连受到新闻负面报道对企业而言实属雪上加霜,为了平息负面新闻和避免外部监督,企业集中在2016年更换会计师事务所,对往年的数据做了调整并进行费用操纵行为。

最后从税收政策变化的角度来看,地方电力企业A税收政策在2013—2015年基本没有变动,则税收优惠政策变动对地方电力企业A的时机选择并无影响。而电力央企B税收政策在2014—2016年出现了一些变化,在2014年税收优惠的基础上,2015年增加了更多的优惠政策,如2015年年报中指出:根据财税〔2014〕57号《国家税务总局关于简并增值税征收率政策的通知》规定,一般纳税人销售自产的自来水,统一调整依照3%征收率征收。公司及下属子公司自2014年7月1日起,销售自来水按照售水收入的3%缴纳增值税。对于不同企业征税主体进行了划分,如电力央企B及其子公司(除去长电国际、高科公司)所得税税率为25%,长电国际税率为16.5%,高科公司税率为15%。2016年年报中略有变化:本公司及所属子公司(除去长电国际、高科公司、川云公司)适用的企业所得税税率为25%。长电国际适用的香港利得税税率为16.5%。高科公司于2015年11月24日被认定为高新技术企业,有效期3年,享受高新技术企业所得税优惠政策,按15%的税率计缴企业所得税。根据国家税务总局公告2012年第12号《关于深入实施西部大开发战略有关企业所得税问题的公告》等政策,川云公司符合西部大开发税收优惠,可减按15%税率缴纳企业所得税。川云公司已经按规定履行了相应的审批备案程序。同时,川云公司从事国家重点扶持的公共基础设施项目的投资经营,根据国家税务总局《关于实施国家重点扶持的公共基础设施项目企业所得税优惠问题的通知》(国税发〔2009〕80号),享受"三免三减半"的优惠政策,免征2013—2015年度企业所得税,减半征收

2016—2018年度企业所得税,可见在2015—2016年其存在有利的税收优惠。在存在十分有利的税收优惠条件下,扩大费用的同时虚增收入来达到降低占比的目的,而且也不会对企业造成过大的损失,其间的税收政策变化为企业在这两年进行费用操纵提供了时机。

(三)操作程度及效果

基于以上对地方电力企业A和电力央企B的比较可知,地方电力企业A进行费用归类操纵的时间范围大且操作手段较为简单;电力央企B面临的外部压力更大,进行费用归类操纵的时间短且手段较为烦琐和激进。为了进一步分析两者进行操纵之后效果的比较,现将电力央企B和地方电力企业A的数据与前文所提到的"标尺"进行对比,并判断两企业达到的效果是否趋于正常水平。首先将国投电力的销售费用占比与电力央企B及地方电力企业A做对比,如图6-32所示。

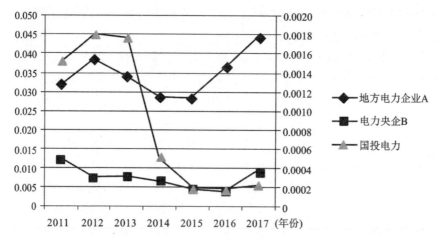

图6-32 2011—2017年三家企业销售费用占比波动

(数据来源:巨潮资讯。)

由图6-32可知,电力央企B的销售费用占比低于国投电力的占比,说明其处于正常水平,与前文分析排除电力央企B通过销售费用进行费用归类操纵的结论吻合。地方电力企业A在2013—2015年通过销售费用进行了费用归类操纵之后虽然其销售费用占比出现大幅下降,但是比起"标尺"数据还是有一定的差距,并且在2015—2017年其销售费用占比不降反升,与另外两家相反,说明其行为有一定的异常。

而对比三家企业的管理费用占比(见图6-33),总的来说,"八项规定"之后,电力央企B与地方电力企业A的管理费用占比一直呈下降趋势,其中电力央企

第六章
反腐败与企业的费用归类调整

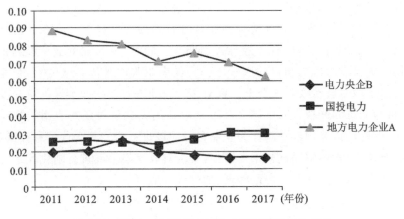

图 6-33　2011—2017 年三家企业管理费用占比波动
（数据来源：巨潮资讯。）

B 管理费用占比下降逐渐趋于正常的结果存在一定的操纵疑点，其在 2015—2016 年管理费用重新调整有进行费用归类操纵的动机和效果。相比之下，地方电力企业 A 同样保持下降且与"标尺"数据仍存在差距，但差距逐渐减小，说明地方电力企业 A 通过管理费用进行费用归类操纵虽有效果但是效果温和，不及电力央企 B 的效果显著。基于前文对两者进行操纵的程度分析得知，地方电力企业 A 采取的操纵手段较为缓和，与此时分析的效果相吻合；电力央企 B 采取的手段较为极端和繁杂，与之取得的短期见效的结果相匹配。

三、结论

2012 年中央推行反腐新政后，社会政治敏感度上升，外部监督加强。叶康涛（2016）提出在此环境下，国有企业相比民营企业受到的冲击更大，且国有企业进行费用归类操纵的行为动机会上升。在本案例中，我们从国有企业中选取规模不同的地方国企与大型央企两者进行对比，基于费用归类操纵的手段、时机与动机、操作程度及效果方面展开了分析。可以得出以下结论：相比大型央企，中小型地方国企未能享受同等待遇的税收优惠待遇及国家支持，对国家的依附程度相对较低，受到的监管审查程度不及大型央企，则企业进行费用归类操纵的时机与动机有所差异，并且在采取操纵手段方面不会选择激进极端的方式，而是较为缓和的调节手段。

最后，通过国投电力的"标尺"数据进行了两者调节之后的效果对比，发现采取缓和手段的地方电力企业 A 进行费用归类操纵之后有效果，但达到的效果不如采取激进方式的电力央企 B。

除了国有企业的规模对于企业进行费用归类操纵有影响外,从上文分析可知,外部监督及社会舆论同样会促使企业进行费用归类操纵。当企业为了规避外部监督和受到负面舆论时会进行费用调节。同时,税收政策也是影响企业采取费用归类操纵时机与动机的因素之一。如果税收政策优惠强度大,企业则在选择操纵手段时会涉及收入调整。针对国有企业进行费用归类操纵所涉及的手段,时机与动机的选择说明中国会计准则对费用尤其是对期间费用的规定还不够完善,政府应该严加监管。作为企业自身应该进一步完善企业信息披露制度,尤其是对销售、管理费用进行重点监控,要求对其支出情况进行细化且给予充分的披露和说明,并完善公司内部治理、加强外部监督机制。

第七章

中央巡视组、企业创新与资本市场的反应

2012年12月4日,中共中央政治局召开会议,审议并通过了中央政治局关于改进工作作风、密切联系群众的"八项规定"。为了打击政府存在的腐败行为并执行"八项规定",中国共产党中央纪律检查委员会于2013—2014年开始启动中央巡视组检查活动。据中央纪委国家监委网站报道,2013—2014年中央检查组进行了四轮检查,覆盖中国所有省份。截至2014年底,已有近2万名中国官员因违反"八项规定"等相关政策而受到处罚。其中,有4675名不同级别的党员参与了17380起腐败案件,59名省级官员被指控入狱。此次反腐败检查有力地打击了政府官员的贪污腐败行为,净化了营商环境,对企业发展产生了深层次的影响。

反腐行动前,为了获得更多的资源和政府保护,有部分企业高管倾向于与政府官员建立非正式关系,导致职务犯罪、不正当竞争等腐败现象层出不穷。如此一来,企业就会获得更多通过非生产性寻租活动(即寻求政治关联)而取得的收益,相比之下,企业通过生产性活动(如创新研发)获得的收益便不再具有吸引力了。也就是说,腐败行为阻碍了企业创新的步伐(党力,2015)。但目前不论是从战略发展层面还是从市场需求层面考虑,企业创新都是企业进步发展的正确选择。一方面,中共中央、国务院印发了《国家创新驱动发展战略纲要》,将企业作为创新的重要主体之一,力求培育出全球前沿的创新型企业;另一方面,从市场需求角度来看,企业加大创新投入也迎合了消费升级、供给侧改革的需要。

党的十八大以来,围绕"八项规定""六项禁令"等要求,中共中央纪律检查委员会进行了一系列全国性的检查行动。在反腐败行动的冲击下,企业寻求政治关联的成本大大提高,这是否会倒逼企业加大创新研发投入呢?另外,反腐败行动对腐败行为的打击还会改善企业信息不对称问题,降低股价崩盘风险,资本市场会相比于企业寻求不确定性强的政治关联,应该会更为欢迎企业的创新投入,

这个预期是否在我国资本市场得到印证。因此,本章主要研究反腐败冲击下企业股价崩盘风险的相应变化,企业创新是否可以作为反腐败与股价崩盘风险影响机制的中介变量等相关问题。

第一节　企业创新、政治风险与信息不对称

一、企业创新相关研究 ▶▶▶

目前学术界对企业创新相关研究的热情一直较高,因为企业创新不仅是衡量企业发展水平和竞争力的关键,还是影响市场投资决策的重要因素。学者对于企业创新的研究主要分为两个角度,一是企业创新的影响因素,二是企业创新的经济后果。在企业创新方面,本研究旨在考察反腐新政对企业创新的影响,以及企业创新对资本市场的影响。下面从企业创新的影响因素和经济效果两个维度进行文献综述。

(一)企业创新的影响因素

1. 内部因素对企业创新的影响

在探究内部因素对企业创新的影响研究中,主要研究了以下几个因素:企业规模、资本结构、股权结构和董事会特征等。

企业规模作为衡量一个企业的首要特征,是影响企业创新水平的重要因素。目前学术界对于企业规模对创新的影响机制还没有形成统一的结论,主要观点包括正相关关系、负相关关系和非线性相关关系。傅晓霞和吴利学(2012)认为,规模较大的企业,具有获取更多资源的优势,因此更有利于企业开展创新。但也有学者不认为企业规模与企业创新有着正相关关系,因为创新具有风险性,规模较大的公司有动机通过抑制企业创新以维持当前的规模(王文翌等,2014)。还有学者认为企业规模和企业创新存在非线性关系,安同良(2006)通过数据分析发现,我国规模由小至大的企业研发投入力度的趋势呈 V 形。

资本结构是指企业债权与股权所占的比例,也会影响企业创新的投入。有学者在研究资本结构与企业创新的关系时,发现债务资本会抑制企业的创新投入,即较高的资产负债率会约束企业创新(饶萍,2018)。段海艳(2016)也持有同

样观点,即负债比重过高会不利于企业的创新活动。

关于股权结构和企业创新的关系,目前学术界尚未有统一的答案。Hosono等(2004)通过研究日本制造业企业,发现大股东持股比例越高则越有利于企业研发投入。但冯根福和温军(2008)认为,股权结构与企业创新并不是简单的线性关系,而是U形关系,即当股权集中度最适中时,对企业创新才是最有利的。而李文贵和余明桂(2015)在以民营企业为样本研究时,发现非国有股份有利于企业创新的发展,即个人以及法人持股比例越高,越能够显著地促进企业创新。

董事会作为企业的核心,其规模和独立董事的人数都会对企业创新造成影响。Chung(2003)认为,董事会的治理越规范,企业对创新的投入越多。国内学者刘建华等(2019)通过研究发现,董事会的规模会对企业的创新研发投入产生正向影响。

2. 外部环境对企业创新的影响

影响企业创新的外部因素可以总结为两个方面,一是行业环境因素,二是制度环境因素。

影响企业创新有许多行业因素,但目前的主流观点都认为市场集中度是影响企业创新的关键行业因素。Schumpeter(1950)认为企业所处行业的市场集中度越高,则该企业的创新能力就越强。国内学者宋丽颖和杨潭(2016)认为行业市场集中度和企业创新呈倒U形关系,即在一定范围内,行业集中度越高则企业创新能力越强;当行业集中度达到一定水平,就不再与企业创新呈正相关关系,而是会抑制企业创新。寇宗来和高琼(2013)也在制造业中证明了倒U形关系的成立。另外,由于不同行业有着不同的市场占有率和不同的竞争结构,这对企业创新的影响也不相同。Scott(1984)认为,市场集中度的确会影响企业创新,但产业需求和技术机会对企业创新的影响更大。张赤东(2013)的研究结果表明,企业的创新强度也会受到行业类型的影响,比如电子通信、生物医药等行业的创新力度就远高于其他行业。结合中国企业家调查系统的数据,仲为国等(2016)考察发现,行业特征代表了企业在技术方面的差异,是影响企业创新的另一重要因素。

制度环境会影响企业创新的成果保护、研发动力等。Davidson和Segerstrom(2000)通过研究表明,当企业处于不健全的制度环境时,产权保护等问题会削弱企业创新成果的收益,导致企业的市场竞争力受到打击,进一步降低了企业创新的动力。Lin等(2010)运用从世界银行的中国企业调查数据,发现产权保护可以促进企业创新,完善的服务环境和政府的大力支持为企业创新提供了良好的环境,对企业创新有着积极的促进作用。国内学者张峰等(2016)为了研究政府管制与企业创新的关系,用税负衡量政府管制力度,发现过度的政府管制会抑制企业创新。逯东等(2018)通过研究发现,企业所处地区的市场化程度与企业的创新研发投入为正相关关系。张杰等(2011)从监管的角度出发,探讨了要素市场环境对企业研发投入的影响,研究发现严格的政府管制会抑制企业创新。

(二)企业创新的经济效果

大多数学者认可企业创新为企业运营和经济绩效的正向影响。吴晓云等(2015)认为创新为企业带来的不仅是成本效率,还有盈利能力,企业对产业创新的追求可以更好地从成本效率和盈利能力两个方面促进企业绩效的增加。Hami等(2015)以马来西亚的制造商为样本,研究发现,可持续的产品创新与流程创新可以为企业带来可持续性的经济绩效。Zhu等(2010)从供应链管理的角度出发,分析三种不同类型的工业制造商(先行者、追随者和落后者)的创新实践投入对企业绩效的影响,发现创新的先行者的企业绩效要高于追随者,且落后者的企业绩效是三类中最差的,但不论如何,采取创新实践都对企业的运作绩效和经济绩效有着积极的正向效应。

绩效体现的是企业短期运作的效率和影响力,而企业的长期能力是通过竞争优势体现的。为了探讨企业创新对企业长期竞争力的影响,很多学者也研究了企业创新与企业竞争优势的关系。竞争优势理论认为企业拥有持续竞争力的内在动力就是持续进行创新研发(项保华,2005)。国外学者Porter和Van de Linder(1995)认为在全球化的大趋势下,随着技术的不断进步,全球竞争力意味着快速创新的能力,全球化进程的不断发展让世界各国的企业可以获得来自全世界的低成本输入,因此衡量竞争力的不再是获得资源的成本,而是运用技术和方法的先进程度。Ar(2012)在研究中探讨了企业创新对企业竞争能力的影响,发现在竞争环境下,企业进行创新研发可以为企业竞争力带来显著的积极影响。

二、股价崩盘风险相关研究 ▶▶▶

股价崩盘是指当公司隐藏坏消息时其股价就会产生泡沫,而当累积的负面消息在突然之间全部释放到资本市场上时,股价出现大幅下降的现象(Hutton et al.,2009;Kim et al.,2011;许年行等,2012)。这种情况不仅会使投资者对资本市场的信心受挫,还会扭曲稀缺资本的配置,增大股灾发生的可能性,甚至有可能导致经济危机(陈国进等,2008),这也就是股价崩盘风险。围绕股价崩盘风险,Jin 和 Myers(2006)提出"信息不对称假说"。他们认为,由于投资者和公司内部之间存在信息不对称的情况,公司的全部信息并没有完全反映在股价上,如果公司的坏消息被披露,就会发生股价崩盘,因此股价崩盘风险可以用来度量市场上的信息不对称程度。而对于股价崩盘风险的影响因素,学者们主要从公司内部和公司外部两个方面进行分析。

从公司内部的角度来说,公司的管理者特征、激励制度、会计信息质量、大股东行为等因素都会对公司的股价崩盘风险带来影响。管理者控制着公司的决策和战略,其特征和行为会对公司股价有一定影响。李小荣和刘行(2012)分析了高管男女性别比例对股价崩盘风险的影响,发现公司女性 CEO 的数量越多,则该公司的股价崩盘风险越低,且女性 CEO 的权力越大这种影响越显著。江轩宇(2013)研究了公司管理者在税务方面的行为对股价崩盘风险的影响,表明当公司的避税行为越严重,公司的股价崩盘风险则越大。公司的激励制度会影响管理者行为,进而影响公司股价。Kim 等(2011)认为,当企业管理者的绩效受到企业价值的影响时,管理者有动机通过隐匿对公司不利的消息以达到提高企业价值的目的,而坏消息的隐匿增大了公司股价发生崩盘的可能性。从会计信息质量的角度,Hutton 等(2009)的研究表明,当会计信息质量改善,财务报告的透明程度提高,则公司未来发生股价崩盘的可能性就会降低。在大股东行为方面,王化成、曹丰等(2015)认为随着公司大股东持股比例的上升,会加强对公司的监督,进而有利于公司股价崩盘风险的降低。

从公司外部的角度来说,分析师信息发布、审计质量、机构投资者等因素都会对股价崩盘风险造成影响。许年行等(2012)采用中国上市公司的数据实证分析了分析师乐观偏差与公司股价崩盘风险的关系,证明二者呈正相关关系。国外学者 Callen 等(2014)与国内学者熊家财(2015)都在研究中表明,外部审计的能力越专业,审计质量越好,可以有效地降低被审公司的股价崩盘风险。Callen 和 Fang(2012)从机构持股的动机出发,认为当机构投资者计划对公司股票长期持有,可以有效地对公司行为进行监督,从而降低公司股价崩盘风险。

三、文献评述 ▶▶▶

通过对国内外关于反腐败、企业创新、股价崩盘风险相关的文献的梳理,发现对企业创新方面的研究较为系统化,包括影响因素和影响效果两个方面。在影响因素方面,主要从公司内部特征和外部环境两个角度着手;在影响效果方面,企业创新对宏观市场和微观企业的影响都不可忽视。反腐败政策作为外部

反腐新政、隐形交易成本与市场化程度研究

环境因素,股价崩盘风险作为市场反应,目前尚没有文献将反腐败、企业创新、股价崩盘风险作为一条完整的路径研究。

随着腐败行为的猖獗和经济学的不断发展,学术界开始关注腐败和经济的关系。对于腐败与宏观市场的关系,学者普遍认为腐败的存在破坏了市场的公平,扭曲了资源配置,不利于资本市场的健康发展;但对于腐败和微观企业的影响,则有"润滑剂"和"绊脚石"两种观点。自从反腐败政策出台并实行以来,虽然反腐败的政策评估和经济效果研究的确成了学术热点问题,但直接研究反腐败在资本市场引起的效果和反应文献很少。且在此类文献中,并没有学者将企业创新作为中介变量,探究反腐败政策影响股价崩盘风险的路径。基于上述思考,本章围绕中纪委的反腐败检查行动,研究反腐败对股价崩盘风险的影响,并以企业创新为中介变量,确认反腐败影响股价崩盘风险的传导路径。

(一)反腐败对企业政治风险与信息不对称的影响

现有文献表明,政治腐败一方面会扭曲资源配置,形成不正当竞争,影响生产力的增长,进而不利于经济发展(Fisman 和 Miguel,2007;Lin et al.,2016);另一方面,也可能对商业环境产生负面影响,并影响公司的决策制定(De Backer et al.,2015;Smith,2016)。

首先,在宏观市场方面,有研究将发展中国家作为观察样本,论述了腐败行为对经济、社会以及政治的危害性,因此任何组织都有必要减少腐败(Olken 和 Pande,2012)。Shu 等(2017)通过收集政府支出和全要素生产率的省级面板数据,通过实证检验说明了当地区腐败水平上升时该区域的全要素生产率会降低。Klitgaard(1988)研究了腐败行为与经济发展之间的关系,阐明了腐败会扭曲市场资源配置,有损于经济的正常发展。

其次,在微观企业方面,部分学者持有的观点是,腐败是企业发展的润滑剂(Aidt 和 Dutta,2008)。也就是说,当政府主导经济时,制度的作用不再明显,与政府建立不正常的政治关联有益于企业规避监管,此时腐败就被视为企业创新之下的"次优选择"。Leff(1964)认为,企业寻求政治关联的投资虽然会增加企业的成本,但是在这种腐败贿赂行为带来政府庇护后,企业所得利益会远远超过获取政治关联的成本。国内学者余明桂和潘红波(2008)认为,当企业通过腐败贿赂行为与政府建立不正当联系后,企业不仅可以得到较多的发展资源,还可以得到良好的声誉保证。另外,对于企业而言,政治关联给企业提供保护,避开了政府的进入壁垒,会带来巨大好处(罗党论等,2009;聂辉华等,2014;胡旭阳等,2008)。但也有学者认为腐败是企业发展的"绊脚石",Mauro(1995)通过对比不

第七章
中央巡视组、企业创新与资本市场的反应

同国家的腐败情况,认为腐败行为对企业的投资有严重抑制作用,进而不利于企业的发展。Aidis 等(2008)认为腐败阻止了新技术的产生和进入市场,破坏了市场的公平,对企业的正常发展有负面作用。

正如前文关于国内外文献的评述所言,关于腐败问题和股价崩盘风险关系研究尚不太多,主要可以总结为两点。

一是从政治风险的角度,反腐败行动可以有效地降低企业的政治风险以及其不确定性,进而降低股价崩盘风险。政治风险是指本国发生的政治事件或本国与其他国家的政治关系发生变化时,对本国公司造成负面影响的可能性。对于一国内部来说,政府腐败、司法不公、政策不确定性等都会带来一定的政治风险。Pastor 和 Veronesi(2012)利用一般均衡模型研究了政府政策与股票价格的变化。他们发现在政府宣布政策改变时,股价会下跌,如果政府政策的不确定性很大,价格下跌得更多,且这种趋势在经济衰退时期更明显,即政府政策的不确定性会影响股票价格。Pastor 和 Veronesi(2013)在接下来的研究中则更明确地阐明,政府政策的不确定性意味着更高的政治风险,这增加了投资者对未来经济环境的不确定性,进而会带来股价的大幅下降,即上文所述股价崩盘风险。

二是从信息不对称的角度,反腐败行动可以降低企业与投资者之间的信息不对称情况进而影响股价崩盘风险。信息不对称是指,为了维护自身利益或降低披露成本及相关合同的限制,公司高管会对信息披露有所保留,导致企业各利益相关方信息获得量不平衡。提高上市公司信息披露的充分性和准确性,虽然可能会削弱管理层的信息优势,但是会提高公司信息透明度,是减少信息不对称的重要途径。同时,上市公司公开透明地披露信息,还可以极大地避免公司高管利用信息优势获取个人利益,减少管理寻租。基于信息不对称理论衍生的就是信号传递理论。信号传递理论是指公司通过一定的行为向公众传递公司盈利能力和对未来发展的信心等信号。企业就是信息传递的通道。如果说企业有一个辉煌的发展前景,企业高管就有一个公司盈利能力不断增长的预期。企业会向社会传递利好信息,以便向公众展示公司的实力和未来发展潜力。这样可以吸引更多的投资者,如此企业既获得资金,也增加了市值。相反,如果企业发展前景不明,甚至存在潜在危机,为了让投资者对公司的信心不受影响,上市公司一般会选择性地披露信息,使负面信息容易被掩盖。因为如果投资者持悲观态度,可能会选择撤资,这将严重影响公司的运作,造成公司股价下跌并降低其市值。

潘越等(2011)通过收集中国上市公司的数据发现,可操纵性总计利润可以较好地反映上市公司的信息公开化水平,资本市场的股价崩盘风险会随着可操纵总应计利润的变化而变化。叶康涛(2015)通过研究上市公司内控信息的披露

反腐新政、隐形交易成本与市场化程度研究

情况和公司股价之间的关系,发现当公司减少隐瞒负面信息时,股价崩盘风险会显著下降。李小荣和刘行(2012)认为信息不对称问题的存在使投资者难以了解公司真实经营情况,虚假的财务信息会导致公司股价存在虚高,一旦投资者了解到公司真实的经营情况不如预期,则公司股价便会发生暴跌。

(二)反腐败对企业创新与股价崩盘风险的作用机制

1. 反腐败使企业从寻求政治关联转向研发创新

当前中国正处于计划经济向市场经济转型的重要阶段,经济、法律、政治制度都有待进一步健全,此时企业便会将寻求政治关联和提高创新能力作为企业发展进步的两种关键手段。企业寻求政治关联的行为就是企业寻租。寻租理论之父 Gordon Tullock(1967)在文章中最先提出"寻租"这一思想,寻租活动产生的缘由是政府对经济活动的干预使特权经济可以获得剩余收入即租金,因此寻租活动就是指为了得到收益而寻求特权的行为,之后发展成如今的寻租理论。寻租可以定义为经济社会参与者追求非生产性利益的行为,或者可以说是企业经营者的经济利益重新分配的过程,也就是说,经济利益是通过非生产性活动谋求的。追根溯源,寻租之所以会产生,是因为政府官员手中握有资源分配的权力,而不是因为经济活动的再生产过程。根据寻租理论,市场资源的浪费以及社会经济的不健康发展正是因为寻租活动使资源流向错误的方向,导致生产性方面的经济资源大幅减少。腐败本质上就是产生于寻租的一种具有时代制度特征的行为,若政府出手干预经济活动,握有很大的资源配置自由,则企业便可能会通过贿赂等手段以寻求订单或优惠。寻租理论阐明了腐败行为的产生原因和开展方式,并揭示了腐败行为的本质——不具有生产性。而与之相对的,企业寻求研发创新的行为可以为企业带来生产性利益,即相对于腐败寻租来说,企业创新具有生产性。

当企业资源有限时,便会依据两种手段的相对成本和收益来进行选择(杨其静,2011)。如果企业获得政治关联的成本较低,更容易与政府建立不正当联系,则企业更有可能投入更多的资本用于获取政治关联,相比之下企业对创新研发的投入就会减少,创新动力不足;如果企业获取政治关联的成本较高,无法通过政治关联获得政府保护和订单优惠,那么企业就会选择通过研发创新来寻求发展(党力,2015)。但是,企业与政府的关联交易行为是违反国家法律规定的行为。党的十八大以来,掀起了反腐反贿、防奢倡廉的风暴,席卷了政府的腐败行为和企业的寻租行为。随后,"八项规定"的出台和"六项禁令"的颁布昭示着我国反腐力度的不断增大,大量政府官员由于腐败问题而被调查处置,与之相关的

第七章
中央巡视组、企业创新与资本市场的反应

企业也受到牵连。所以寻求政治关联和提高研发创新能力作为企业发展的两种重要途径,反腐败一方面增大了政府官员为企业提供优惠和庇护的风险,另一方面也增加了企业与政府建立不正当联系的成本,在资源有限的条件下,企业则更有动力通过大力研发创新以获得企业发展。

2. 反腐败提高企业创新能力后降低了政治风险和信息不对称程度

正如前文所述,严格的反腐败检查行动增加了企业寻求政治关联的相对成本,促进了对企业加大创新研发投入的激励,为了寻求发展,资源有限的企业不得不做出加大创新投入的抉择。

党力等(2015)通过研究表明,企业虽然通过建立政治关联获得了政府保护和优惠订单,但同时也面临着极大的政治风险,因为政治关联的存在,如果相关官员的政治命运发生变化,则企业便会受到牵连。也就是说,只要与企业有政治关联的官员因腐败问题而被检查或处理,相关企业与该政府官员之间的政治联系就会被斩断,从而既失去了保护,也失去了订单和优惠,对企业的生产和发展造成极大损害。与正常发展的企业相比,政治联系较深的企业脆弱性也较大,一旦政府政策发生变化,政治联系较深的企业总是最先受到冲击。Leuz 和 Oberholzer-Gee(2006)认为,政治关联一方面增大了企业的政治风险,另一方面也增大了企业与投资者之间的信息不对称程度,由于政治关联的存在,许多企业存在着只能向内部披露的消息,使得企业内部与外部利益相关者之间存在信息不对称,增加了企业的不透明度。李维安等(2015)通过数据证明企业拥有的政治关联与企业会计信息质量成反比,即企业的政治关联越多,会计信息质量也越差,意味着企业越有可能实行不透明的信息披露策略,企业有嫌疑将坏消息隐匿。

根据坏消息隐匿理论,当委托人和代理人建立委托代理关系后,由于委托人与代理人之间的效用函数不同,委托代理问题由此产生。代理人在获得企业的经营权后,便成为企业日常生产经营活动的主要负责人,委托人很难对其行为做到实时监督。由于代理人只承担企业的经营责任,所以有动机为了个人利益,凭借个人信息优势损害股东,即委托人的利益。比如支付管理层高薪酬,或者是进行过度投资。此时代理人为了维护自身的职业生涯和社会地位会隐匿坏消息。随着上市公司内部负面消息的不断积累,当继续隐匿坏消息的成本高于收益,或由于消息泄露已无法再隐瞒时,则对企业不利的坏消息会集中释放,对股价造成冲击。一旦负面消息不再隐匿而迅速释放,则会造成股价的崩盘。

在反腐败政策的冲击下,企业从寻求政治关联转向寻求研发创新,这一方面可以有效地降低企业因为承担政治风险而带来的不确定性;另一方面,虽然研发创新无法避免地存在一定风险,但因为投资者普遍认为企业对创新的重视和投入可以显著提升企业业绩和企业价值(刘和旺等,2016),所以相对于企业寻求政治关联时所采取的消极透明度策略,企业更乐于积极披露自己的研发创新情况。而对于整个资本市场来说,企业披露自身的研发信息也可以在一定程度上降低信息的不对称程度(Merkley,2014),对资产定价具有正向影响(Franzen & Radhakrishnan,2009)。

四、研究预期 ▶▶▶

根据前文对股价崩盘风险的分析,政治关联增大了政治风险和信息不对称,则股价崩盘风险势必会上升。在反腐新政的冲击下,企业从寻求政治关联转向寻求研发创新,这一方面有效地降低公司因为承担政治风险而带来的不确定性;另一方面,也降低了资本市场的信息不对称程度。因此,企业从寻求政治关联向寻求研发创新的转变既可以降低政治风险,还能在一定程度上提高企业信息透明度,改善资本市场信息不对称问题,从而降低股价崩盘风险。

综上所述,反腐败行动可以有效地降低股价崩盘风险,且企业创新和反腐败行动以及股价崩盘风险也有着理论上的联系。那么,我们可以探究企业创新的中介效应,即反腐败行动是否通过影响企业创新进而降低股价崩盘风险。基于此,可以提出以下两个预期。

预期1:反腐败行动可以降低企业的信息不对称程度,也就是降低股价崩盘风险。

预期2:反腐败行动通过影响企业创新,进而降低股价崩盘风险。

第二节 研究设计

一、实证变量构建 ▶▶▶

(一)反腐败行动的衡量

2012年11月8日中共十八大召开后,政府的反腐力度显著增强,在2013

第七章
中央巡视组、企业创新与资本市场的反应

年和2014年中共中央巡视组开展了四轮检查,检查范围囊括了中国31个省份,因此对于反腐败行动的衡量,我们根据中央巡视组的巡视时间和地区设计了一个虚拟变量Inspection,巡视组巡视的具体情况见表7-1。该地区的上市公司Inspection值为1,否则为0。同时,围绕中央巡视组检查活动的开展,为了更好地反映反腐败前后的变化,选择2010—2015年作为样本期间。

表7-1 中央巡视组巡视年份及省份

巡视时间		巡视省份
2013年	第一轮检查	内蒙古、湖北、江西、重庆、贵州
	第二轮检查	吉林、山西、安徽、湖南、广东、云南
2014年	第一轮检查	新疆、甘肃、宁夏、辽宁、北京、天津、山东、河南、福建、海南
	第二轮检查	西藏、黑龙江、广西、浙江、河北、江苏、四川、上海、陕西、青海

资料来源:中共中央纪律检查委员会官网,http://www.ccdi.gov.cn/。

(二)股价崩盘风险的衡量

根据Joseph Chen等(2001)和Jeong-Bon Kim等(2012)的研究,我们采用负偏态系数(Ncskew)和收益波动系数(Duvol)两种变量测度个股的崩盘风险,具体计算过程如下。

首先利用公式(7-1)剔除个股收益率中市场收益率的影响:

$$R_{i,t}=\alpha_i+\beta_1 R_{m,t-2}+\beta_2 R_{m,t-1}+\beta_3 R_{m,t}+\beta_4 R_{m,t+1}+\beta_5 R_{m,t+2}+\varepsilon_{i,t} \tag{7-1}$$

其中,$R_{i,t}$代表股票i在第t周的回报率,$R_{m,t}$代表市场投资组合在第t周的回报率,$\varepsilon_{i,t}$代表个股回报率中无法被市场投资组合回报率变动解释的部分。第i只股票在第t周的特有回报率以$W_{i,t}=\ln(1+\varepsilon_{i,t})$来衡量。

第一个衡量个股崩盘风险的指标为负偏态系数(Ncskew),该指标衡量了个股周特有收益率的负偏程度,负偏程度与指标Ncskew成正比关系,也就意味着Ncskew越大则该股票的崩盘风险越大。具体计算公式见式(7-2)。

$$\text{Ncskew}_{i,t}=-\frac{n(n-1)^{\frac{3}{2}}\sum W_{i,t}^3}{(n-1)(n-2)(\sum W_{i,t}^2)^{\frac{3}{2}}} \tag{7-2}$$

其中,n代表股票i在一年中交易的周数。

第二个衡量个股崩盘风险的指标为收益波动系数(Duvol),指标Duvol越大,意味着个股负收益持续的时间越短且负收益的程度越大,则该股票的崩盘风险也就越大。具体计算公式见式(7-3)。

$$\text{Duvol}_{i,t} = \ln\left[\frac{\sum_{\text{down}} W_{i,t}^2}{n_d - 1}\right] - \ln\left[\frac{\sum_{\text{up}} W_{i,t}^2}{n_u - 1}\right] \tag{7-3}$$

其中,n_u 为第 i 只股票的特有回报率 $W_{i,t}$ 高于年平均回报率的周数,n_d 为第 i 只股票的特有回报率 $W_{i,t}$ 低于年平均回报率的周数。

(三)企业创新的衡量

本研究采用研发支出(R&D)来度量企业创新的投入。一般来说,大部分研究文献是用研发支出和专利数这两个指标共同衡量公司的创新情况。但是考虑到反腐败的直接影响的是研发投资,而专利数主要用于反映企业长期创新的情况,反腐新政从 2013 年开始实施,研究时间段只有几年时间,所以在研究反腐新政与企业创新之间的关系时,将专利数从企业创新衡量标准中剔除。借鉴党力等(2015)的方法,企业创新用企业研发支出的对数值来衡量,此处的研发支出为克服会计调整的影响,为企业总的研发支出,包括资本化研发支出和费用化研发支出。

(四)控制变量

为了保证实证结果不受其他影响股价崩盘风险因素的影响,参照 Chen 等(2018)、许年行等(2012)的方法,本研究对公司的特征和资本市场特征进行了相关控制,具体变量见表 7-2。

表 7-2　控制变量及其度量方法

控制变量	度量方法
Ncskew_{t-1}	滞后一期的负偏态系数,具体计算公式见式(7-2)
Size_{t-1}	公司规模,用该公司第 $t-1$ 年末的总资产取自然对数得到
Roa_{t-1}	公司总资产净利率,用该公司第 $t-1$ 年的净利润除以该公司第 $t-1$ 年末的总资产得到
Mb_{t-1}	公司账面市值比,用该公司第 $t-1$ 年末的净资产账面价值除以总市值得到
Lev_{t-1}	公司资产负债率,用该公司第 $t-1$ 年末的总负债除以总资产得到
Sigma_{t-1}	公司股票特有回报率的波动率,用该公司第 $t-1$ 年的周特有回报率的标准差计算得到

第七章
中央巡视组、企业创新与资本市场的反应

续表

控制变量	度量方法
Ret_{t-1}	公司股票的回报率，即该公司第 $t-1$ 年的股票回报率
$Dturn_{t-1}$	公司股票换手率的变化，即 $\dfrac{turnover\ rate_{t-1}-turnover\ rate_{t-2}}{turnover\ rate_{t-2}}$
$Fshr_{t-1}$	该公司第 $t-1$ 年第一大股东所拥有的股票占比
$Accm_{t-1}$	根据 Dechow 等（1995）提出的修正的 Jones 模型计算所得，衡量会计稳健性
GDP_{t-1}	该公司所在省份第 $t-1$ 年 GDP 值的自然对数
$Politic_{t-1}$	虚拟变量，如果该公司高层在 $t-1$ 年及以后有过政府关联（如公司CEO 担任过政府官员），则 Politic=1，否则 Politic=0
Soe_{t-1}	虚拟变量，如果该公司为国有企业，则 Soe=1，否则 Soe=0

二、实证模型设定 ▶▶▶

为了检验中央巡视组的反腐败检查行动对股价崩盘风险的影响，我们构建了公式（7-4）。

$$CrashRisk_{i,t}=\beta_0+\beta_1 Inspection_{i,t-1}+\beta_2 Controls_{i,t-1}\\+FirmFixedEffects+YearFixedEffects+\mu_{i,t-1} \quad (7\text{-}4)$$

其中，CrashRisk 是股票价格崩溃风险，由 Ncskew 和 Duvol 衡量。参照过去关于崩盘风险的文献研究，我们选择以下变量作为控制变量：$Ncskew_{t-1}$、$Size_{t-1}$、Roa_{t-1}、Mb_{t-1}、Lev_{t-1}、$Sigma_{t-1}$、Ret_{t-1}、$Dturn_{t-1}$、$Fshr_{t-1}$、$Accm_{t-1}$、GDP_{t-1}、$Politic_{t-1}$ 和 Soe_{t-1}。各变量具体计算方式如表7-2所示。除此之外，我们还控制了公司效应和年度效应。基于理论研究，预期反腐败检查行动虚拟变量 Inspection 系数显著为负，即反腐败检查可以降低股价崩盘风险。

为了检验假设2，即研究企业创新作为反腐败行动与股价崩盘风险中介传导变量的有效性，根据温忠麟（2004）对中介效应的检验研究，我们构建了式（7-5）和式（7-6）。

首先，在控制其他变量的情况下，检验反腐败对企业创新的影响：

$$R\&D_{i,t}=\beta_0+\beta_1 Inspection_{i,t}+\beta_2 Controls_{i,t}+FirmFixedEffects\\+YearFixedEffects+\mu_{i,t} \quad (7\text{-}5)$$

然后,将企业创新 R&D 加入控制变量中:

$$CrashRisk_{i,t} = \beta_0 + \beta_3 Inspection_{i,t-1} + \beta_4 R\&D_{i,t-1} + \beta_5 Controls_{i,t-1} \\ + FirmFixedEffects + YearFixedEffects + \mu_{i,t-1} \quad (7-6)$$

在式(7-4)Inspection 系数显著的基础上,在 β_1 和 β_4 显著的情况下,β_3 若显著为负,则企业创新 R&D 的中介效应显著,即反腐败检查行动对股价崩盘风险的影响有一部分是通过中介变量企业创新实现的;若 β_3 不显著,则企业创新 R&D 的完全中介效应显著,即反腐败行动对股价崩盘风险的影响都是通过中介变量企业创新实现的。在 β_1 和 β_4 中至少有一个不显著的情况下,要对系数及其标准误差进行 Sobel 检验,根据检验结果验证中介变量企业创新的有效性。

三、数据来源与处理 ▶▶▶

本研究以沪、深两市的所有 A 股上市公司为样本,为了探究反腐败检查行动的影响,选的样本区间为 2010—2015 年。其中所有财务数据来源于国泰安(CSMAR)和 wind 数据库。

同其他公司金融研究一样,我们对原始数据进行了筛选和剔除处理:①删除当年交易状态为 ST 和 ST* 的上市公司样本;②删除金融保险类上市公司的数据;③删除财务数据不足的样本。最终得到样本观测值共 7674 个。

第三节 实证结果分析

一、变量描述性统计 ▶▶▶

表 7-3 所示为主要变量的描述性统计,其中衡量股价崩盘风险的 $Ncskew_t$ 的均值为 -0.046,标准差为 1.100;$Duvol_t$ 的均值为 -0.437,标准差为 1.024。二者的标准差都较大,说明样本的股价崩盘风险之间存在很大差异。企业创新 R&D 的均值为 15.381,标准差为 2.320,四分之一位数与四分之三位数差了 13.771,表明我国上市公司创新整体存在很大的差距。

第七章
中央巡视组、企业创新与资本市场的反应

表 7-3　主要变量描述性统计

变量	样本数	均值	标准差	四分位数 Q_1	四分位数 Q_2	四分位数 Q_3
$Ncskew_t$	7674	−0.046	1.100	−0.093	−0.041	−0.014
$Duvol_t$	7674	−0.437	1.024	−0.919	−0.452	−0.027
$Inspection_{t-1}$	7674	0.298	0.458	0.000	0.000	1.000
$R\&D$	7674	15.381	2.320	6.589	15.964	20.360
$Ncskew_{t-1}$	7674	−0.047	1.098	−0.092	−0.040	−0.014
$Sigma_{t-1}$	7674	0.057	0.019	0.045	0.054	0.065
Ret_{t-1}	7674	0.002	0.007	−0.003	0.000	0.006
$Dturn_{t-1}$	7674	2.586	0.407	2.396	2.627	2.840
$Size_{t-1}$	7674	22.162	1.577	21.179	21.907	22.886
Roa_{t-1}	7674	0.037	0.083	0.012	0.032	0.061
Lev_{t-1}	7674	0.491	0.371	0.315	0.486	0.645
Mb_{t-1}	7674	1.279	1.817	0.466	0.781	1.412
$Fshr_{t-1}$	7674	0.369	0.158	0.242	0.352	0.482
Soe_{t-1}	7674	0.517	0.500	0.000	1.000	1.000
$Politic_{t-1}$	7674	0.352	0.478	0.000	0.000	1.000
GDP_{t-1}	7674	4.381	0.322	4.211	4.372	4.657
$Accm_{t-1}$	7674	0.832	0.819	0.781	0.830	0.879

二、相关性分析 ▶▶▶

表 7-4 所示为主要变量的 Pearson 相关系数，我们可以发现，解释变量 Inspection 与股价崩盘风险的衡量标准之一 Ncskew 的相关系数为 −0.054，且在 1% 的水平上显著，与股价崩盘风险的衡量标准之二 Duvol 的相关系数为 −0.061，且在 1% 的水平上显著，能在一定程度上说明预期 1 的合理性。衡量企业创新的 R&D 与股价崩盘风险指标显著负相关，分别为 −0.065 与 −0.112，同时反腐败检查指标为 0.351，呈显著正相关，在一定程度上也说明了预期 2 的合理性。

表 7-4 主要变量的 Pearson 相关系数

Probability	Ncskew$_t$	Duvol$_t$	R&D	Inspection$_{t-1}$	Ncskew$_{t-1}$	Sigma$_{t-1}$	Ret$_{t-1}$	Dturn$_{t-1}$	Size$_{t-1}$	Roa$_{t-1}$	Lev$_{t-1}$	Mb$_{t-1}$	Fshr$_{t-1}$	Soe$_{t-1}$	Politic$_{t-1}$	GDP$_{t-1}$	Accm$_{t-1}$
Ncskew$_t$	1																
Duvol$_t$	0.610***	1															
R&D	-0.065***	-0.112***	1														
Inspection$_{t-1}$	-0.054***	-0.061***	0.351***	1													
Ncskew$_{t-1}$	-0.055***	-0.014	-0.078***	-0.198***	1												
Sigma$_{t-1}$	0.063***	0.075***	0.139***	0.307***	-0.039***	1											
Ret$_{t-1}$	-0.019	-0.012	0.224***	0.400***	-0.096***	0.452***	1										
Dturn$_{t-1}$	0.047***	0.080***	0.089***	0.124***	-0.012	0.455***	0.253***	1									
Size$_{t-1}$	-0.049***	-0.075***	0.078***	0.198***	-0.074***	-0.133***	0.006*	-0.361***	1								
Roa$_{t-1}$	-0.028**	-0.013	0.006	-0.032**	0.001	-0.057***	-0.061***	-0.029**	0.048***	1							
Lev$_{t-1}$	0.019	0.024**	-0.071***	-0.020**	0.019	0.006	-0.038***	-0.079***	0.132***	-0.523***	1						
Mb$_{t-1}$	-0.031***	-0.079***	-0.076***	0.011	-0.024***	-0.179***	-0.139***	-0.258***	0.644***	-0.122***	0.263***	1					
Fshr$_{t-1}$	-0.024**	-0.027**	-0.003	0.003	-0.034***	-0.041***	-0.029**	-0.199***	0.204***	0.077***	-0.007	0.022*	1				
Soe$_{t-1}$	-0.005	-0.026**	-0.021*	0.105***	-0.011	-0.001	0.005	-0.158***	0.274***	-0.064***	0.114***	0.149***	0.202***	1			
Politic$_{t-1}$	-0.025**	-0.002	-0.046***	0.023*	-0.008	-0.043***	-0.009	0.002	0.100***	0.019	-0.012	0.071***	-0.057***	-0.101***	1		
GDP$_{t-1}$	-0.019	-0.028**	0.072***	0.115***	-0.018	0.008	0.058***	0.009	0.017	0.042***	-0.038***	0.012	0.029**	-0.187***	0.039***	1	
Accm$_{t-1}$	-0.022*	-0.037***	0.000	0.120***	-0.043***	-0.093***	-0.037***	-0.274***	0.746***	-0.007	0.199***	0.498***	0.168***	0.220***	0.089***	-0.012	1

第七章
中央巡视组、企业创新与资本市场的反应

三、样本实证的结果 ▶▶▶

首先,检验中央纪委巡视组的反腐败检查行动对股价崩盘风险的影响,表7-5是根据式(7-4)的反腐败行动对股价崩盘风险影响的回归结果。表 7-5 中列(1)和列(2)将 Ncskew 作为被解释变量,在排除所有控制变量的情况下,反腐败行动变量 Inspection 的系数为-0.055,且在 5%的水平上显著,在加入控制变量后,Inspection 的系数为-0.215,且显著性有所提高,在 1%的水平上显著,显著性的提高也从侧面说明控制变量选择的合理性。表 7-5 中列(3)和列(4)将 Duvol 作为被解释变量,在排除所有控制变量的情况下,反腐败行动变量 Inspection 的系数为-0.049,且在 10%的水平上显著;在加入控制变量后,Inspection 的系数为-0.199,且显著性有所提高,在 1%的水平上显著。实证结果表明,巡视组的检查行动可以显著地降低公司股价崩盘风险,研究预期1得以证明。

表 7-5　反腐败行动对股价崩盘风险的影响

变量	$Ncskew_t$		$Duvol_t$	
	(1)	(2)	(3)	(4)
$Inspection_{t-1}$	-0.055**	-0.215***	-0.049*	-0.199***
	(-2.004)	(-5.690)	(-1.905)	(-5.690)
$Ncskew_{t-1}$		-0.074***		-0.031***
		(-5.936)		(-2.651)
Mb_{t-1}		-0.012		-0.046***
		(-1.071)		(-4.578)
$Size_{t-1}$		-0.016		-0.005
		(-0.934)		(-0.295)
Lev_{t-1}		0.038		0.121***
		(0.896)		(3.065)
Roa_{t-1}		-0.183		0.114
		(-0.969)		(0.653)
$Dturn_{t-1}$		0.051		0.121***
		(1.245)		(3.218)
$Fshr_{t-1}$		-0.145		-0.114
		(-1.600)		(-1.362)

续表

变量	Ncskew$_t$		Duvol$_t$	
	(1)	(2)	(3)	(4)
Sigma$_{t-1}$		5.194*** (5.840)		4.569*** (5.552)
Ret$_{t-1}$		−5.473*** (−2.657)		−5.344*** (−2.804)
GDP$_{t-1}$		−0.020 (−0.462)		−0.056 (−1.408)
Accm$_{t-1}$		0.028 (1.119)		0.036 (1.547)
Politic$_{t-1}$		−0.044 (−1.544)		0.013 (0.499)
Soe$_{t-1}$		0.019 (0.637)		−0.013 (−0.494)
常数	−0.029* (−1.913)	−0.174 (−0.468)	−0.421*** (−29.921)	−0.891*** (−2.591)
公司固定效应	已控制	已控制	已控制	已控制
年份固定效应	已控制	已控制	已控制	已控制
观测值数量	7674	7674	7674	7674
拟合优度 R^2	0.005	0.018	0.004	0.023

接下来,检验企业创新作为中介变量的有效性。由表7-6的回归结果可以看出,在控制相关因素后,在反腐败对企业创新的回归中,衡量企业创新的R&D与衡量反腐败政策的Inspection呈现显著正相关关系。在将企业创新变量R&D加入控制变量后,股价崩盘风险与企业创新和反腐败检查行动之间的负相关关系显著。根据温忠麟(2004)对中介效应的检验界定,企业创新的中介效应显著,即反腐败政策的实施可提高企业创新,进而降低股价崩盘风险,研究预期2得以证明。

第七章
中央巡视组、企业创新与资本市场的反应

表 7-6　反腐败通过影响企业创新进而影响股价崩盘风险

反腐败与企业创新(5)		企业创新与股价崩盘风险(6)		
变量	$R\&D_{t-1}$	变量	$Ncskew_t$	$Duvol_t$
$Inspection_{t-1}$	6.866***	$Inspection_{t-1}$	−0.197***	−0.183***
	(34.584)		(−5.077)	(−5.079)
$Size_{t-1}$	0.699***	$R\&D_{t-1}$	−0.003**	−0.002**
	(8.728)		(−2.058)	(−2.524)
Roa_{t-1}	−3.851***	$Ncskew_{t-1}$	−0.077***	−0.033***
	(−3.137)		(−6.187)	(−2.822)
Mb_{t-1}	−0.728***	Mb_{t-1}	−0.011	−0.041***
	(−10.926)		(−1.039)	(−4.234)
Lev_{t-1}	−1.458***	$Size_{t-1}$	−0.015	−0.004
	(−5.232)		(−0.878)	(−0.269)
$Fshr_{t-1}$	−1.021*	Lev_{t-1}	0.033	0.119***
	(−1.802)		(0.782)	(3.036)
		Roa_{t-1}	−0.191	0.129
			(−1.051)	(0.737)
		$Dturn_{t-1}$	0.049	0.118***
			(1.227)	(3.185)
		$Fshr_{t-1}$	−0.141	−0.108
			(−1.577)	(−1.303)
		$Sigma_{t-1}$	5.229***	4.593***
			(5.941)	(5.627)
		Ret_{t-1}	−5.313**	−5.132***
			(−2.596)	(−2.704)
		GDP_{t-1}	−0.043	−0.059**
			(−1.004)	(−1.487)
		$Accm_{t-1}$	0.027	0.034
			(1.073)	(1.474)
		$Politic_{t-1}$	−0.047	0.007
			(−1.639)	(0.276)

续表

反腐败与企业创新(5)		企业创新与股价崩盘风险(6)		
		Soe_{t-1}	0.015	−0.020
			(0.499)	(−0.751)
常数	−9.417***	常数	−0.174	−0.861
	(−5.693)		(−0.472)	(−1.365))
公司固定效应	已控制	公司固定效应	已控制	已控制
年份固定效应	已控制	年份固定效应	已控制	已控制
观测值数量	7674	观测值数量	7674	7674
拟合优度 R^2	0.191	拟合优度 R^2	0.019	0.023

四、基于产权性质的进一步分析 ▶▶▶

为了明确在反腐败行动冲击下,企业加大创新降低股价崩盘风险的影响机制,将样本企业根据其产权性质分为两组进行分析。国有企业与政府有着千丝万缕的联系,其所拥有的政治优势是非国有企业无法比拟的,因此非国有企业为了获得政治关联,获得政府保护与订单优惠,则不得不付出大量的资本以贿赂官员建立联系(余明桂等,2010)。在政府控制着市场资源分配的情况下,国有企业和非国有企业寻求政治关联所付出的成本大不相同。在严苛的反腐败政策出台执行后,对于非国有企业来说,反腐败政策极大地提高了企业寻求政治关联的成本,同时还有效地制止了政府官员贪污受贿的行为,从供给和需求两个角度都缩减了非国有企业寻求政治关联的空间,使得企业不得不转向加大研发创新投入以获得企业发展;而站在国有企业的角度来说,虽然其政治寻租的成本有所提高,但相对于研发创新的成本是否上升尚不明确,因此反腐新政是否可以逼迫国有企业大力发展研发创新还有待探究。另外,政府对国企过多的关注以及补贴也导致了国企创新的动机不强,无论反腐败政策力度的强弱,都难以推进国有企业加大创新研发投入(高宏伟,2011)。总之,由于产权性质的差异,反腐败对于企业创新的影响也不相同。

表7-7显示了国有企业和非国有企业中企业创新对股价崩盘风险的作用情况。在国有企业分组中,将企业创新R&D加入控制变量后,股价崩盘风险Ncskew和Duvol对反腐败检查Inspection的回归系数依然显著,但对企业创新R&D的回归系数不显著。根据温忠麟(2004),为了检验企业创新的中介效应,

第七章
中央巡视组、企业创新与资本市场的反应

此时需要对回归系数进行 Sobel 检验,检验结果如表 7-8 所示。检验结果不显著,则在国有企业中,企业创新作为中介传导变量效应不显著。在非国有企业分组中,将企业创新 R&D 加入控制变量后,股价崩盘风险 Ncskew 和 Duvol 对反腐败检查 Inspection 的回归系数依然显著,对企业创新 R&D 的回归系数同样显著,则在非国有企业中,企业创新作为中介传导变量效应显著。这说明,针对原本大力寻求政治关联的非国有企业来说,反腐新政冲击下企业转而加大研发创新的动机更强,对于股价崩盘风险的降低也更加明显。

表 7-7　基于国企和非国企的分组回归分析

反腐败与企业创新			反腐败、企业创新与股价崩盘风险				
变量	国企	非国企	变量	国企		非国企	
	$R\&D_{t-1}$	$R\&D_{t-1}$		$Ncskew_t$	$Duvol_t$	$Ncskew_t$	$Duvol_t$
$Inspection_{t-1}$	6.132*** (23.685)	7.929*** (28.833)	$Inspection_{t-1}$	−0.187*** (−3.544)	−0.164*** (−3.337)	−0.156*** (−2.824)	−0.139*** (−2.703)
$Size_{t-1}$	0.342*** (3.310)	0.937*** (9.347)	$R\&D_{t-1}$	−0.003 (−1.152)	−0.001 (−0.590)	−0.006** (−2.565)	−0.006** (−2.510)
Roa_{t-1}	−6.569*** (−3.360)	−1.241 (−0.828)	$Ncskew_{t-1}$	−0.103*** (−6.059)	−0.053*** (−3.333)	−0.027 (−1.519)	0.005 (0.304)
Mb_{t-1}	−0.275*** (−3.286)	−0.906*** (−10.739)	Mb_{t-1}	−0.018 (−1.286)	−0.0495*** (−3.878)	−0.006 (−0.430)	−0.021* (−1.749)
Lev_{t-1}	−1.441** (−2.250)	−1.123*** (−3.711)	$Size_{t-1}$	−0.009 (−0.408)	−0.009 (0.420)	−0.002 (−0.080)	−0.007 (−0.385)
$Fshr_{t-1}$	0.750 (0.962)	−1.172 (−1.555)	Lev_{t-1}	0.066 (0.621)	0.149 (1.511)	0.023 (0.500)	0.112*** (2.636)
			Roa_{t-1}	−0.375 (−1.181)	−0.065 (−0.219)	−0.113 (−0.495)	0.237 (1.120)
			$Dturn_{t-1}$	0.048 (0.862)	0.109** (2.115)	0.050 (0.918)	0.109** (2.152)
			$Fshr_{t-1}$	−0.171 (−1.306)	−0.190 (−1.561)	−0.213* (−1.840)	−0.104 (−0.960)
			$Sigma_{t-1}$	5.016*** (4.160)	4.210*** (3.757)	4.706*** (3.792)	3.876*** (3.383)

续表

反腐败与企业创新			反腐败、企业创新与股价崩盘风险				
变量	国企	非国企	变量	国企		非国企	
	$R\&D_{t-1}$	$R\&D_{t-1}$		$Ncskew_t$	$Duvol_t$	$Ncskew_t$	$Duvol_t$
			Ret_{t-1}	−3.857 (−1.294)	−4.080 (−1.473)	−5.003* (−1.855)	−3.584 (−1.426)
			GDP_{t-1}	−0.047 (−0.744)	−0.123** (−2.079)	0.027 (0.491)	−0.023 (−0.448)
			$Accm_{t-1}$	0.035 (0.984)	0.037 (1.127)	−0.004 (−0.129)	0.013 (0.429)
			$Politic_{t-1}$	−0.039 (−0.941)	−0.009 (−0.239)	−0.049 (−1.330)	−0.000 (−0.013)
常数	−0.906 (−0.427)	−14.287*** (−6.865)	常数	−0.210 (−0.411)	−0.851* (−1.793)	−0.338 (−0.712)	−0.758* (−1.711)
公司效应	已控制	已控制	公司效应	已控制	已控制	已控制	已控制
年份效应	已控制	已控制	年份效应	已控制	已控制	已控制	已控制
观测值数量	3968	3706	观测值数量	3968	3968	3706	3706
拟合优度 R^2	0.153	0.247	拟合优度 R^2	0.023	0.021	0.016	0.021

表 7-8　国有企业创新中介效应的 Sobel 检验

项目	T 统计	标准差	P 值
Sobel 检验（Ncskew）	−1.151	0.016	0.250
Sobel 检验（Duvol）	−0.590	0.014	0.555

五、基于行业腐败程度的进一步分析 ▶▶▶

为了进一步明确反腐败冲击下,企业加大创新降低股价崩盘风险的影响机制,将样本企业根据不同行业的腐败程度分为两组进行分析。高腐败行业中的企业代表了政治关联程度更高的企业,低腐败行业中的企业代表了政治关联程

第七章
中央巡视组、企业创新与资本市场的反应

度较低的企业。根据吴之如(2007)、柳稀春(2014)等学者的观点,垄断行业一般掌握资源或握有实权,有动机去主动寻租,或者由于其他同业竞争者的"围攻"而被动形成腐败,尤其是涉及资金多的工程建设、交通、信息产业,以及垄断性强的石油、通信、烟草等领域。我们将垄断行业划分为高腐败行业,竞争行业划分为低腐败行业。对于垄断行业和竞争行业的划分,是参照岳希明(2010)等人提出的。考虑行业中企业的个数,是否有进入、退出的约束以及产品或服务价格是否存在监管控制等因素,将行业划分为垄断行业和竞争行业,具体划分方式见表7-9。

表 7-9 垄断行业和竞争行业的划分

垄断高腐败行业	石油和天然气开采业,烟草制品业,石油加工、炼焦及核燃料加工业,电力、燃气及水的生产和供应业,铁路运输业,水上运输业,航空运输业,邮政业,电信和其他信息传输服务业
竞争低腐败行业	农副食品加工业,食品制造业,饮料制造业,纺织业、纺织服装、鞋、帽制造业,皮革、毛皮、羽毛(绒)及其制品业,木材加工及木、竹、藤、棕、草制品业,家具制造业,造纸及纸制品业,印刷业和记录媒介的复制,文教体育用品制造业,仪器仪表及文化、办公用机械制造业,工艺品及其他制造业,废弃资源和废旧材料回收加工业,建筑业,批发和零售业,住宿和餐饮业,居民服务和其他服务业

根据以上分组方式,分析结果见表 7-10。在高腐败行业和低腐败行业分组中,将企业创新 R&D 加入控制变量后,股价崩盘风险 Ncskew 和 Duvol 对反腐败检查 Inspection 的回归系数显著,但对企业创新 R&D 的回归系数不显著,对回归系数进行 Sobel 检验,检验结果如表 7-11 和表 7-12 所示。高腐败行业分组检验结果显著,即在高腐败行业中,企业创新作为中介变量效应显著。低腐败行业检验结果不显著,即在低腐败行业中,企业创新作为中介变量效应不显著。这个结果说明,针对原本大力寻求政治关联的高腐败行业的企业来说,反腐败冲击下企业转而加大研发创新的动机更强,对于股价崩盘风险的降低也更加明显。

表 7-10 基于行业腐败程度的分组回归分析

	反腐败与企业创新		反腐败、企业创新与股价崩盘风险				
变量	高腐败行业	低腐败行业	变量	高腐败行业		低腐败行业	
	$R\&D_{t-1}$	$R\&D_{t-1}$		$Ncskew_t$	$Duvol_t$	$Ncskew_t$	$Duvol_t$
$Inspection_{t-1}$	5.963*** (15.076)	3.858*** (18.653)	$Inspection_{t-1}$	−0.068** (−2.246)	−0.034** (−2.322)	−0.196*** (−4.521)	−0.216*** (−5.454)

续表

反腐败与企业创新			反腐败、企业创新与股价崩盘风险				
变量	高腐败行业	低腐败行业	变量	高腐败行业		低腐败行业	
	$R\&D_{t-1}$	$R\&D_{t-1}$		$Ncskew_t$	$Duvol_t$	$Ncskew_t$	$Duvol_t$
$Size_{t-1}$	−0.184	1.138***	$R\&D_{t-1}$	−0.010	−0.010	−0.003	−0.002
	(−1.470)	(12.020)		(−0.852)	(0.428)	(−1.421)	(−1.180)
Roa_{t-1}	−3.839**	−5.976***	$Ncskew_{t-1}$	−0.040	0.035	−0.070***	0.0359***
	(−1.977)	(−4.221)		(−1.342)	(1.184)	(−5.122)	(−2.876)
Mb_{t-1}	−0.118	−0.704***	Mb_{t-1}	−0.012	−0.031**	−0.039**	−0108***
	(−1.417)	(−6.442)		(−0.861)	(−2.317)	(−2.050)	(−6.142)
Lev_{t-1}	−1.166**	−1.448***	$Size_{t-1}$	0.022	0.028	−0.031	−0.012
	(−2.170)	(−4.750)		(0.689)	(0.887)	(−1.544)	(−0.635)
$Fshr_{t-1}$	0.697	−1.101*	Lev_{t-1}	0.024	0.194**	0.059	0.124***
	(0.630)	(−1.865)		(0.291)	(2.327)	(1.141)	(2.619)
			Roa_{t-1}	0.023	0.216	−0.097	0.015
				(0.076)	(0.723)	(−0.400)	(0.066)
			$Dturn_{t-1}$	0.053	0.106	0.048	0.107**
				(0.758)	(1.524)	(−0.876)	(2.409)
			$Fshr_{t-1}$	−0.177	−0.094	−0.089	−0.074
				(−0.920)	(−0.487)	(−0.876)	(−0.798)
			$Sigma_{t-1}$	5.086***	4.386**	4.850***	4.461***
				(2.828)	(2.445)	(4.834)	(4.864)
			Ret_{t-1}	−7.404*	−7.952*	−5.995**	−5.058**
				(1.715)	(−1.847)	(−2.539)	(−2.343)
			GDP_{t-1}	−0.183*	−0.298***	0.003	−0.01
				(−1.943)	(−3.167)	(0.060)	(−0.230)
			$Accm_{t-1}$	−0.020	−0.000	0.037	0.060**
				(−0.378)	(−0.009)	(1.293)	(2.332)
			$Politic_{t-1}$	−0.071	−0.030	−0.040	0.025
				(−1.212)	(−0.509)	(−1.232)	(0.826)
			Soe_{t-1}	−0.016	−0.113	0.024	0.023
				(−0.221)	(−1.577)	(0.721)	(0.787)

续表

	反腐败与企业创新			反腐败、企业创新与股价崩盘风险			
变量	高腐败行业 $R\&D_{t-1}$	低腐败行业 $R\&D_{t-1}$	变量	高腐败行业 $Ncskew_t$	高腐败行业 $Duvol_t$	低腐败行业 $Ncskew_t$	低腐败行业 $Duvol_t$
常数	8.055*** (3.072)	−18.631*** (−9.585)	常数	0.190 (0.274)	−0.236 (−0.341)	0.016 (0.035)	−1.042** (−2.557)
公司效应	已控制	已控制	公司效应	已控制	已控制	已控制	已控制
年份效应	已控制	已控制	年份效应	已控制	已控制	已控制	已控制
观测值数量	1475	6199	观测值数量	1474	1474	6199	6199
拟合优度 R^2	0.157	0.111	拟合优度 R^2	0.022	0.037	0.018	0.027

表 7-11 高腐败行业企业创新中介效应的 Sobel 检验

项目	T 统计	标准差	P 值
Sobel 检验（Ncskew）	−2.222	0.026	0.026
Sobel 检验（Duvol）	−2.295	0.026	0.022

表 7-12 低腐败行业企业创新中介效应的 Sobel 检验

项目	T 统计	标准差	P 值
Sobel 检验（Ncskew）	−1.417	0.008	0.157
Sobel 检验（Duvol）	−1.178	0.007	0.239

六、稳健性检验 ▶▶▶

前文以中央纪委反腐败检查行动的虚拟变量度量反腐败，为了更好地验证我们的观点,这里参考聂辉华等(2014)的研究,构建两个反腐力度的指标,即腐败案件立案数(AntiCorr 1)与腐败案件查处人数(AntiCorr 2)来分析反腐败对于股价崩盘的风险,以及中介变量企业创新的有效性。

在以反腐败案件立案数和腐败案件查处人数作为反腐败变量后,反腐败行动与两个股价崩盘风险衡量变量的系数显著为负(见表7-13),即反腐败行动可以降低股价崩盘风险,与前文结论一致。进一步检验企业创新的中介效应(见表7-14),根据反腐败、企业创新与股价崩盘风险的各系数显著性可知,企业创新的中介效应显著,与前文结论一致。

表7-13 反腐败行动对股价崩盘风险的进一步检验

变量	$Ncskew_t$		$Duvol_t$		$Ncskew_t$		$Duvol_t$	
	(1)	(2)	(3)	(4)	(5)	(6)	(7)	(8)
AntiCorr 1_{t-1}	−2.711*** (27.632)	−2.524*** (−9.905)	−4.079*** (−22.138)	−3.008*** (−12.787)				
AntiCorr 2_{t-1}					−2.754*** (−12.974)	−2.492*** (−9.699)	−4.290*** (−22.118)	−2.571*** (−10.813)
控制变量	已控制	已控制	已控制	已控制	已控制	已控制	已控制	已控制
公司效应	已控制	已控制	已控制	已控制	已控制	已控制	已控制	已控制
年份效应	已控制	已控制	已控制	已控制	已控制	已控制	已控制	已控制
观测值数量	7674	7674	7674	7674	7674	7674	7674	7674
拟合优度 R^2	0.023	0.028	0.004	0.041	0.021	0.027	0.060	0.035

表7-14 企业创新中介效应进一步检验

反腐败与企业创新			反腐败、企业创新与股价崩盘风险				
变量	$R\&D_{t-1}$	$R\&D_{t-1}$	变量	$Ncskew_t$	$Duvol_t$	$Ncskew_t$	$Duvol_t$
AntiCorr 1_{t-1}	6.332*** (4.572)		AntiCorr 1_{t-1}	−2.637*** (−9.433)	−3.292*** (−12.768)		
AntiCorr 2_{t-1}		6.801*** (4.729)	AntiCorr 2_{t-1}			−2.618*** (−9.225)	−2.794*** (−10.636)
			$R\&D_t$	−0.002*** (4.514)	−0.005*** (2.688)	−0.002*** (9.236)	−0.004** (1.992)

续表

反腐败与企业创新			反腐败、企业创新与股价崩盘风险				
变量	$R\&D_{t-1}$	$R\&D_{t-1}$	变量	$Ncskew_t$	$Duvol_t$	$Ncskew_t$	$Duvol_t$
控制变量	已控制	已控制	控制变量	已控制	已控制	已控制	已控制
公司效应	已控制	已控制	公司效应	已控制	已控制	已控制	已控制
年份效应	已控制	已控制	年份效应	已控制	已控制	已控制	已控制
观测值数量	7674	7674	观测值数量	7674	7674	7674	7674
拟合优度 R^2	0.266	0.277	拟合优度 R^2	0.028	0.042	0.027	0.035

第四节 研究结论与建议

一、研究结论

党的十八大以来,中央纪委在全国范围内开展了强有力的反腐败检查行动,很多政府官员受到严查并定罪,但腐败根深蒂固,企业政治寻租的观点难以立刻改变,反腐之路仍有艰难险阻。本章研究了反腐新政对股价崩盘风险的影响,并将企业创新作为影响机制的中介变量,为反腐败的积极作用提供证据。

本章围绕2012—2013年中央纪委开展的全国性反腐败检查进行研究,选择2010—2015年全部A股上市公司为样本,研究反腐新政的出台对股价崩盘风险的影响,并以企业创新作为中介传导变量,研究反腐新政、企业创新与股价崩盘风险的关系。

首先,用指标Ncskew和Duvol衡量股价崩盘风险,用中央纪委巡察组的反腐败检查行动作为反腐新政变量,研究反腐新政与股价崩盘风险的关系。通过回归检验,证明了中央纪委开展的反腐败检查行动有效地降低了股价崩盘风险。也即反腐败检查行动有效地降低了政府政策的不确定性,遏制了腐败官员的寻租行为,使得资本市场信息不对称问题得到改善,从而降低了上市公司股价崩盘风险。

其次,用企业的研发投入衡量企业创新,检验反腐败与企业创新的关系,并将企业创新加入自变量队列中进行分析。实证结果说明,反腐败检查行动有力地提高了企业研发创新的动力。反腐败检查行动可以通过增强企业创新能力进而降低股价崩盘风险,即企业创新作为反腐新政和股价崩盘风险之间的中介变量是有效的。

最后,通过国有企业和非国有企业的对比、高腐败行业和低腐败行业的对比,推导出因反腐败而增大的企业创新影响股价崩盘风险的作用机制:由于反腐败增加了企业寻求政治关联的成本,使企业转而加大了对创新的重视和投入,尤其是大力寻求政治关联的非国有企业和高腐败行业的变化特别显著。总的来说,反腐败行动降低了政治风险和信息不对称程度,增加了企业的创新投入,也降低了股价崩盘的风险。

本章在研究反腐败检查行动与股价崩盘风险关系的基础上,探究了企业创新作为中介变量的有效性,同时区分国有企业和非国有企业、高腐败行业和低腐败行业,进行影响程度的比较,进一步确定了反腐败行动冲击下企业创新对股价崩盘风险的影响机制。

二、政策启示与建议 ▶▶▶

结合本章实证研究结果,提出以下建议。

(1)政府应保持反腐力度,为微观企业带来创新激励,改善市场信息不对称状况。首先,分析腐败产生的根本原因,即官员手中对市场资源的配置权,所以政府治理腐败问题,应从根源着手,减少政府官员对市场资源的操纵权力,将权力归还于市场。其次,从理论和实证两个方面证实了反腐败检查行动可以激励企业加大创新研发投入,并降低资本市场股价崩盘风险,因此政府于腐败问题方面应继续实施高压反腐政策,不断增强反腐打击力度,推进完善反腐败立法相关工作,进一步提高我国企业的创新研发,净化营商环境,强化市场有效性。

(2)我国反腐败行动应注重精细化和专业化。通过对产权性质和行业腐败程度的分组研究,发现反腐行动的经济效果在非国有企业和高腐败行业的表现尤为显著,因为此类公司和行业本就在寻求政治关联上投入成本过多。2012—2013年的反腐败检查行动范围包括全国境内所有省份,是一次广撒网式的全面清洗,今后政府开展的反腐败行动应更注重对非国有企业和高腐败行业的检查与打击,做到对非国有企业的精确打击,对高腐败行业的专业化打击,最大限度地提高反腐败的经济效用。

(3)企业应重视创新,加大研发投入。政府的反腐败行动增加了企业寻求政治关联的成本,斩断了政企不正常合作关系,反过来激励企业重视研发创新,对

第七章
中央巡视组、企业创新与资本市场的反应

于今后企业如何选择正确的发展战略提供了指引路径。过去选择市场化发展战略的企业,应继续维持在创新研发方面的投入,随着营商环境的净化以及国家制度建设的完善,企业创新发展战略的效益会不断显现;而对于那些将投资用于寻求政治关联的企业,在国家日益趋严的反腐制度背景下,应主动调整企业发展战略,将资金和人力投入创新研发中,以提高企业的核心竞争力。同时,本研究实证了反腐败行动对企业创新的积极作用,因此政府也是推动企业创新的重要力量,政府应进一步配合企业的创新发展战略,提高企业创新的积极性。

参考文献

[1] ACEMOGLU D, VERDIER T. Corruption, property rights and the allocation of talent: A general equilibrium approach[J]. Economic Journal, 1998, 108(450):1381-1403.

[2] AI J. Guanxi Networks in China: Its Importance and Future Trends[J]. China & World Economy, 2010, 14(5):105-118.

[3] AGRAWAL A, KNOEBER C R. Do Some Outside Directors Play a Political Role? [J]. Social Science Electronic Publishing, 2001, 44(1):179-198.

[4] AIDIS R, ESTRIN, S, MICKIEWICZ T. Institutions and entrepreneurship development in Russia: a comparative perspective[J]. Journal of Business Venturing, 2008(23):656-672.

[5] AIDT T S, DUTTA J. Policy compromises: Corruption and regulation in a democracy[J]. Economics & Politics, 2008, 20(3):335-360.

[6] AR I M. The impact of green product innovation on firm performance and competitive capability: The moderating role of managerial environmental concern[J]. Procedia-Social and Behavioral Sciences, 2012, 62:854-864.

[7] ASHENFELTER O. Estimating the Effect of Training on Earning[J]. Review of Economics & Statistics, 1976(60):47-57.

[8] ATHANASAKOU V E, STRONG N C, WALKER M. Classificatory income smoothing: The impact of a change in regime of reporting financial performance[J]. Journal of Accounting & Public Policy, 2007, 26(4):387-435.

[9] BARDHAN P. Corruption and Development: A Review of Issues[J]. Journal of Economic Literature, 1997, 35(3):1320-1346.

[10] BARNEY J, WRIGHT M, KETCHEN D J. The resource-based view of

the firm: Ten years after 1991[J]. Journal of Management, 2001, 27(6):625-641.

[11] BARUA A, LIN S, SBARAGLIA A M. Earnings Management Using Discontinued Operations [J]. Accounting Review, 2010, 85 (5):1485-1509.

[12] BALSMEIER B, FLEMING L, MANSO G. Independent boards and innovation[J]. Journal of Financial Economics, 2016, 123(3):536-557.

[13] BAYLEY D H. The Effects of Corruption in a Developing Nation[J]. Western Political Quarterly, 1966, 19(4):719-732.

[14] BECK P J, MAHER M W. A comparison of bribery and bidding in thin markets[J]. Economics Letters, 1986, 20(1):1-5.

[15] BECK T, DEMIRGÜÇ-KUNT A, MAKSIMOVIC V. Financial and legal constraints to growth: Does firm size matter? [J]. The Journal of Finance, 2005, 60(1):137-177.

[16] BEN-DOR G. Corruption, institutionalization, and political development: The revisionist theses revisited[J]. Comparative Political Studies, 1974, 7(1):63-83.

[17] OLKEN B A, BARRON P. The simple economics of extortion: Evidence from Trucking in Aceh[J]. Journal of Political Economy, 2009, 117(3):417-452.

[18] WERNERFELT B. A resource-based view of the firm[J]. Strategic Management Journal, 1984, 5(2):171-180.

[19] BOZEMAN B. A Theory of Government "Red Tape"[J]. Journal of Public Administration Research and Theory, 1993, 3 (3):273-304.

[20] CAI H B, FANG H M, XU L C. Eat, Drink, Firms, Government: An Investigation of Corruption from the Entertainment and Travel Costs of Chinese Firms[J]. The Journal of Law and Economics, 2011, 54(1):55-78.

[21] CAIDEN G E, CAIDEN N J. Administrative Corruption[J]. Public Administration Review, 1977, 37(3):301-309.

[22] DAVIDSON C, SEGERSTROM P. R&D Subsidies and economic growth

[J]. The RAND Journal of Economics,1998,29(3):548-577.

[23] PAUNOV C. Corruption's asymmetric impacts on firm innovation[J]. Journal of Development Economics,2016,118:216-231.

[24] LEUZ C, OBERHOLZER-GEE F. Political relationships, global financing, and corporate transparency: Evidence from Indonesia[J]. Journal of Financial Economics,2006,81(2):411-439.

[25] CHUNG K H, WRIGHT P, KEDIA B. Corporate governance and market valuation of capital and R&D investments[J]. Review of Financial Economics,2003,12(2):161-172.

[26] DING R, HOU W X. Retail investor attention and stock liquidity[J]. Journal of International Financial Markets, Institutions and Money,2015(37):12-26.

[27] DRAKE M S, ROULSTONE D T, THORNOCK J R. Investor Information Demand: Evidence from Google Searches around Earnings Announcements[J]. Journal of Accounting Research,2012,50(4):1001-1040.

[28] BUBLITZ B, ETTREDGE M. The Information in Discretionary Outlays: Advertising, Research, and Development[J]. The Accounting Review,1989,64(1):108-124.

[29] FACCIO M. Politically Connected Firms[J]. American Economic Review,2006,96(1):369-386.

[30] YU F F, GUO Y, LE-NGUYEN K, et al. The impact of government subsidies and enterprises' R&D investment: A panel data study from renewable energy in China[J]. Energy Policy,2016,89:106-113.

[31] FISMAN R. Estimating the Value of Political Connections[J]. American Economic Review,2001,91(4):1095-1102.

[32] FISHMAN R, MIGUEL E. Corruption, norms, and legal enforcement: Evidence from diplomatic parking tickets[J]. Journal of Political Economy,2007,115(6):1020-1048.

[33] FRIEDRICH C J. Political Pathology[J]. The Political Quarterly,1966,37(1):70-85.

[34] GUASCH J L, RACINE J L, SÁNCHEZ I, et al. Quality Systems and Standards for a Competitive Edge[M]. Washington, DC: World Bank Publishing,2007.

[35] GUELLEC D, VAN POTTELSBERGHE B. The Economics of the European Patent System: IP Policy for Innovation and Competition[M]. Oxford:Oxford University Press,2007.

[36] GUPTA S,DAVOODI H, ALONSO-TERME R. Does corruption affect income inequality and poverty? [J]. Economics of Governance, 2002, 3(1):23-45.

[37] GROSSMAN S, HART O. One share-one vote and the market for corporate control[J]. Journal of Financial Economics,1988,20:175-202.

[38] HEIDENHEIMER A J,JOHNSTON M,LEVINE V T. Political Corruption: A Handbook[M]. New Brunswick:Transaction Publishers,1989.

[39] ERNST H. Patent applications and subsequent changes of performance: Evidence from time-series cross-section analyses on the firm level[J]. Research Policy,2001,30(1):143-157.

[40] HOLMSTROM B, TIROLE J. Market Liquidity and Performance Monitoring[J]. Journal of Political Economy,1993(101):678-709.

[41] HOSONO K, TOMIYAMA M, TSUTOMU M. Corporate Governance and Research and Development: Evidence from Japan[J]. Economics of Innovation and New Technology,2004,13 (2):141-164.

[42] HUTTON A P, MARCUS A J, TEHRANIAN H. Opaque Financial Reports,R^2 and Crash Risk[J]. Journal of Financial Economics, 2009,94(1): 67-86.

[43] JAIN A K. Corruption: A Review[J]. Journal of Economic Surveys, 2001,15(1):71-121.

[44] BARNEY J. Firm Resources and Sustained Competitive Advantage[J]. Journal of Management,1991,17(1):99-120.

[45] DEBACKER J,HEIM B T ,TRAN A. Importing Corruption Culture from Overseas: Evidence from Corporate Tax Evasion in the United States[J]. Journal of Financial Economics, 2015, 117(1):122-138.

[46]JOHNSON S , MITTON T . Cronyism and Capital Controls: Evidence from Malaysia[J]. Journal of Financial Economics, 2001, 67(2):351-382.

[47]KIM J B, LI Y H, ZHANG L D. CFOs versus CEOs: Equity incentives and crashes[J]. Journal of Financial Economics, 2011, 101(3): 713-730.

[48]KLITGAARD R. Controlling Corruption[M]. Berkeley: University of California Press,1988.

[49]KRUEGER A O. The Political Economy of the Rent-Seeking Society[J]. The American Economic Review, 1974, 64(3):291-303.

[50]LA PORTA R, LOPEZ-DE-SILANES F, SHLEIFER A, et al. Legal determinants of external finance[J]. The Journal of Finance,1997,52(3): 1131-1150.

[51]LA PORTA R, LOPEZ-DE-SILANES F, SHLEIFER A, et al. Investor protection and corporate governance[J]. Journal of Financial Economics, 2000, 58(1-2):3-27.

[52]LEFF N H. Economic Development through Bureaucratic Corruption[J]. American Behavioral Scientist,1964,8(3): 8-14.

[53]JIN L, MYERS S C. R^2 around the world: New theory and new tests[J]. Journal of Financial Economics,2006,79(2):257-292.

[54]LI L X , FRANCIS B B , HASAN I . Firms' Real Earnings Management and Subsequent Stock Price Crash Risk[J]. Social Science Electronic Publishing,2011(10):21-39.

[55]LIN C , LIN P , SONG F . Property rights protection and corporate R&D: Evidence from China[J]. Journal of Development Economics, 2010, 93(1):49-62.

[56] LOH R K. Investor Inattention and the Underreaction to Stock Recommendations[J]. Financial Management,2010, 39(3):1223-1252.

[57] LOWI T J. Four systems of policy, politics, and choice[J]. Public Administration Review, 1972, 32(4):298-310.

[58]LUI F T . An Equilibrium Queueing Model of Bribery[J]. Journal of Political Economy, 1985, 93(4):760-781.

[59]PETERAF M A. The cornerstones of competitive advantage: A resource-

based view[J]. Strategic Management Journal, 1993, 14(3): 179-191.

[60] GRANOVETTER M. Economic Action and Social Structure: The Problem of Embeddedness[J]. American Journal of Sociology, 1985, 91(3): 481-510.

[61] MAURO P. Corruption and Growth[J]. The Quarterly Journal of Economics, 1995, 110(3): 681-712.

[62] MEYER B D, VISCUSI W K. Workers' Compensation and Injury Duration: Evidence from a Natural Experiment[J]. American Economic Review, 1995, 85(3): 322-340.

[63] GOEDHUYS M, MOHNEN P, TAHA T. Corruption, innovation and firm growth: Firm-level evidence from Egypt and Tunisia[J]. Eurasian Business Review, 2016, 6: 299-322.

[64] MUKHERJEE A, SINGH M, ŽALDOKAS A. Do Corporate Taxes Hinder Innovation?[J]. Journal of Financial Economics, 2017, 124(1): 195-221.

[65] HAMI N, MUHAMAD M R, EBRAHIM Z. The Impact of Sustainable Manufacturing Practices and Innovation Performance on Economic Sustainability[J]. Procedia CIRP, 2015, 26: 190-195.

[66] NORTH D C. Institutions, Institutional Change and Economic Performance[M]. Cambridge: Cambridge University Press, 1990.

[67] NYE J S. Corruption and Political Development: A Cost-Benefit Analysis[J]. American Political Science Review, 1967, 61(2): 417-427.

[68] OLKEN B A, PANDE R. Corruption in Developing Countries[J]. Annual Review of Economics, 2012, 4(1): 479-509.

[69] OLKEN B A. Monitoring Corruption: Evidence from a Field Experiment in Indonesia.[J]. Journal of Political Economy, 2007, 115(2): 200-249.

[70] PÁSTOR L, VERONESI P. Political Uncertainty and Risk Premia[J]. Journal of Financial Economics, 2013, 110(3): 520-545.

[71] PÁSTOR L, VERONESI P. Uncertainty about Government Policy and Stock Prices[J]. Journal of Finance, 2012, 67(4): 1219-1264.

[72] PORTER M E, VAN DE LINDER C. Green and competitive: Ending the

stalemate[J]. Harvard Business Review, 1995, 73(5): 120-134.

[73]FISMAN R, SVENSSON J. Are corruption and taxation really harmful to growth? Firm level evidence[J]. Journal of Development Economics, 2007,83(1):63-75.

[74]REINIKKA R , SVENSSON J. Local Capture: Evidence from a Central Government Transfer Program in Uganda[J]. The Quarterly Journal of Economics, 2004, 119(2):679-705.

[75]ROBERTS B E . A Dead Senator Tells No Lies: Seniority and the Distribution of Federal Benefits[J]. American Journal of Political Science, 1990, 34(1):31-58.

[76]ROSE-ACKERMAN S. Corruption and Government[J]. International Peacekeeping, 2008, 15(3):328-343.

[77]HUNTINGTON S P. Political order in changing societies[M]. New Haven, CT: Yale University Press, 1968.

[78]SCOTT J T. Firm Versus Industry Variability in R&D Intensity[A]. Chicago: University of Chicago Press, 1984.

[79]ANOKHIN S, SCHULZE W S. Schulze. Entrepreneurship, innovation, and corruption[J]. Journal of Business Venturing,2008,24(5):465-476.

[80]SHLEIFER A, VISHNY R W. Corruption[J]. The Quarterly Journal of Economics, 1993, 108(3):599-617.

[81]SHLEIFER A, VISHNY R W. Politicians and Firms[J]. The Quarterly Journal of Economics, 1994, 109(4): 995-1025.

[82]SMITH J D. US Political Corruption and Firm Financial Policies[J]. Journal of Financial Economics, 2016,121(2):350-367.

[83]BORLEA S N, MONICA-VIOLETA A, MIRON M G A. Corruption, Shadow Economy and Economic Growth: An Empirical Survey Across the European Union Countries[J]. Studia Universitatis "Vasile Goldis" Arad-Economics Series,2017,27(2):19-32.

[84]TANZI V. Corruption around the World: Causes, Consequences, Scope, and Cures[J]. IMF Staff Papers, 1998,45(4):559-594.

[85]TANZI V, DAVOODI H R. Corruption, Public Investment, and Growth

[J]. Social Science Electronic Publishing,1997,97(139):653-669.

[86] TILMAN R O. Emergence of Black-Market Bureaucracy: Administration, Development, and Corruption in the New States [J]. Public Administration Review,1968,28(5):437-444.

[87] TULLOCK G. The Rand-Parkinson Effect[J]. Papers on Non-Market Decision Making,1967,3(1):93-96.

[88] WU S S,LI B,NIE Q L,et al. Government Expenditure, Corruption and Total Factor Productivity[J]. Journal of Cleaner Production,2017,168:279-289.

[89] WU X. Corporate Governance and Corruption: A Cross- Country Analysis [J]. Governance: An International Journal of Policy, Administration and Institutions,2005,18(2):151-170.

[90] HO Y K,KE H T,ONG J M. The effects of R&D and advertising on firm value: An examination of manufacturing and nonmanufacturing firms [J]. IEEE Transactions on Engineering Management,2005,52(1):3-14.

[91] CHEN Y S,XIE Y,YOU H,et al. Does crackdown on corruption reduce stock price crash risk? Evidence from China[J]. Journal of Corporate Finance,2018,51:125-141.

[92] ZHU J N,WU Y P. Who pays more "tributes" to the government? Sectoral corruption of China's private enterprises[J]. Crime, Law and Social Change,2014,61(3):309-333.

[93] ZHU Q H,GENG Y,SARKIS J. Green supply chain management in China: Pressures, practices and performance[J]. International Journal of Operations & Production Management,2005,25(5):449-468.

[94] 安同良,施浩,ALCORTA L. 中国制造业企业R&D行为模式的观测与实证——基于江苏省制造业企业问卷调查的实证分析[J]. 经济研究,2006(2):21-30.

[95] 卜宪群. 中国历史上的腐败与反腐败[M]. 厦门:鹭江出版社,2014.

[96] 陈冬华,陈信元,万华林. 国有企业中的薪酬管制与在职消费[J]. 经济研究,2005(2):92-101.

[97] 田园,万寿义. "八项规定"对我国国有上市公司费用影响研究[J]. 华东经

济管理,2017,31(8):160-167.

[98] 陈刚,李树. 中国的腐败、收入分配和收入差距[J]. 经济科学,2010,32(2):55-68.

[99] 陈刚,李树,尹希果. 腐败与中国经济增长——实证主义的视角[J]. 经济社会体制比较,2008(3):59-68.

[100] 陈国进,张贻军,王磊. 股市崩盘现象研究评述[J]. 经济学动态,2008(11):116-120.

[101] 陈俊,代明. 地区腐败、风险规避与创新冗余——兼对腐败"抑制论"和"促进论"的检验[J]. 经济社会体制比较,2018(2):69-80.

[102] 陈林,伍海军. 国内双重差分法的研究现状与潜在问题[J]. 数量经济技术经济研究,2015(7):133-148.

[103] 陈守明,简涛,王朝霞. CEO任期与R&D强度:年龄和教育层次的影响[J]. 科学学与科学技术管理,2011(6):159-165.

[104] 程晓峰. 对中国共产党反腐败历史的回顾与思考[J]. 党史研究与教学,1994(2):18-22.

[105] 楚文凯. 腐败概念的泛化和界定[J]. 先锋队,2006(6):18-20.

[106] 党力,杨瑞龙,杨继东. 反腐败与企业创新:基于政治关联的解释[J]. 中国工业经济,2015(7):146-160.

[107] 杜兴强,杜颖洁. 濒死体验、盈余管理、政治联系与朽而不倒——基于ST、*ST、SL类民营上市公司的经验证据[J]. 山西财经大学学报,2010(7):70-78.

[108] 杜兴强,雷宇,郭剑花. 政治联系、政治联系方式与民营上市公司的会计稳健性[J]. 中国工业经济,2009(7):87-97.

[109] 费爱华. 关系营销与关系嵌入型营销之比较研究[J]. 中国市场,2018(31):1-4.

[110] 冯根福,温军. 中国上市公司治理与企业技术创新关系的实证分析[J]. 中国工业经济,2008(7):91-101.

[111] 付朝干,李增福. 腐败治理动了政治关联企业的"奶酪"吗?——基于避税的视角[J]. 经济社会体制比较,2018(5):127-134.

[112] 傅晓霞,吴利学. 技术差距、创新环境与企业自主研发强度[J]. 世界经济,2012,35(7):101-122.

[113] 高宏伟.政府补贴对大型国有企业研发的挤出效应研究[J].中国科技论坛,2011(8):15-20.

[114] 过勇,胡鞍钢.行政垄断、寻租与腐败——转型经济的腐败机理分析[J].经济社会体制比较,2003(2):61-69.

[115] 韩乾,洪永淼.国家产业政策、资产价格与投资者行为[J].经济研究,2014(12):143-158.

[116] 贺小刚,李新春.企业家能力与企业成长:基于中国经验的实证研究[J].经济研究,2005(10):101-111.

[117] 何轩,马骏,朱丽娜,等.腐败对企业家活动配置的扭曲[J].中国工业经济,2016(12):106-122.

[118] 何增科.体制改革、腐败和反腐败[J].中共天津市委党校学报,2001(4):48-53.

[119] 胡鞍钢.腐败与社会不公——中国90年代后半期腐败经济损失的初步估计与分析[J].江苏社会科学,2001(3):51-53.

[120] 胡旭阳,史晋川.民营企业的政治资源与民营企业多元化投资——以中国民营企业500强为例[J].中国工业经济,2008(4):5-14.

[121] 黄玖立,李坤望.吃喝、腐败与企业订单[J].经济研究,2013(6):71-84.

[122] 黄亮雄,孙湘湘,王贤彬.反腐败与地区创业:效应与影响机制[J].经济管理,2019(9):5-19.

[123] 黄新建,冉娅萍.官员腐败对公司实际税率影响的实证研究[J].南方经济,2012(3):3-12.

[124] 黄修荣,刘宋斌.中国共产党廉政反腐史记[M].北京:中国方正出版社,1997.

[125] 金玲娣,陈国宏.企业规模与R&D关系实证研究[J].科研管理,2001(1):51-57.

[126] 寇宗来,高琼.市场结构、市场绩效与企业的创新行为——基于中国工业企业层面的面板数据分析[J].产业经济研究,2013(3):1-11,110.

[127] 李后建,刘培森.繁文缛节与企业腐败[J].南开经济研究,2018(3):40-62.

[128] 李捷瑜,黄宇丰.转型经济中的贿赂与企业增长[J].经济学(季刊),2010(4):1467-1484.

[129] 李明鸣.看中国古代如何反腐败[N].中国纪检监察报,2016-06-03.

[130] 李绍淋,林媛媛.地区腐败对外商直接投资的影响——基于我国东部地区的实证研究[J].武夷学院学报,2019(2):41-46.

[131] 李维安,王鹏程,徐业坤.慈善捐赠、政治关联与债务融资——民营企业与政府的资源交换行为[J].南开管理评论,2015(1):4-14.

[132] 李文贵,余明桂.民营化企业的股权结构与企业创新[J].管理世界,2015(4):112-125.

[133] 李小晗,朱红军.投资者有限关注与信息解读[J].金融研究,2011(8):128-142.

[134] 李小荣,刘行.CEO vs CFO:性别与股价崩盘风险[J].世界经济,2012(12):102-129.

[135] 梁城城,张淑娟.非税收入规模、官员腐败与财政透明度——基于中国省级数据的实证研究[J].商业研究,2020(4):85-92.

[136] 梁其翔,龙志和.中国公款消费规模估算[J].上海经济研究,2014(10):117-129.

[137] 刘和旺,郑世林,王宇锋.所有制类型、技术创新与企业绩效[J].中国软科学,2015(3):28-40.

[138] 刘嘉琦,李新春,胡明志.腐败与创业:润滑效应还是抑制作用[J].中山大学学报(社会科学版),2019(2):197-208.

[139] 刘建华,李园园,段坤,等.董事会特征、创新投入与品牌价值——基于内生性视角的实证研究[J].管理评论,2019(12):136-145.

[140] 刘锦,张三保.行政许可与企业腐败——来自世界银行中国企业调查的经验证据[J].经济社会体制比较,2019(2):81-91.

[141] 柳晞春.如何防治行业腐败[J].党建,2014(3):60-61.

[142] 逯东,朱丽.市场化程度、战略性新兴产业政策与企业创新[J].产业经济研究,2018(2):65-77.

[143] 罗党论,唐清泉.政治关系、社会资本与政策资源获取:来自中国民营上市公司的经验证据[J].世界经济,2009(7):84-96.

[144] 骆静.创业板上市公司销售费用、研发支出与企业绩效的实证研究[D].北京:北京化工大学,2015.

[145] 吕庆华.关系营销的中国实践及其发展趋势[J].湖南商学院学报,2005(2):25-28.

[146] 吕瑞. 浅析集体腐败的基本特征与类型划分[J]. 法制与社会,2018(31): 131-132.

[147] [美]塞缪尔·亨廷顿. 变化社会中的政治秩序[M]. 王冠华,刘为,等译. 上海:上海人民出版社,2008.

[148] 闵师,白军飞,修长柏. 城市居民白酒消费及其影响因素——基于在家与在外消费的实证研究[J]. 中国食物与营养,2012,18(6):39-45.

[149] 倪星. 腐败的经济学界定与特征[J]. 华中科技大学学报(社会科学版),2004,18(5):84-88.

[150] 聂辉华. 腐败对效率的影响:一个文献综述[J]. 金融评论,2014(1):13-23.

[151] 聂辉华,王梦琦. 政治周期对反腐败的影响——基于2003~2013年中国厅级以上官员腐败案例的证据[J]. 经济社会体制比较,2014(4):127-140.

[152] 潘越,戴亦一,林超群. 信息不透明、分析师关注与个股暴跌风险[J]. 金融研究,2011(9):138-151.

[153] 齐良书,赵俊超. 营养干预与贫困地区寄宿生人力资本发展——基于对照实验项目的研究[J]. 管理世界,2012(2):52-61.

[154] 钱周伟. 腐败的社会蔓延、效应及其治理[J]. 天水行政学院学报(哲学社会科学版),2018(5):65-69.

[155] 饶萍. 资本结构、政府补助对企业研发投入的影响——基于创业板上市公司的实证检验[J]. 管理现代化,2018(1):42-44.

[156] 任海云. 股权结构与企业R&D投入关系的实证研究——基于A股制造业上市公司的数据分析[J]. 中国软科学,2010(5):126-135.

[157] 申宇,赵静梅. 吃喝费用的"得"与"失"——基于上市公司投融资效率的研究[J]. 金融研究,2016(3):140-156.

[158] 石华军,楚尔鸣. 政策效果评估的双重差分方法[J]. 统计与决策,2017(17):80-83.

[159] 史志颖,李新功. 反腐败力度、环境规制与企业技术创新实证研究[J]. 征信,2019,37(8):63-70.

[160] 宋丽颖,杨潭. 财政补贴、行业集中度与高技术企业R&D投入的非线性关系实证研究[J]. 财政研究,2016(7):59-68.

[161] 孙莹. 中国与主要创新型国家企业研发投资结构比较[J]. 中国科技论坛,

2018(6):159-170.

[162]谭瑾,徐细雄,徐光伟.地区腐败与企业运营效率——基于交易成本视角的实证检验[J].现代财经(天津财经大学学报),2018,38(9):18-35.

[163]覃予,李宗彦.腐败治理能改善国企高管双重激励的效率吗?——基于高官落马视角的实证研究[J].当代经济管理,2020(1):22-33.

[164]唐姣美,赵永亮,唐丹丹.腐败对企业创新的影响——基于产品多样性的视角[J].经济社会体制比较,2019(1):94-104.

[165]唐朱昌,霍明,任品.腐败会抑制市场化程度吗?——基于省际面板经验分析[J].南方经济,2014(4):9-23.

[166]涂远博,王满仓,卢山冰.规制强度、腐败与创新抑制——基于贝叶斯博弈均衡的分析[J].当代经济科学,2018,40(1):26-34.

[167]万广华,吴一平.制度建设与反腐败成效:基于跨期腐败程度变化的研究[J].管理世界,2012(4):60-69.

[168]王传利.1990年至1999年中国社会的腐败频度分析[J].政治学研究,2001(1):38-55.

[169]王沪宁.论中国产生政治腐败现象的特殊条件[J].上海社会科学院学术季刊,1989(3):72-80.

[170]王健忠,高明华.反腐败、企业家能力与企业创新[J].经济管理,2017,39(6):36-52.

[171]王砾,孔东民,王茂斌.中央巡视工作是否提高了企业业绩——基于准自然实验的证据[J].金融学季刊,2017(2):30-55.

[172]万良勇,陈馥爽,饶静.地区腐败与企业投资效率——基于中国上市公司的实证研究[J].财政研究,2015(5):57-62.

[173]王岭,周立宏,祁晓凤.反腐败、政治关联与技术创新——基于2010—2015年创业板企业数据的实证分析[J].经济理论与经济管理,2019(12):78-92.

[174]汪谦干."文革"前17年与新时期反腐败的比较[J].安徽大学学报(哲学社会科学版),2008(3):125-129.

[175]王文翌,安同良.中国制造业上市公司规模与R&D绩效[J].中国科技论坛,2014(5):62-67,73.

[176]王跃堂,王亮亮,贡彩萍.所得税改革、盈余管理及其经济后果[J].经济

研究,2009(3):86-98.

[177] 温忠麟,张雷,侯杰泰,等.中介效应检验程序及其应用[J].心理学报,2004(5):614-620.

[178] 吴溪.盈利指标监管与制度化的影响:以中国证券市场ST公司申请摘帽制度为例[J].中国会计与财务研究,2006(4):95-137.

[179] 吴国斌.新中国成立以来反腐廉政绩效研究[D].武汉:武汉大学,2014.

[180] 武晓波.浅析腐败现象对房地产市场的影响[J].东方企业文化,2010(15):96.

[181] 吴晓云,张欣妍.企业能力、技术创新和价值网络合作创新与企业绩效[J].管理科学,2015(6):12-26.

[182] 吴一平.腐败对创新能力差距的影响:来自于中国的证据[J].当代经济管理,2010(12):11-17.

[183] 吴之如.垄断行业易生腐败[J].财政监督,2007(5):79.

[184] 项保华,叶庆祥.企业竞争优势理论的演变和构建——基于创新视角的整合与拓展[J].外国经济与管理,2005(3):19-26.

[185] 肖海莲,唐清泉,周美华.负债对企业创新投资模式的影响——基于R&D异质性的实证研究[J].科研管理,2014(10):77-85.

[186] 邢春冰,李实.扩招"大跃进"、教育机会与大学毕业生就业[J].经济学(季刊),2011(4):1187-1208.

[187] 辛大楞,辛立国.营商环境与企业产品质量升级——基于腐败视角的分析[J].财贸研究,2019(3):85-98.

[188] 熊学文,胡雪华.略论腐败行为的主体及分类[J].湖南省政法管理干部学院学报,2001(4):50-51.

[189] 徐海波.税收优惠、研发投入与企业绩效——基于大连市高新技术企业的实证研究[J].金融发展评论,2017(12):139-148.

[190] 徐雷,赵丰义,赵迁.寻租对企业增长的影响渠道与地区差异比较[J].软科学,2017(9):106-109,119.

[191] 许年行,江轩宇,伊志宏,等.分析师利益冲突、乐观偏差与股价崩盘风险[J].经济研究,2012,47(7):127-140.

[192] 徐细雄,陈柯甫,淦未宇.反腐败促进了企业创新吗?——对企业R&D决策的实证检验[J].科技进步与对策,2016,33(18):107-112.

[193] 徐拥军,邓荣华. 腐败测度理论与实践述评[J]. 行政论坛,2009,16(2):73-76.

[194] 杨畅,刘斌,闫文凯. 契约环境影响企业的投资行为吗——来自中国上市公司的经验证据[J]. 金融研究,2014(11):79-93.

[195] 杨长汉. 信贷投放、固定资产投资与经济增长[J]. 宏观经济研究,2017(5):21-28.

[196] 杨慧宇. 扩大内需:从权力主体的畸形消费走向公众的合理消费[J]. 经济体制改革,2014(3):29-33.

[197] 黎娇龙,杨继生. 社交-成瘾性消费的偏好迁移收入效应及隐性成本[J]. 经济学动态,2017(7):74-87.

[198] 杨理强,陈爱华,陈茵. 反腐倡廉与企业经营绩效——基于业务招待费的研究[J]. 经济管理,2017,39(7):45-66.

[199] 杨其静. 企业成长:政治关联还是能力建设?[J]. 经济研究,2011,46(10):54-66,94.

[200] 杨其静,蔡正喆. 腐败、反腐败与经济增长——基于中国省级纪检监察机关信访执纪数据的再评估[J]. 经济社会体制比较,2016(5):84-100.

[201] 姚晶晶,鞠冬,张建君. 企业是否会近墨者黑:企业规模、政府重要性与企业政治行为[J]. 管理世界,2015(7):98-108.

[202] 姚洋,支兆华. 政府角色定位与企业改制的成败[J]. 经济研究,2000(1):3-10.

[203] 叶康涛,曹丰,王化成. 内部控制信息披露能够降低股价崩盘风险吗?[J]. 金融研究,2015(2):192-206.

[204] 叶康涛,臧文佼. 外部监督与企业费用归类操纵[J]. 管理世界,2016(1):121-128,138.

[205] 尹志超,甘犁. 香烟、美酒和收入[J]. 经济研究,2010,45(10):90-100,160.

[206] 于凤政. 论"腐败"的定义[J]. 新视野,2003(5):40-42,59.

[207] 余明桂,回雅甫,潘红波. 政治联系、寻租与地方政府财政补贴有效性[J]. 经济研究,2010(3):65-77.

[208] 余明桂,潘红波. 政治关系、制度环境与民营企业银行贷款[J]. 管理世界,2008(8):9-21.

[209] 余长林. 腐败如何影响了中国的环境污染?——基于非正规经济的视角

[J].中国管理科学,2019,27(5):140-148.

[210]岳希明,李实,史泰丽.垄断行业高收入问题探讨[J].中国社会科学,2010(3):77-93,221-222.

[211]张赤东.企业创新类型与特征:战略、行业与规模差异——基于国家级创新型企业全样本问卷调查[J].科学学研究,2013,31(6):932-937.

[212]张峰,王睿.政府管制与双元创新[J].科学学研究,2016,34(6):938-950.

[213]张杰,周晓艳,李勇.要素市场扭曲抑制了中国企业R&D?[J].经济研究,2011,46(8):78-91.

[214]张任之.非国有股东治理能够抑制国有企业高管腐败吗?[J].经济与管理研究,2019(8):129-144.

[215]张西征,刘志远,王静.企业规模与R&D投入关系研究——基于企业盈利能力的分析[J].科学学研究,2012,30(2):265-274.

[216]张继德,廖微,张荣武.普通投资者关注对股市交易的量价影响——基于百度指数的实证研究[J].会计研究,2014(8):52-59,97.

[217]张俭,张玲红.研发投入对企业绩效的影响——来自2009—2011年中国上市公司的实证证据[J].科学决策,2014(1):54-72.

[218]张玮倩,方军雄.地区腐败与企业盈余管理方式选择[J].山西财经大学学报,2017,39(9):115-124.

[219]张玮倩,鄢建强.政府官员腐败与上市公司现金分红[J].会计之友,2017(20):72-76.

[220]范子英,李欣.部长的政治关联效应与财政转移支付分配[J].经济研究,2014(6):129-141.

[221]张子余,张天西."特殊损失项目"与"核心费用"之间的归类变更盈余管理研究[J].财经研究,2012(3):70-80.

[222]赵军.权力依赖型企业生存模式与腐败犯罪治理——以民营企业行贿犯罪为中心[J].江西社会科学,2019,39(5):184-192.

[223]赵颖.腐败与企业成长:中国的经验证据[J].经济学动态,2015(7):35-49.

[224]郑世冰,黄凯伟.腐败现象久遏不止与思想政治教育弱化之关系探究[J].广西师范学院学报(哲学社会科学版),2000(4):10-13.

[225]中国企业家调查系统,仲为国,李兰,等.企业进入创新活跃期:来自中国企业创新动向指数的报告——2016·中国企业家成长与发展专题调查报告

[J].管理世界,2016(6):67-78.

[226]钟覃琳,陆正飞,袁淳.反腐败、企业绩效及其渠道效应——基于中共十八大的反腐建设的研究[J].金融研究,2016(9):161-176.

[227]钟岩,桂杰.腐败是导致我国资源配置低效率的重要原因——兼论权力寻租的经济效应[J].经济师,2001(1):148-150.

[228]周黎安,陈烨.中国农村税费改革的政策效果:基于双重差分模型的估计[J].经济研究,2005(8):44-53.

[229]周黎安,陶婧.政府规模、市场化与地区腐败问题研究[J].经济研究,2009(1):57-69.

[230]周向来.反腐败斗争的"中国梦"——从中国共产党90多年的反腐败历程说起[J].中共乐山市委党校学报,2013,15(6):49-51.

[231]朱国宏.经济社会学[M].上海:复旦大学出版社,2005.

[232]左月华,雷娅雯,许飚.社会腐败、企业经营状况与商业信用融资——基于我国大陆地区与香港地区零售业的面板数据检验[J].财经论丛,2015(8):65-73.

后记　一

2020年7月31日,我终于完成了我的第一本专著——《反腐新政、隐形交易成本与市场化程度研究》。从2017年1月20日申请教育部人文课题起,历时三年半,终于可以掩卷,宣告完成。在这个时刻,我想起了乔布斯的话,某些生命片段会在未来的某一天串联起来。学生时代的我从来没有想象过,自己有一天可以独立主持科研课题,也可以著书立说,这个flag曾经看上去遥不可及。

2012年那个夏天,还是学术"小白"的我,看到学院布告栏里发布的讲座题目,"吃喝、企业与政府",觉得有趣就径直前去听了。当时的我,完全不知道的是,这个讲座的演讲者是学术大咖,世界银行研究部首席经济学家徐立新博士。我只是先被这个有趣的题目呈现的独特研究视角吸引,再被演讲者清晰的论证逻辑、严密的推理所打动。大咖就是大咖,居然可以把学术研究做得这样有意思,而不是我以前认为的严肃与沉闷。听过讲座,我觉得看到了学术的光,感受到了学术的美。徐博士的偶然到访,却在学术研究的道路上为我开了蒙。

之后的几年,我在想这个方向是否可以做点什么?除了吃喝,还有什么可以测度腐败?企业在腐败这个行为中的付出与获得是什么?但是始终没有太大进展。学术研究是一条艰深的道路,它需要意志坚定、兴趣浓厚和勤学思考。我仅凭着兴趣,而行动不足,因而一直在开始的路口跌跌撞撞、兜兜转转。幸运的我,身在华中科技大学经济学院这个学术氛围浓厚的平台,周围却有心智坚定、奋楫笃行的学术大牛。之前的我从来没有独立完成过一个大的项目,总是跟在导师张建华教授的大旗后面,得到他的荫护,做一个小兵。这一次,张建华教授鼓励我认真思考,形成自己的观点,通过和高手的交流进行完善,走向学术独立。当我观察到企业腐败更多的时候是从零售业购买购物卡进行送礼,而不仅仅是吃喝。某天,我把这个粗浅的观察结论和王少平教授聊天,他马上高屋建瓴地指出来:"这是一个很好的研究角度,从零售业找到数据,可以用来测度企业的腐败交易成本,你以此为契机可以申报科研课题,独立开展自己的科研。"当时的我有点懵懵懂懂,对于一下子上升的理论高度还在消化之中,王教授却像一个魔法师,马上给了我一束亮光。他刷刷地在纸上把这个想法变成了一个实证模型,详细地讲解了计算方法、可以展开的研究逻辑。然后他把纸交给我,连声催促:"赶紧去做，创意难得，马上行动。"就这样我被王教授用学术之光拽出了迷宫，开始了新的旅程。

我当时的研究队伍只有一个学生可用，这不免有点让人发愁。王老师说，好的学生可以一当十。于是，一师一生开始了课题申报之旅，我对我的学生王芝静说，不管成不成，先尽我们的全力去做。没想到，我的学生用行动完美地做出了回答。除夕，身在普吉岛，开始陪家人度假的我还依然收到她发来的文献整理的邮件，观点罗列、逻辑梳理和方法点评都清清楚楚、整整齐齐。面对如此认真、如此投入的学生，我必须更加认真，更加投入，否则愧为人师。从大年初八，我们两个人分工，把申报书的研究意义、研究思路、研究方法和研究路线一一完成。一万五千字的申报书成稿之后，我俩互为评审人，每天早上八点准时语音通话，利用早晨最清醒的时光，逐字逐句地互相提意见，落实数据，弄清变量和分析模型，制订当天的修改计划。每天晚上十一点半，两个人语音讨论修改，落实当天的计划完成情况，这样才把我们的初稿拿出来见人。为了获得宝贵的评审意见，我又厚着脸皮去找学院的教授，像祥林嫂一样，不，是像乔布斯一样，每当有机会的时候，就充满激情地介绍我的申报书，再把我的打印稿塞给教授们，请他们提意见。学院的教授们也都友善地给出了珍贵的意见，科研秘书张鹂则不厌其烦地帮助我这个申报新手，告知申报规范，帮助编写课题预算以及完成形式审查。芝静则是被我逼着去找年轻的海归们，询问技术路线的改进，获取每一点滴的帮助与提升。于是我们两人改了又改，在全稿被改了二十遍以上后，芝静说："老师，我要改吐了。"我和她说，这个时候我们先听听费翔的《读你》，"读你千遍也不厌倦，读你的感觉像三月"，然后再继续接着改。一直改到三月初，我们顺利地完成了课题申报。那天，我和芝静春风拂面地回到各自家中，倒头大睡，格外香甜。

2017年6月22日，当年给我启发的引路人徐立新博士又来我校访问，我和他聊起这个因缘，他大为开心，还给了我更深一步的研究建议，用白酒业的变化验证购物卡的变化趋势，要进行清晰的因果识别，有没有可能出现费用操纵问题。我如获至宝地收下他的研究建议，同时，就在那一天，我收到电话通知，课题申报成功了。

于是，我开始正式进行这个课题的研究。所有的寒暑假，不再是假期而是学术钻研的好时机；所有的旅游，都不如在科研的世界里探索来得有趣；火热的楼市、波动的股市和美丽的服饰都不再是我的生活焦点。我和我的学生，都在这个课题中忙忙碌碌。我从来没有想到，我会就某一个问题魂牵梦绕，连同学聚会，我都琢磨怎么弄到一些可以用的研究数据。慢慢地，隐形交易成本的研究出来了，白酒消费的影响研究出来了，费用操纵的案例分析也出来了。看起来一切顺利，却是峰回路转。学术研究也有新鲜热度的说法，反腐败这个学术研究方向在

后记

2017年左右到达了高峰，之后学术界一下子好像消失了对此研究的兴趣，腐败方面的研究论文发表变得十分艰难。一封封退稿信堵在我的邮箱里，怎么办？我变得沮丧，开始怀疑我课题的研究价值，怀疑是否要沿当前的道路继续走下去。这个时候还是王老师提点我，鼓励我："不忘初心，始终如一，你完整地做完一个课题，就会有了开阔的科研视野和一定的学术厚度。你要积累才能爆发。"就这样，我播放着刘欢的《千万次的问》，拷问自己的初心：把自己的研究做好、做透，做研究的同时收获成就感与快乐感，不要过于功利，发表论文是研究的目标，但不是唯一的目标。提升自己的研究水平，加强自己的研究的深度与厚度才是从始至终的目标。

我再次沉静下来，整合我的团队，大家一起前进。王芝静毕业了，刘蒙、胡丹凤、蒋雪颜、任锦儒和田婕来了，我们师生一起不断拓展课题的研究领域，从隐形交易成本，拓展到企业治理、企业投资，最后到资本市场的反应。一点一滴，我们阅读的英文文献超过百篇，开过的学术讨论也超百场。学生们在课题研究中得到了成长，发表了论文，获得了"优秀学生""优秀论文"的荣誉。一点一滴，我在课题研究中真的感受到了成就与快乐。随着自身研究能力的成长，我的思维变得更加缜密，我的视野变得越来越开阔。这些成长，这些片段串联起来，成就了这本二十万余字的收官之作。我的学术之路也从腐败研究单一主题起步，到现在文本分析、金融科技和信号理论多点开花。此时此刻，我觉得乔布斯说的话十分正确："你在向前展望的时候不可能将这些生命的片段串联起来；你只能在回顾的时候将点点滴滴串联起来。所以你必须相信这些片段会在你未来的某一天串联起来。你必须要相信某些东西：你的勇气、目的、生命、因缘。这个过程从来没有令我失望，只是让我的生命更加地与众不同而已。"

所以说，继续今天的积淀！用心去做，用心发现，就会有不同寻常的经历！最关键的是有一颗积极的心，一心向前，别辜负了似水年华。于此与我的学生共勉！

特别感谢徐立新博士、王少平教授的指导！感谢导师张建华教授一直以来的培养和信任，让我终于开始独立学术之旅！感谢科研秘书张鹂在科研道路上一如既往的有力支持！

作 者
2021年12月

图书在版编目(CIP)数据

反腐新政、隐形交易成本与市场化程度研究/左月华著.—武汉:华中科技大学出版社,2022.1(2022.10 重印)
(现代经济学研究丛书)
ISBN 978-7-5680-7702-6

Ⅰ.①反… Ⅱ.①左… Ⅲ.①反腐倡廉-研究-中国 Ⅳ.①D630.9

中国版本图书馆 CIP 数据核字(2021)第 267765 号

反腐新政、隐形交易成本与市场化程度研究　　　　　　　　　　　左月华　著
Fanfu Xinzheng、Yinxing Jiaoyi Chengben yu Shichanghua Chengdu Yanjiu

策划编辑:	陈培斌　周晓方
责任编辑:	余晓亮
封面设计:	原色设计
责任校对:	张汇娟
责任监印:	周治超
出版发行:	华中科技大学出版社(中国·武汉)　电话:(027)81321913
	武汉市东湖新技术开发区华工科技园　邮编:430223
录　　排:	武汉楚海文化传播有限公司
印　　刷:	湖北恒泰印务有限公司
开　　本:	710mm×1000mm　1/16
印　　张:	14　插页:2
字　　数:	267 千字
版　　次:	2022 年 10 月第 1 版第 2 次印刷
定　　价:	78.00 元

本书若有印装质量问题,请向出版社营销中心调换
全国免费服务热线:400-6679-118　竭诚为您服务
版权所有　侵权必究